基于职业能力培养的
高等职业教育学生学业评价研究

闫宁 著

汕頭大學出版社

图书在版编目（CIP）数据

基于职业能力培养的高等职业教育学生学业评价研究 /
闫宁著 . -- 汕头：汕头大学出版社 , 2018.12
　　ISBN 978-7-5658-3788-3

　　Ⅰ.①基… Ⅱ.①闫… Ⅲ.①高等职业教育—学业评
定—研究 Ⅳ.① G718.5

中国版本图书馆 CIP 数据核字（2019）第 029111 号

基于职业能力培养的高等职业教育学生学业评价研究
JIYU ZHIYE NENGLI PEIYANG DE GAODENG ZHIYE JIAOYU XUESHENG XUEYE PINGJIA YANJIU

著　　者：闫　宁
责任编辑：邹　峰
责任技编：黄东生
封面设计：汤　丽
出版发行：汕头大学出版社
广东省汕头市大学路 243 号汕头大学校园内　邮政编码：515063
电　　话：0754-82904613
印　　刷：北京虎彩文化传播有限公司
开　　本：787mm×1092mm　1/16
印　　张：17.75
字　　数：253 千字
版　　次：2018 年 12 月第 1 版
印　　次：2019 年 5 月第 1 次印刷
定　　价：88.00 元
ISBN 978-7-5658-3788-3

目　录

1 引 言

1.1 研究缘起

2010年8月至2011年9月，笔者参与了宁夏工商职业技术学院申报国家骨干高职学院的整个过程（包括建设总方案的策划、设计、撰写及答辩），并负责可行性研究报告、教学质量保障体系建设、社会服务能力建设三个子项的方案的设计和撰写以及对建设总方案的审定。方案前前后后修改了六遍，参加人员近百人，历时近一年。如今项目已经通过教育部专家审定，正式立项并进行建设（项目总投入8500万，主要建设内容为中央支持建设的三个专业、地方支持的一个专业，另外为体制机制创新、教学质量保障体系、社会服务能力和信息化建设四个项目）。作为项目申报的核心成员之一，笔者也有幸和北京师范大学职业教育研究所所长赵志群教授及15位企业实践专家合作，由其主持对宁夏工商职业技术学院中央财政支持的重点建设专业之一的应用化工技术的专业课程体系严格依据高等职业教育"工学做一体化"课程模式进行了开发。至此，宁夏工商职业技术学院专业课程改革正式拉开帷幕，目前四个专业的课程改革正在推进过程中。

1.1.1 切入视点：国家骨干高职院校建设

宁夏工商职业技术学院的国家骨干高职院校建设只是我国当前高等职

业教育发展以及课程改革的一个缩影。时间回溯至 2005 年，教育部、财政部启动了示范性高职院校建设项目，国家每年投入 100 个亿建设 100 所示范性高职院校，引领高等职业教育专业建设和课程改革。目前这百所国家示范性高职学院建设项目已通过国家验收。2009 年，教育部、财政部又启动了百所国家骨干高职院校建设项目，除前百所外又遴选了 100 所高职院校，推进以体制机制创新带动专业建设、课程改革和社会服务能力的全面提升。伴随着体制机制创新，一些长期困扰课程改革的"瓶颈"正在逐步被打破：建立区域性职业教育实验实训基地，成立政行企校（政府、行业、企业、学校）四方联动的合作理事会，引企入校，建立校中厂，在企业设立教师流动中心，在学校建立技术服务推广中心、大学生素质拓展中心和职业教育创业园，改革人事制度，增加企业兼职教师的人数和比例（占学校专任教师一半，承担 50% 专业课学时），联合组建教师团队，进一步拓展优质学生实习就业基地，大力改善专业实验实训条件，对社会开展高技术培训，同时为更有效推进课程实施，积极与企业和行业以及国内著名高职院校合作开展教师培训，重点专业教师赴德国、瑞士和新加坡进行培训；推行教师教育教学能力测评［基于典型工作任务的学习性工作任务设计（项目或案例）］，课程资源得到有效整合，教师的课程意识和教学能力大为增强。

2003 年，教育部启动了五年一轮的高职高专人才培养水平评估，以及高职教育教学名师评选，国家级、省级精品课程建设，教学资源库建设。地方教育主管部门启动了省级示范性高职院校建设、高职院校重点专业评估、以及高职教育科研及教改等项目，都将课程改革作为关注的重点。引人注目的还有每年一次的全国职业技能大赛，促进了高等职业教育课程质量和教学水平提升。

2011 年成立了国家职业教育研究院，国家大力发展高等职业教育的政策和决心使得职业院校的面貌发生了很大的改变。地方政府规划用地，建立职业教育园区，调整职业院校布局，整合高等职业教育资源，组建高等职业教育集团。企业参与高等职业教育的热情和积极性也在逐步提高，企业捐赠设备、仪器，捐建实验室、实训室，联合办学、定单培养，形成了许多富有特色的工学结合的人才培养模式。课程改革深入推进的环境大为改善。

1.1.2　职业能力：高等职业教育培养目标

高等职业教育领域"工学做一体化"课程改革指导思想是在借鉴了德国学习领域课程理念和深刻反思我国高等职业教育课程改革历史经验以及我国高等职业教育当前发展实际的基础上形成的。高等职业教育课程改革的根本目的是培养学生的综合职业能力，而不仅仅是表面化的事实性知识和操作技能。这一目的实施不仅需要新的课程开发模式同时需要教师的教学理念、教学模式和教学行为发生深刻改变。典型工作任务本身是基于职业效度从职业行动领域归纳的，要求构筑在典型工作任务基础上的课程体系需要解构传统的学科理论化知识体系，以职业领域专业化工作任务的逻辑体系来区别于普通高等教育的本专科教育类型，以工作任务的难度和水平来划定中、高职的界定。综合职业能力就体现为对工作进行设计、规划和实施的能力。这里的工作的内涵已经和过去的操作完全不同了，结合具体工作任务所进行的工作过程完整性和工作要素全面性的设计、规划和实施成为判断综合职业能力的依据。综合职业能力的培养要求在教学实施上要充分体现学生作为学习主体的行动导向的教学模式，将学生的学习内容从书本转向职业领域具有典型性和开放性的工作任务，将学生的学习过程从过去的教师讲学生听然后练的形式转向学生对工作任务的主动规划、设计，将职业工作过程与学生学习过程相统一。努力将课程效度与职业效度融合，在工作过程中实现融知识、技能和职业道德于一体的综合职业能力培养。

基于综合能力培养的课程改革是一个巨大的系统工程。随着高等职业教育"工学做一体化"课程改革的深入，许多的问题开始浮现，课程改革迫切需要在宏观层面上对政行企校（政府、行业、企业、学校）参与的体制机制进行改革；在中观层面上对师资队伍、实验实训条件进行提升与改良等；在微观层面上进行有效的课程设计、教学设计、教学评价等。这些不同层面的问题彼此关联和交织，任何一个层面的改革的乏力都会消解课程改革的实效。

以综合能力为目的的学业评价是当前课程改革在微观层面上深入开展必然要面对的问题，这样一个看似微观化的问题却需要体系化、制度化的平台来支撑。世界发达国家的高等职业教育学生学业评价都是有效的内部评价和有力的外部评价相结合，国家和行业组织发挥着主导的作用，制定了严格甚至是繁琐的评价制度来予以规范，把一个看似微观的问题宏观化。其实质是以提升职业教育学生学业的质量来引导整个职业教育的健康发展。在我国，高等职业教育领域学业评价还是以"考试"作为评价的"话语及其实践"的主要甚至是唯一的方式。基于典型工作任务的课程内容，对于建立在职业效度上的学习内容，传统的考试必然要面临"价值虚无"的尴尬困境。如何科学合理地构建以综合职业能力为目的的学业评价方式及体系，是实践的呼唤也是实践的指向。新的课程和教学模式需要新的评价理念、制度和操作模式来有力地引导和支撑。处于引导和支撑地位的高等职业教育学生学业评价一直是高等职业教育课程和教学改革的软肋，学业评价改革的低效在很大程度上消解了课程改革的实效。而高等职业教育学生学业评价必须彻底走出"价值虚无"的困境，并超越传统知识考试和职业技能鉴定的狭隘视角，重新构建自己的理论基础和实践体系，恰当定位学校学生学业评价的功能并加以发挥，才能真正有效地促进学生的职业能力发展。

1.1.3　政策要求：以评价改革促质量提高

高等职业教育的目的是培养学生的职业能力，促进学生的职业发展。高等职业教育的质量首先表现为学生的学业水平。高等职业教育学生学业评价的"价值虚无"和严重滞后于课程改革的现实已经引起了国家相关部门（教育部、人力资源和社会保障部等）的重视，国家教育主管及相关部门自 2006 年开始多次发文，要求对高职教育围绕职业能力对学生学业评价进行改革。

《教育部关于加强高职高专教育人才培养工作的意见》（教高〔2000〕2 号）中指出："要改革考试方法，除笔试外，还可以采取口试、答辩和现场测试、操作等多种考试形式，着重考核学生综合运用所学知识解决实际问题的能力，通过改革教学方法和考试方法，促进学生个性与能力的全面发展。"

《教育部　财政部关于实施国家示范性高等职业院校建设计划加快高等职业教育改革与发展的意见》（教高〔2006〕14 号）提出"根据高技能人才培养的实际需要，改革课程教学内容、教学方法、教学手段和评价方式"。

《关于全面提高高等职业教育教学质量的若干意见》（教高〔2006〕16 号）提出"开展职业技能鉴定工作，推行'双证书'制度，强化学生职业能力的培养，使有职业资格证书专业的毕业生取得'双证书'的人数达到 80% 以上""要重视学生校内学习与实际工作的一致性，校内成绩考核与企业实践考核相结合，探索课堂与实习地点的一体化""吸收用人单位参与教学质量评价"。

2010 年 6 月 28 日发布的《教育部　财政部关于进一步推进"国家示范性高等职业院校建设计划"实施工作的通知》（教高〔2010〕8 号）提出"吸纳行业企业参与人才培养与评价，将就业水平、企业满意度作为衡量人才培养质量的核心指标"。

《国家中长期教育改革和发展规划纲要（2010—2020 年）》提出"改进教育教学评价。根据培养目标和人才理念，建立科学、多样的评价标准。开展由政府、学校、社会各方面共同参与的教育质量评价活动。完善学生成长记录，做好综合素质评价。探索促进学生发展的多种评价方式，激励学生乐观向上、自主自立、努力成才。改进社会人才评价及选用制度，为人才培养创造良好环境。树立科学人才观，建立以业绩为重点，由品德、知识、能力等要素构成的各类人才评价指标体系。

强化人才选拔使用中对实践能力的考查，克服社会用人单纯追求学历的倾向"。

《国家高等职业教育发展规划纲要（2010—2015 年）》提出"改革学生学业考核与评价办法，以学习能力、职业能力和综合素质为评价核心，集合传统考试、职业技能鉴定、职业技能大赛、学习过程跟踪反馈等多种考核评价方式的优点，构建、完善体现科学发展观、符合高职专业人才培养特点的评价体系。进一步完善高等职业院校人才培养工作评估，吸收行业企业参与人才培养质量评价，将毕业生就业率、就业质量、企业满意度等作为衡量人才培养质量的核心指标，逐步形成以学校为核心、教育行政部门为引导、社会参与的教学质量保障体系"。

在《国家精品课程评审指标及内涵》（高职，2008）中，其一级指标为教学效果，教学评价和社会评价为其二级指标，教学评价项的主要观测点为专家、督导及学生评价；社会评价项的主要观测点为社会认可度。教学评价项的评审标准为校外专家、行业企业专家、校内督导及学生评价结果；社会评价项的评审标准为学生实际动手能力，实训、实习产品的应用价值；课程对应或相关的职业资格证书或专业技能水平证书获取率，相应技能竞赛获奖率。

在《第五届高等学校教学名师奖评选指标体系》（高职高专部分）中，教学能力评选项目的子项教学资源建设（分值 10 分）的评选内容描述中有"积极开展习题题库、学习评价等教学资源的建设及数字化"。同样在教学能力评选项目的子项教学组织与管理（分值 10 分）的评选内容描述中有"积极进行以实践能力考核为主的评价方法改革，切实提高学生的职业能力和就业竞争力"。

各级各类的职业技能大赛对职业院校的教学评价也产生着影响，国家也在力促职业技能大赛成为职业院校教学改革的风向标。"技能竞赛在未来有可能成为职业学校教学质量的评价标准。从质量观的角度，职业教育技能竞赛的首要目的，就是对参加技能竞赛学生的专业操作技能进行评价，进而对职业学校的教学质量做出评价。可以说，技能竞赛是对职业学校的教学质量的评价。作为反映学生技能水平高低的技能竞赛成绩，可以作为职业学校教学质量的重要评价指标。以技能竞赛成绩作为职业教育的教学质量评价指标的新时代，有望在职业教育技能竞赛制度逐步完善的将来得以实现。"（马树超，2010）

对教育质量的关注是社会性的，高等职业教育更是如此，"技能和技能形成制度视为社会政策制定过程中优先考虑的部分，而且技能形成制度也是发达民主国家中不同社会保护体系形成和维持的基础。"（西伦，2010）《中共中央办公厅国务院办公厅关于进一步加强高技能人才工作的意见》（中办发〔2006〕15号）、《国家中长期人才发展规划纲要（2010—2020年）》和《推进企业技能人才评价工作指导意见》（人社厅〔2008〕39号）明确提出加快评价机制改革。在高等职业教育校企合作不断深入的今天，职业资格及职业技能鉴定考试对职业能力评价的重视以及相应的改革对高等职业教育学生学业评价影响深远。

当前的国家骨干高职院校建设实践以及国家教育主管部门一系列的政策和评估导致形成了一股强大的旨在提高高等职业教育质量的潮流（见图1-1）。学生学业水平和质量无疑是教育质量的重要表征，唯有此，高等职业教育质量的提高及其课程改革才能真正有实效。而作为从事高等职业教育的教师，也源于此，促使自己进行探索。

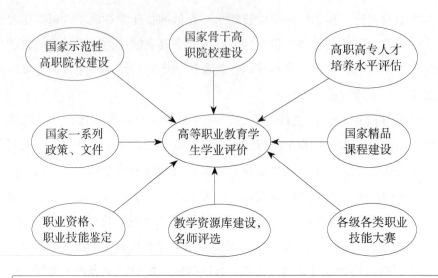

（政府、行业、企业、学校四方参与）校企合作新型体制平台
（职业教育集团、校企合作理事会、职业教育实验实训基地、职业教育改革实验区）

图 1-1   以体制机制创新推进高等职业教育学生学业评价改革

1.2   问题提出

当前高等职业教育课程与教学改革明确提出以培养学生的综合职业能力为目标。围绕这个目标，借鉴职业教育最为发达的德国职业教育课程开发的理念和操作方式，结合我国实际，在实证研究的基础上，形成了高等职业教育"工学做一体化"课程开发模式并在全国部分示范性高职院校和骨干院校推广，以综合职业能力培养为目标，以典型工作任务为课程基础，以完整工作过程为能力建构模式，三者构成了课程改革的核心内容。建立在职业效度上的课程开发尤其是典型工作任务的确定是职业教育教学内容有效性的基础，行业企业分析、调研，实践专家研讨会，由此确立的学习领域课程、学习情境设计和论证无不体现出学习的内容要围绕职业领域典型的工作任务而展开，以对完整工作过程的规划和实施来实现培养学生的综合职业能力。显然这样对工作过程的规划和实施更多的是体现对知识作

为手段的权变性运用，更具有个人化或个性化特点，而且在不同的工作任务中这样的规划和实施并不完全相同，这和传统的学科知识以及点状的操作技能所追求的稳定性、一致性完全不同。当综合职业能力作为培养的目标时，对学习结果或成就的评价自然也要指向综合职业能力。

显然，仅传统上对事实性的知识考试和点状的操作技能考试是无法测评这样的结果是否实现，以及在多大程度上实现的。对事实性的知识和点状的操作技能进行考试是职业教育传统"能力本位"思想主导下的两大考试内容，并已形成了庞大的制度体系和操作模式。在行为主义理论指导下，各国的职业资格以及职业技能鉴定考试都趋向于对职业能力的技能化解读。在高等职业教育倡导双证融通的时候，学生学业评价几乎是未加太多的反思就将职业技能鉴定考试的模式移植或照搬到学业评价中，甚至有人认为这就是高等职业教育学生学业评价改革的方向，很少有人质疑这种做法以及对职业资格考试本身如何更合理进行追问。教师如果缺乏对职业能力这一概念的深刻理解和思考，那么要开发出高质量的学习性工作任务和学生学业评价方案则非常困难，即使开发了所谓的方案那也是令人质疑的。

在高等职业教育领域，"技能"这个概念是在狭隘和庸俗化界定下被过度使用了，当前对"综合能力"的认识在很大程度上都是技能本位的翻版。这样一种只追求在"行为"和"表象"层面进行判定的解读，不仅去除了人的"内在复杂性"也去除了人的"主体性"。职业教育即为训练或培训，对象为"无大脑"的人。评价意味着对训练后的肢体动作纯熟性的测试和甄别。如果对传授后的知识复制和记忆的测评只采用纸笔形式通过客观化答题加以判定，那么对于技能判定采用观察和一张行为检核单就足矣。评价信息的单薄也令人怀疑评价结果的公正性。

但这样的理念构成了长期以来职业教育评价领域的主导思想，在这样的理念的支配下，作为人的学生被简单化、符号化，评价就是通过极为不可靠的方式来搜集若干具有"信度"的单一的材料对学生学业进行裁决。这样的裁决同样无视职业工作本身的复杂性和学生建构工作能力的独特性。这样的评价理念和评价方式无法驱动和激励学生在真实职业工作中的探索，同样严重损害了高等职业教育课程改革的努力。

传统上职业教育课程开发都是基于具体的工作岗位或工种，通过一定的技术手段来获得具体工作岗位的任务。这样的课程开发与工作的明确分工是相适应的，具体的工作岗位和明确的工作任务表达的是确定的、静态的职业工作哲学，明确的工作任务具有清晰的工作过程逻辑和任务范围，对工作的质量判定可以依据工作结果（产品或服务）来进行。技能的"事实特性"与"事实"，技能的行为化力图将技能作为一种客观的东西并为指派数字提供了可能性。次数、精度、顺序、程序等可以被观察并被记录和比较。在"可观察"的"干净"的合法的事实性数据上，对学生学业进行评价不敢走得太远，否则这样的评价不具有"客观性"。具有讽刺意味的是，统治学校职业教育学生学业评价的实证主义竭力将结果和过程都不断"客观"的同时，外界的批评却从未停止过对其"客观"的不屑。人的能力不是简单的客观事实，而是人的精神与外界建构的。

典型工作任务的提出是对过去基于某个具体工作岗位或者工种的工作任务观察和分析来开发课程的超越，不仅基于新的职业观、新的职业工作分析方法，而且表征了一门新的工作任务哲学。典型工作任务的完成过程要超越具体的工作岗位，某个具体的岗位仅仅是完成这一任务的一个功能单位。从这个意义上说，典型工作任务会涉及企业或组织的生产或工作流程，会涉及不同的岗位或岗位群的协同。因此，基于典型工作任务的课程开发的主导思想就是通过跨岗位、跨领域的工作实践来培养学生职业生涯可持续发展的潜力。此外，典型工作任务作为表征一个职业的工作内涵，其任务规划与实施的开放性和传统的封闭性、确定性的具体工作任务具有根本上的不同，无疑，对典型工作任务的认识和理解直接影响着学生学业评价的任务设计。

而作为综合职业能力表征的工作过程，其完整的工作过程模式"至少应当涉及三个方面，即结构的完整性（获取信息、计划、实施和评价）、要素的全面性（任务、工作对象、工具、工作方法、劳动组织、工作人员与工作成果）和包含'工作过程'的知识"（赵志群，2008）。图 1-2 是德国双元制电子装调工在培训企业开发的基于典型工作任务和订单视角设计 XMU434 型测试仪的工作过程，椭圆形的左列从上到下是"订单准备／组织—研发—制作／生产—使用／运行—完成订单"这样一个较为客观的逻辑过程，但是每一个过程的具体逻辑链条和整个矩阵却是个人对工作的理解以及对工作进行规划以及实施反思后的建构。

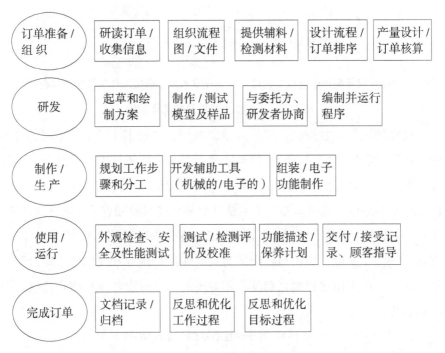

图 1-2　德国双元制电子装调工在培训企业开发的基于典型工作任务和订单视角设计

XMU434 型测试仪的工作过程

图 1-3 是此项任务所涉及的工作领域，制作 XMU434 型测试仪涉及企业的生产领域、修理、养护和服务以及研发领域。这和某个具体岗位的单一封闭的工作任务完全不同，真实的职业工作是跨领域甚至是跨职业的，通过这样的工作任务不仅仅是培养学生去按照所谓的制作图纸去制作这样的产品，而是要学会如何去工作，如何更好地理解企业以及在更大的系统内理解工作本身。

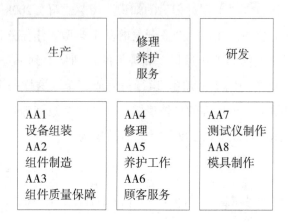

图 1-3 德国双元制电子装调工在培训企业开发的基于典型工作任务和订单视角设计 XMU434 型测试仪所涉及的工作领域

这样的任务来自企业真实的订单或项目，如表 1-1 所示，不同的订单或项目复杂程度不同，不同的订单或项目需要进行不同的工作过程的规划和反思。固然这样的工作本身是需要专门的知识和技能的，并且这样的工作已经不再是单一的书本知识（某某学或某某技术等课程）所能够涵盖的。此外，对技能的要求不仅仅是所谓的操作技能（如看懂电路图、焊接电路板、测试等），在这里，知识与技能成为对工作进行规划和反思的手段以及基础性证据。对工作过程规划和反思用传统的考试理念和操作模式显然是无法达到的。

表 1-1 基于企业真实的订单或项目

	AA6 服务	AA7 测试仪制作	AA8 模具制作
订单 1 订单 2 订单 3 ……	…… …… ……	XMU434 型测试仪 淤泥探测仪 光感测试仪	…… …… ……

职业教育学生学业评价自学徒制一直到学校职业教育出现，发展至今，考试一直都是对学业进行评价的话语和实践方式。事实性的知识有标准答案，学生的作答有明确的对错之分，操作技能有逻辑上可以观察

和测量的操作程序和对操作结果进行检测的标准，知识与技能成为评价主体眼中的客观事实。但是综合职业能力不是客观事实，作为人精神建构的产物，对于工作过程的规划、实施和反思是无法通过考试来测评的，那么，对综合职业能力的评价何以可能？如何将高等职业教育学生学业评价从考试话语和实践方式转向以综合职业能力为目的的学业评价话语和实践方式？

"良好的课程构想必须具体落实为有效的课堂教学实践，并最终转化为学生的学习结果。衡量与检验某个课程构想是否转化为最终学习成果的重要工具之一，就是学生学业评价。"（张雨强、冯翠典，2009）对于高等职业教育而言，深层次的课程教学改革必然要触及学生学业评价层面。当前课程改革的链条日益延伸到当下的教学实践，迫使我们不得不思考：高等职业教育学生学业评价是什么？怎么评价？谁来评价？学业评价应当追求什么样的目的？应当发挥什么样的功能？评价任务应该基于什么来进行设计？设计的途径是什么？我们应该建立什么样的评价制度？

1.3 研究意义

对高等职业教育学生学业评价进行研究具有较强的理论与实践价值。从理论上来说，高等职业教育课程改革以综合职业能力为培养目标，学生学业评价的目标当与课程改革的目标并行不悖，寻求适合的理论支撑，构建以综合职业能力为本的学生学业评价体系，不仅可以丰富对当前"工学做一体化"高等职业教育课程改革中若干重要概念的理性认识，同时也能对影响深远的传统的能力本位的职业教育学生学业评价的某些理论观点和依据做进一步探讨。

从实践方面看，当前的高等职业教育课程改革，真的要实现对职业综合能力的培养绝不是一件容易的事情，国家骨干高职院校建设项目对于专业建设和高等职业教育体制机制的探索都需要在学生综合职业能力评价的制度、主体、内容、方法、标准等方面给予强有力的支撑和配合。

以评价推进教师评价观念的转变，以评价推进学生能力的培养，以评价推进校企合作的深入以及体制机制的创新，无疑，学生学业评价是一个有力的切入点。建立起科学、高效的高等职业教育学生学业评价体系对培养适应时代需要具有综合职业能力的人才、促进我国当前高等职业教育课程改革、提升校企合作的水平和层次、增强高等职业教育的吸引力具有十分重要的意义。

1.4　核心概念界定

当前的高等职业教育课程改革以及本书研究的高等职业教育学生学业评价都涉及以下几个核心概念，分别是典型工作任务、学习性工作任务、综合职业能力、完整工作过程与高等职业教育学生学业评价。本书对这几个核心概念逐一进行界定。

1.4.1　典型工作任务

典型工作任务（Professional tasks）是指用完整的、有代表性的职业行动和反映本质的综合化工作关系来描述的具体工作。典型工作任务可以客观地描述要求较高的工作目的与其工作（经营）过程的关系。每一典型工作任务都是一个完整的作业过程，所期望的结果是特定的，这个结果反映了任务的本质意义。在实践专家研讨会中，可以确定一定数量的典型工作任务，从而构成一个职业。典型工作任务不受某一特定工作岗位或某一具体个人的制约。表1-2是某专业一个典型工作任务的描述和分析的例子。

1 引　言

表 1-2　机电维修专业学习领域课程"自动化生产设备的维护与检修"（南昌现代职业技术学院）

学习领域 13	自动化生产设备的维护与检修	60 学时，5 学分
职业行动领域（典型工作任务）描述： 　　自动化生产设备指的是在生产线中起着关键作用、大量采用新技术及自动化程度高的机电一体化设备，它的故障不仅会影响产品质量，而且会影响产品的交付期。 　　为保证自动化生产设备可靠运行，降低故障停机的概率，须对设备的运行进行监控，按点检表规定的周期和内容进行检查，并进行必要的预防性保养。检查包括对设备实际运行参数进行记录和评价。 　　当发生设备停机故障时，应制订维修作业计划，按照工作标准和相关规范，使用相应的工具、仪器和维修资料，对设备故障进行检查、诊断并排除。常采取替换法快速排除故障。对已完成的工作进行记录存档。 　　主修人员应具有高级工以上的职业资格，而且在维修过程中，需要得到机修人员的帮助。		
学习目标： 　　学生在教师指导下或借助设备说明书、维修手册等资料，能陈述该设备的工作原理，编制自动化生产设备点检表，确定预防性保养内容及标准；会分析导致设备技术状态下将的原因，制订修理作业计划和检修工艺，在规定的时间内完成设备及相应部件的故障诊断、拆卸、检查和安装项目。对已完成的任务进行维修记录、存档和评价反馈。在诊断、检查和修理过程中，使用工具、仪器、操作设备和更换零部件等符合劳动安全和环境保护规定。 　　学习完本课程后，学生应当能够进行物流仓储自动化流水线及电子生产流水线的维护、故障诊断、检查调试和修理作业。		

续表

学习领域 13	自动化生产设备的维护与检修	60 学时，5 学分
工作与学习内容：		
工作对象： ·自动化生产设备点检表的编写，预防性保养内容的规定 ·与设备操作者和设备管理员沟通 ·实际运行参数的记录和评价 ·修理作业计划和检修工艺或修理作业指导书的规定 ·专用仪器、维修资料及配件的使用 ·待修自动化生产设备的点检、维护、诊断、拆卸、部件检查与安装 ·简易维修辅助工具的自制 ·自动化生产设备的调试与自检 ·维修记录单及大修工作总结的撰写并存档 ·维修工作的研讨	工具： ·自动化生产设备说明书、操作及维修手册 ·相应的变频器等说明书 ·通用工具及万用表、示波器 ·安全操作规程 工作方法： ·设备运行状态的检查方法 ·故障树及故障原因分析方法 ·网络计划技术 ·替换修理法 ·复杂技术系统的联调 劳动组织方式： ·向操作者和维修工解释自动化生产设备点检表、预防性保养内容 ·维修技师根据维修作业计划向各维修小组安排维护和检修任务 ·向材料及备件库领取材料及备件 ·完工自检后交操作者验收 ·设备管理员检验与评价 ·QC 小组活动	工作要求： ·能进行熟练的工作沟通 ·能制定点检表和预防性保养 ·能陈述设备的工作原理 ·能迅速分析故障原因 ·能绘制检查流程图并制订维修作业计划 ·能熟练调试机床 ·会熟练使用工具和仪器 ·满足顾客对维修质量和维修时间的要求 ·自觉保持安全作业及 6S 的工作要求 ·遵守操作规程与劳动纪律 ·详细、规范、及时地填写维修记录文件并存档 ·参与 QC 活动，评价和反馈本次修理工作经验

典型工作任务的特点：一是客观上具有工作过程结构完整（明确任务、制订计划、实施计划和评估反馈等）的综合性学习任务，反映了该职业典型的工作内容和工作方式（赵志群，2009）。二是要求从业者主观上对这样的完整工作过程进行规划与设计，形成具体的规划与设计形式（项目或方案）并在实践中加以完善和反思。完成典型工作任务的过程能够促进从业者的职业能力发展，因为项目或方案具有的个性和异质性，所以完成该任务的方式方法和结果多数是开放性的。三是典型工作任务来源于企业实践，如市场营销专业"采购过程的计划、控制与监督"和电子技术专业的"电子系统的设计与制作"。典型工作任务通过系统的、科学的职业资格研究

得到。典型工作任务所具有的职业效度，是职业教育专业设置和课程开发的基础。一般情况下，一个典型工作任务就是职业院校的一门学习领域课程，如"机械装置制造"是机械加工领域的一个典型工作任务，依据该任务形成数控技术应用专业的一门课程，该课程同样命名为"机械装置制造"。

典型工作任务的范畴是一个职业及职业发展的各个阶段，典型工作任务和学习任务都不一定是企业真实岗位任务的忠实再现，更不是简单的知识学习任务或技能训练任务。它不是针对一个具体的人或一个特定的工作岗位。与企业的实际工作任务不一定——对应，也不一定完全是再现实际生产中经常出现的具体工作任务、环节或步骤。如"更换轮胎"是汽车修理企业最常见的工作任务之一，但不是汽车维修工职业的典型工作任务。

典型工作任务的名称和基本内容是在实践专家共同研讨的基础上归纳而成的。一般完成典型工作任务的学习后，学生可从事多个岗位的工作。岗位任务随企业劳动组织方式不同而不同。在不同的企业，相同岗位的任务内容可能不同，不同岗位的任务内容也可能相同，因此，岗位任务适合用于针对性强的岗位培训，而不便直接用于学校教育（赵志群，2008）。一个职业通常包括 10～20 个典型工作任务，如在沿海地区中小企业会计职业的典型工作任务有 13 个，即会计业务流程认识、账务处理、纳税申报、成本控制与管理、往来账款管理、统计、外贸会计、财务分析、纳税筹划、审计、财务制度的制定与实施、投资计划的制订与实施以及资金运作。一般包含了一个职业中的多种等级。每个职业的各典型工作任务，不但确定了这个职业的基本框架，而且构建起了对应的专业课程的基本框架体系（这个体系有时可能涉及职业教育的多个办学层次，包括从初中级到高级）。在设置专业课程时，可以针对不同的教育层次（人才培养规格），选择部分典型工作任务转化为相应的专业课程（赵志群，2008）。

典型工作任务体现出来一种后现代工作哲学，即"跨部门协同、跨岗位合作、生产与经营流程一贯性、工作过程完成完整性、工作内容丰富性与完成方式自主性、合作性与开放性、信息专业性与证据连贯性"。

1.4.2 学习性工作任务

学习任务是以典型工作任务为基础设计的学习载体，是对典型工作任务进行的"教学化"处理的结果。教学化后的学习性工作任务能否还具有职业效度是学习性工作任务真正质量的体现，所以对教师教学能力和教学资源提出了很高的要求和挑战。好的学习任务应满足以下要求：①反映真实的职业工作情境，与企业实际生产或商业活动有直接联系，有一定应用价值；②具有清晰的任务轮廓和明确而具体的成果，有可见的产品或可归纳的服务内容；③完成任务须经历完整的工作过程，可用于学习特定的教学内容并促进综合职业能力的发展；④能将某一课题的理论和技能结合在一起并有一定难度，学生在一定范围内学习新的知识技能，解决从未遇到过的问题；⑤学习环境有自主学习的媒体与交流的可能性；⑥学习结束时师生共同评价学习成果以及学习方法。设计学习任务时，还要考虑所在学校的教学设备条件、学生的学习能力、教师的专业和教学经验。因此，同一个典型工作任务的学习，在不同的学校，可能会通过不同的学习任务实现。学习任务的设计，在很大程度上就像是一个"导演"对教学"脚本"的设计，是一个极富创造性的任务。因此，学习任务的质量，是职业教育校本课程质量的真正体现（赵志群，2008）。针对一个典型工作任务应当设计几个学习任务、如何设计学习任务的问题，一般是由典型工作任务所对应的岗位数量、产品类型、工艺流程种类以及不同的服务对象等因素决定的。目前学习性工作任务大多以"项目课程"或"任务课程"为名。

1.4.3 综合职业能力

职业教育的目的是培养学生的综合职业能力，德国职业教育学术界这一论断的提出引发了学生学业评价的范式转换。这种转换的基本理念就是从传统的评价所追求的单纯课程效度转变为职业效度，以典型工作任务为载体对职业能力的评价超越传统对学生知识逻辑体系和纯粹操作技能的考查，从而引导学生的学习向职业世界的回归，实现学校教育和企业教育的

"等值性"。什么是综合职业能力？职业能力与资格（技能）的不同之处在哪里？表 1–3 对职业能力和资格（技能）的不同进行了比较和分析。

表 1–3 职业能力与资格的不同

	资格	能力
客观与主观的关系	由工作任务和工作过程以及由此产生的资格要求客观规定	是特定领域的能力以及心理能力特征意义上的策略，能力的应用是开放的
学习	在获得资格的过程中，人是资格的载体，一种（人力）资源，通过培训获得从事特定活动的技能	能力的获得是人格发展的一部分，其中也包括了教育目标确定的技能
可客观化	资格描述的是尚未被客观化的或者说尚未被机械化的技巧与技能，人是工作过程所确定的资格的载体	职业能力指专业人员不能被客观化的，或者很难被客观化的能力，这种能力超出了当前职业任务的要求，而以解决与处理未来的问题为目标

资格与能力最大的区别在于：资格不是在自我组织的行动中表现出来，而是在自我组织行动之外的、可标准化的、需要一项一项在考试情境中表现出来的。职业资格通过企业委托的、在生产或经营过程中客观存在的实际情境来考核。

在完成给定任务时要求的隐性能力越多，资格的客观化的空间就越小。"职业能力"是那些旨在完成和处理一组任务时所需的主观能力的潜力，这些任务的背景是通过一个职业及其职业描述确定的，而不是通过具体的工作任务。典型工作任务是按照一个职业的普遍特征确定的，而不一定是一项偶然的具体任务。因此，人们在从事所有的职业活动时都需要职业能力。

在获得职业资格的过程中，学习意味着技能的获得。技能习得意义上的学习并不是人格发展的内容，而只是适应一项工作要求的前提条件。与此相反，能力与能力发展则与人格的发展息息相关。职业能力包含理解、反思、评估和完成职业任务以及在承担社会、经济和生态责任的前提下，共同参与设计技术和社会的发展，而不仅是简单地按照具体命令执行常规性的任务。

从客观化方面来看，一个获得了资格的人就成了一个资格的载体。如果说一个人的各项活动都可以被一种技术系统或技术工具所取代，那么，从资格的角度上讲，人与机器是可以替换的资格载体。人类的资格永远都是技能和技巧不断客观化的过程中的剩余部分。但是，职业能力是那种以特有的人类智力和个性智力为基础的能力，以及人与机器交互过程中只有专业人士才能展现出来的那一部分能力。

（1）职业能力的整体化理解

从当前对德国职业教育有关职业能力的研究成果来看，职业能力的实质是人的心理结构，对其内容的一个解释框架为专业能力、方法能力和社会能力三个维度，同时又可以进一步发展和提炼为关键能力（综合能力）。这些能力紧密相关，不存在没有方法能力和社会能力的专业能力，也不存在只有方法能力或社会能力而没有其他能力的专业能力。虽然为了更好地理解职业能力有必要对其进行内容分析或分解，但不能割裂或原子式地分解看待职业能力，不仅如此，职业能力还含有默会、意愿的成分，这和英美等资格取向的职业能力完全不同。

（2）职业能力的行动化理解

职业能力是职业行动能力的简称，"行动"一词凸显了能力是由行动所建构的，行动不仅具有明确的实践指向（典型职业工作任务），而且具有实践的完整过程"咨询—计划—决策—实施—检查—评价"。实践的任务指向与实践的完整过程形成结构化的行动，结构化的行动建构整体化的职业能力。表面化的知识和操作技能只是这一结构化的行动所必需的最为基本的一个要素，表面化的知识和操作技能都是无法引领这一行动的，在这个意义上，表面化的知识和操作技能不能被认为是能力，两者简单相加也不是能力。

（3）职业能力的等级化理解

这里的等级化体现的是由不同的工作任务所负载的结构化行动的复杂程度所体现的整体化能力的差异性和不同水平。学校的工作任务和企业的工作任务是有联系也有区别的，学校的工作任务是从企业真实的工作任务进行转化和重新设计的。学校的工作任务是一种学习性的工作任务，这种学习性工作任务从低到高分为封闭的学习性工作任务、开放的学习性工作任务、开放创新的学习性工作任务三个层面。

1.4.4　完整工作过程

职业行动是一个计划化、过程化的复杂系统，工作过程是对人这一复杂系统进行合理以及全面分析的工具，工作过程是工作人员在工作情境中为完成一件工作任务并获得工作成果而进行的一个完整的工作行动的程序。这样的程序是人在工作中对工作不断优化和反思建构的产物，合理优化的工作过程不仅仅是职业工作的专业性体现，同时也是个人综合职业能力的体现。经过对大量不同职业工作过程的研究，在一个概括和抽象的层面上，研究者提出了若干框架性的完整工作结构，如德国联邦职教所（BIBB）提出的著名的"明确任务""制订计划""做出决策""实施""控制"和"评价反馈"六阶段模型，也有学者提出了其他的模型，但基本构成都为"获取信息、制订计划、组织实施、评价反馈"。虽然在企业实践中，不同职位、教育背景和经验者从事的工作不同，扮演的角色不同，但其完成工作任务过程的基本结构却是相同的。针对不同的工作任务，个体的实际和现实的"工作过程"却是不完全相同的，完整工作过程也成为职业能力的操作性定义，这不仅为当前学习与工作结合的课程实施奠定了基于建构主义的视角，而且对过程的设计和规划通过大量的不同形式的证据材料和论证上的有机勾连、相互印证，为综合职业能力评价提供了一个和过去技能鉴定考试（操作过程）不同的视角。"工作过程知识中的很大一部分是经验性知识，无法像显性知识那样通过直接的方式传授，只能在具体的工作过程中建构；工作过程知识也无法通过传统考试来测试，这就给职业能力的考核提出了巨大的挑战。"（劳耐尔、赵志群、吉利，2010）

事实上，早在古希腊时代，大哲学家亚里士多德就明确提出了工作过程的四个基本要素，即"工作过程的目的""工作对象与材料""典型形式"以及"工作方法和工具"。在此基础上，潘伽罗斯（P.Pangalos）建立了现代工作过程的基本模型。据此，工作过程有四个基本组成要素，即工作人员、工具、产品和工作行动。每个工作过程，都是这四个要素在特定的工作环境中，按照一定的时间和空间顺序，达到所要求的工作成果的过程。对以职业能力为本的评价转换到对工作过程的评价提供了一个可以对综合职业能力进行观察和操作的概念平台。

有关杜威的技术哲学研究中，"杜威在1951年4月9日致阿瑟·本特利（Arthur F. Bentley）的最后一封信中写到，如果他有足够的精力，他将'把认知作为一种行为方式，在这种行为方式中，语言人工物与工具、器具、仪器等物质人工物相互作用，这些类型的人工物质都是出于各种目的而设计的，并使得必要的探究成为一种实验的活动……'"（希克曼，2010）无疑工作过程体现的是人对职业活动的专业性认知。

不仅如此，对工作过程的设计和当代对教学设计的前言解读也非常接近，"是一种在特定的情境脉络中解决结构不良问题的非确定性的过程，它所运用的是一种高度互动与协作的设计方式，设计应被视作一种充分利用有效资源的社会化过程。"（坦尼森等，2005）设计的完善丰富本身也是社会化过程、职业化过程成熟度的体现。

1.4.5 高等职业教育学生学业评价

学业评价一般被认为是指以国家的教育教学目标为依据，运用恰当的、有效的工具和途径，系统地收集学生在各门学科教学和自学的影响下认知行为上的变化信息和证据，并对学生的知识和能力水平进行价值判断的过程。

高等职业教育工学结合课程的实施，应当将教学及评价活动与工作活动在一个（尽量）真实的工作环境中整合起来，即学习是为今后在典型的职业情境（situation）中完成任务做准备；通过行动来学习，学生需要尽量进行自我控制行动和独立思考；学习过程涉及职业实践中多方面的内容，如技术、经济、法律和环保等；学习过程包括社会过程，如处理个人利益冲突等。

高等职业学生学业评价是以基于典型工作任务的学习性工作任务为载体，这种"工作任务"的开放度、难度和复杂程度是划定中职与高职的界线，以职业的典型工作任务作为高等职业教育的课程基础也廓清高等职业教育与普通高等教育作为类型不同的知识观基础。对学生在任务的方案规划和实施、评价完整工作过程中建构的认知能力进行深入持久跟踪和发现，对学生的认知能力进行评估的过程。综合职业能力实质就是对完整工作过程的构想，这种构想在职业行动过程中不断得到优化和丰富，这种构想能够体现为一个完整的程序。这样的构想是完全的个人或团队合作建构的产物。基于对完整工作过程的辨析成为当代对综合职业能力进行评价的对象，这和传统的纸笔考试以及追求行为化客观化的技能鉴定考试完全不同。对这一工作过程的构想需要学生进行系统性的阐明，这样的阐明过程就是当代职业教育学生学业评价的任务。为什么要采用这样的定义，基于典型工作任务的职业教育课程对目标的阐述同样具有很强的行为化、操作化色彩，这样的描述是必要的。虽说如此，描述本身又潜藏着丰富的非行为化和操作化的精神内容，这样描述的基本精神内容是基于学生和工作本身的建构结果，是职业能力评价真正的对象。行为化和操作化的过程和结果证据只是非常有限的佐证材料。同样这样的职业能力评价过程本身也是评价主体和学生之间建构与感悟的过程，对职业能力的评价采用完全的对错或严格的量化评判是不能胜任的。

阐明过程不是一个简单的论证过程，而是协商以求得价值认同的过程，通过这一过程来实现建构的真实性、确实性。这样的评价需要评价制度的变革，需要评价主体身份和角色的重新调整、需要评价内容、方法和标准的更新，它和当前以考试为主要话语和实践方式的体系是不同的。

本研究将这样的评价体系作为研究对象，运用文献法、调查法、案例法、和比较研究等方法，在充分占有第一手资料和实践调查的基础上对如何建立这样的评价体系进行探索。分析的基本框架为评价制度、评价主体、评价内容、评价方法以及评价标准。

1.5 文献综述

对高等职业技术教育学生学业评价的文献回顾按时间维度展开，从古代学徒制考试、近代实业学堂考试、民国时期职业学校考试到现当代高等职业教育学生学业考试的先后顺序对相关文献进行整理和阐述。

1.5.1 古代学徒制考试的相关文献梳理

高等职业技术教育萌芽于古代行会管理下的学徒制。11世纪末，欧洲手工业者按照行业组织了行会，而中国则在唐代形成了行会。由于时代、地区和行业的不同，我国行会组织的名称十分不一致，有历史文献可考的名称多达20多种，如行、团、作、会、堂、殿、宫、庙、阁、社、庵、院、馆、门、帮、祀、公等（曲彦斌，1999）。随着行会的发展，从13世纪中期到15世纪中期，学徒制逐渐置于行会的控制之下，行会的出现是职业技术教育历史上的划时代事件，也是制度化的职业技术教育考试开端。当时在手工业行业存在着学徒、手艺人、师傅（不同的国家称呼也不同，比如德国当时称为学徒、帮工、师傅，还有称为学徒、工匠的）三个阶层，从手艺人晋升为师傅的考试就蕴含着高等职业技术教育学业评价的基因。

历史上关于高等职业技术教育学业评价的完整的思想体系非常匮乏，只有非常有限的考试史实记载，散见于历史典籍，如《新唐书·百官志》《唐六典》等。其他如对行会、工匠阶层的研究的文章，有《唐代工匠与农民家庭规模比较》（魏明孔，2004）、《试论英国行会的产生及其早期经济措施》（金志霖，1990）、《唐代私营作坊手工业之管见》（魏明孔，1998）。还有一些早期颁布的制度和法律，如英国在1562年公布的《手艺人学徒法》和1601年发布的《济贫法》、德国1731年在全国发布的去除行会弊病的法令，另外在《技术教育概论》（[日]细谷俊夫，江丽临译，1983）、《人类社会发展史话》（蒋学模，1980），《12---13世纪法国东北部城市手工业和商业行会的发展情况》（[苏]E·T·季莫菲也娃，金家诗译，1994）、《清代匠作则例录编》（王世襄，2008）、《谈中国古代的技术标准》（潘志华，2003）、《清末实业教育制度研究》（吴玉伦，2006）、《中外职业技术教育比较》（周蕖，司萌贞，1991）等中也涉及到了一些关于不同国家学徒考试制度的阐述。此外还有人类学和史学方面的研究，如《美术人类学》（邓福星，1994）《文化人类学事典》（祖父江孝男等，1992）、《工匠的智慧——剑川沙溪传统民居营造中大木匠意研究初步》（唐黎洲，2006年）、《雕花逸事———项有关东阳木雕的艺术人类学研究》（郑睿奕，2007）、《中国家庭教育》（党明德、何成，2005）、《中国工艺美术史》（田自秉，1985）等。上述的史料和研究涉及了职业技术知识的经验性质、出徒考试的制度、考试的方法、考试的标准以及行会末期以立法形式的国家介入考试的史实描述。遗憾的是，这些史料和研究非常分散，对考试史实的描述都是围绕其他主题开展的，对考试观等思想理论缺乏系统的深入的研究。但通过这些研究可以得出如下结论：古代学徒考试的话语权属于师傅以及行会，师傅和行会作为评价的主体，当时各行业机会都有自己的"法式"作为评价技术活动评价的标准和规范，这些都为后来职业资格考试的出现奠定了基础，正规的学校高职教育并未出现，没有正式的课程和书本化的知识体系。所以从评价角度而言，当时对学徒的考试完全采用"满师工件"这样一个具有相当难度的完整的工作任务，即通过观察学徒操作，结合询问、法度检验以及经验判断等多种方法来对学徒学业进行评价，并以长期的师徒生活中的对话、交流、观察和考核为基础的。所以古代学徒考试具有非常丰富的真实性、表现性评价的因素，而且在某种程度上实现了量化评价和质性化评价的结合。不同的行业对考试所评判的侧重点是不同的，基本上"满师工件"作为有代表性的考试形式，更多的是针对加工工艺和产品质量的评定。严格甚至是严酷是当时出徒考试的特点，以考试实现学徒的身份转变等级跃迁使得考试在学徒制的职业教育中发挥着重要的作用，而作为学徒的学生学艺不精是很难通过这样的考试的，这些史实通过古代大量精妙绝伦的艺术品、文物古迹都可见一斑。

1.5.2 近代实业学堂和职业学校考试文献梳理

18世纪到19世纪的产业革命大大加速了旧学徒制的崩溃，以前的学徒制已经不能满足工业生产对技术工人的需要，职业教育形式逐渐转化为学校教育，学科理论化知识以课程为载体正式进入高职教育。"美国高职在19世纪上半叶被纳入正规学制，随后是德国和俄国，到19世纪末还有英国、日本和法国。我国也在1904年前后将高级实业学堂纳入《奏定学堂章程》制定的学制中。"（匡瑛，2006）对这一时期高等职业技术教育学生学业评价的研究散见于《中国近代教育史资料汇编》（璩鑫圭、童富勇、张守智，1994）、《清末实业教育制度研究》（吴玉伦，2006）、《中外职业技术教育比较》（周蕖、司萌贞，1991）、《福建船政学堂考试制度初探》（樊本富、李军，2007）、《六国技术教育史》（日本世界教育史研究会，1984）、《民国时期职业教育制度化研究》（廖承琳，2003）、《民国时期中国考试制度的转型与重构》（胡向东，2006）、《职业教育制度分析》（孙玫璐，2008）、《课程》（博比特，1918）、《怎样编制课程》（博比特，1924）等以及随后的泰勒的八年研究（1932—1940）和布鲁姆的教育目标分类学的提出，重要的文献如《课程与教学的基本原理》（泰勒，1949）、《方案评价原则》（泰勒，1983）、《怎样评价学习经验的效用》（泰勒，1949）等。上述文献论及了国外及清末高等实业学校及民国时期专科学校考试的有关制度以及学业成绩核算的办法，限于其研究视角，多从制度本身来探讨，缺乏相关的评价案例和思想分析。但是学校制度化教育本身使得职业技术教育知识背景发生了变化，正规课程的出现使职业知识从经验知识转向了科学理论知识，纸笔形式的考试开始占据主导地位，题型也开始增多。在民国时期，国外教育测验的引进使得这一时期的职业教育学生学业考试内容必须遵循当时的课程标准，考试方式开始采用客观化试题，经典的测验统计理论被译介到国内并得到传播和发展。甄选、分类、排序、常模参照是当时考试功能发挥的主要参照依据，教员和对学堂进行管理的政府官员作为评价的主体，对学生学业评价的话语权逐步转向了学校，重视实习、重视技能。无论是晚清实业学堂还是民国时期职业学校都制定了相关的考试评价制度，而且在民国时期出现了专业技术人员的职业资格考试，要求当时新设的几个专业毕业考试要与当时的资格考试进行诠定，这已经和现在的职业教育"双证书"在形式上没有太大的差别了。从晚清时期对通过考试的学生给予奖励出身，到民国时期国家给予工作来实现考试功能的发挥，这一时期企业界通过一系列心理测验和甄选对技能、动作行为、职业资格和能力的测量产生了巨大的影响。

美国工程师泰勒（F.W.Taylor）于1881年开始了"时间研究"，随后的吉尔布瑞斯开创了"动作研究"，1883年高尔顿发表了《人类能力及其发展问题》，卡特尔发表了《心理测验和测量》，1905年比纳与西蒙创制了比纳 – 西蒙量表，这些都为测验和选拔工人奠定了方法基础。尔后一系列的工业心理学的相关研究主要就集中在编制各种心理测验去选拔合适的工人。如第一次世界大战中，英国以心理测验选拔飞行员、气象观察员、海底电话员、潜艇观察员等，德国和法国选拔测距员、司机、飞机师等，美国为航空和其他技术兵种编制了专门的测验。"一战"后，各国建立了劳动心理学的研究机构，其主要工作之一就是编制测验，为工作选择合适的工人。1921年中华职业教育社将其自制的职业心理测验器用于其附设的职业学校的入学考试中。1925年斯特朗（Strong）进行了职业兴趣测量。《怎样应用测验来选择雇员》（张文淑，1936）、《劳动心理学》（方俐洛、凌文辁，1988）中对此阶段的工业心理学应用于员工选拔有较为详细的介绍，这一时期的能力研究虽然并不是在教育领域开展的，但其研究却对职业教育产生了巨大的影响，尤其是时间 – 动作研究奠定了后来技能领域目标以及技能评价的方法论基础。

1.5.3 现代高等职业教育考试的文献梳理

现代高职的发展与变革的繁荣时期划定在"二战"后至20世纪60年代，整个高等职业技术教育评价在以北美和日本为代表的技术学科学业评价和以当时西德为代表的职业教育学生学业考试这两大话语中开展，如下的研究构成了整个高等职业技术教育学生学业评价的背景。

以《教育目标分类学提纲——认知领域》（布鲁姆等1956）、《教育目标分类学提纲——情感领域》（克拉斯沃尔、布卢姆、梅夏，1964）、《教育目标分类学提纲——动作技能领域》（辛普森，1965）等为标志性成果发展了基于目标达成诊断的一系列考试方法。重视目标，重视对目标达成的考试，设计标准，发展标准参照考试是这一时期考试评价的重点。职业教育领域如《技术学科教育法》（土井正志智等，1978）、《评价与测量》（池本洋一，1978）、《Secondary School Teaching Methods》（Clark、Starr，1967）等关于技术教育学生学业评价以及中等职业学校学生学业评价，其整个指导思想是泰勒和布鲁姆等人的教育目标分类学。

职业教育最为发达的德国关于考试的研究如1974年吉哈尔德·P.朋克的《商业职业培训的复核》、罗伯特·F.马格尔的《学习目的和课程》、希尔贝尔特·L.梅耶尔的《学习目的的分析和训练方案》、S.塞耶尔的《教课目的和学习目的》对布鲁姆等人的认知领域和情感领域以及戴维的动作技能领域的教育目标分类学在职业技术教育中的应用进行了解说。1979年海因茨·G.戈拉斯出版了《职业教育学与劳动教育学》，对涉及职业技术学生学业测验、法律规章对考试的规定、企业培训教师对挑选培训人的各种测试、学习效果的检查等进行了详细的论述。在其所著的资料来源和参考文献目录中，可以清晰地看出德国职业技术教育对学生学业评价研究的范围和关注点，如R.布里肯坎姆普的《教育学和心理学测验手册》（1975）、联邦职业教育委员会《联邦职业教育法》中考试规则的方针Ia项：进行结业考试的示范考试规定,Ib项：进行学徒考试的示范考试的规定。库尔特·弗姆的《程序考试的理论和实践》（1976），卡尔海因茨·因根康姆普的《评分质疑》（1977），维里·波特霍夫的《成绩检查》（1975），由P.布朗特、A.雷茨、G.吕特克、K.迈耶尔、H.维特合写的论文《问题和实践——把非标准化测验用于职业教育中的考试》（1975），W.莱塞《关于＜联邦职业教育委员会对程序考试的推荐＞的说明》（1974，W.莱塞《关于〈联邦职业教育委员会对实行口试的推荐〉的说明》（1976），T. 吕特尔《考题形式——教学法目的入门》（1975），职业促进中心《成人考试提纲》（1974），J. 文德勒尔《关于评分客观化的标准工作》（1972）。伯尔基施.格拉德巴哈·海德尔在 1976 年出版的《职业培训过程的新规则》一书中，由卡尔·W. 赫尔布斯特和洛尔夫·韦伯解了一九六九年八月十四日《职业教育法》和一九七六年九月七日《培训岗位促进法》，在法律和相关的培训规章中对考试的内容和方法进行了明确的规定。遗憾的是，这些研究局限在德国双元制中企业评价以及终结性的国家考试制度和方式中，对专科学校等高职院校的学生学业评价没有涉及。

上述研究无论是评价还是考试都是集中针对于单一的工作岗位或工种所需的知识和设备操作能力，对学生学业的考查则强调围绕明确的行为化的目标从某个范围抽样决定考试内容，制定考试评价标准，设计客观化、标准化的考试工具，以评价者观察被评价者的反应和标准的一致性来进行评价，秉持所谓价值中立排除评价者主观判断和经验判断。理论知识以大量的选择题、正误判断作为考试方法，能力评价则是以观察学生的操作行为序列、速度、精度等方面采用行为检核单等方式进行评价，以标准化考试、客观化评分过程来进行。这一切都深刻地影响了当今的高等职业技术教育学生学业评价，并且奠定了高等职业技术教育学生学业评价的基本模式，这种影响至今仍然清晰可见。

1.5.4 当代高等职业教育学生学业评价的文献梳理

当代高职发展从 20 世纪 70 年代到现在，在这一个时期，能力本位运动在北美地区兴起。"能力本位"在职业教育领域成为一个核心概念，能力本位评价也受到重视，由于产业界代表在教育与培训问题上第一次拥有了发言权，他们受经济理性主义的左右，也就特别强调完成工作任务所需的操作技能，以求达到通过能力本位的教育与培训，使毕业生能够迅速上岗操作。至于这些任务操作技能以何种形式陈述出来，受当时流行的行为主义心理学的影响,主张能力目标的量化和行为化,即可度量的、可观察的。能力本位评价最大的成果就是全面推行职业资格证书,这一时期世界各国纷纷制定职业教育标准和推行职业资格证书,并制定职业技能标准,力求标准的精确性和可测量性,力求以外部考试评价来控制和提高职业教育的质量。

英国政府 1986 年开始在全国范围内推行国家职业资格证书制度（National Vocational Qualifications , NVQ）,20 世纪 90 年代又创立了普通国家职业资格制度（General National Vocational Qualifications , GNVQ）,同时, "各类职业资格课程也成为综合中学和继续教育学院、技术学院中职业技术教育课程的主体" （翟海魂,2008）。美国 1994 年成立了 "职业技能标准委员会",澳大利亚自 1995 年 1 月起实施国家教育培训证书框架（Australian Qualifications Framework , AQF）。法国于 2002 年成立了在总理府领导下的 "职业认证国家委员会"。欧盟制定了适用于欧盟各国的 "欧洲职业技术教育通行证",通过评估考核,承认不同国家职业技术教育证书的等值性。我国于 1995 年 1 月 1 日实施的《中华人民共和国劳动法》第八章第六十九条规定:国家确定职业分类,对规定的职业制定职业技能标准,实行职业资格证书制度,由经过政府批准的考核鉴定机构负责对劳动者实施职业技能考核鉴定。1996 年 9 月 1 日实施的《中华人民共和国职业教育法》第一章总则第八条规定:实施职业教育应当根据实际需要,同国家制定的职业分类和职业等级标准相适应,实行学历证书、培训证书和职业资格证书制度。第三章第二十五条规定:接受职业学校教育的学生,经学校考核合格,按照国家有关规定,发给学历证书。接受职业培训的学生,经培训的职业学校或者职业培训机构考核合格,按照国家有关规定,发给培训证书。学历证书、培训证书按照国家有关规定,作为职业学校、职业培训机构的毕业生、结业生从业的凭证。劳动部《关于技工学校、职业（技术）学校和就业训练中心毕（结）业生实行职业技能鉴定的通知》（劳部发〔1995〕208 号）第二条规定:上述毕业生的职业技能考核鉴定依据《国家职业技能鉴定标准》《工人技术等级标准》和《职业技能鉴定规范》的要求进行。鉴定内容包括知识要求和技能要求两项。知识要求考试可采取闭卷笔试方式进行，技能要求考核可结合生产或作业，选择典型工件或作业项目组织进行。劳动部为此制定了一系列的详细的方案和制度保障。如《关于印发 < 关于修订工人技术等级标准工作的意见 >》（劳培字〔1989〕33 号）、《关于制定工人岗位规范的通知》（劳培字〔1991〕15 号）、国家职业分类大典和职业资格工作委员会《关于印发 < 职业分类细类划分规范 > 和 < 细类编写要求 > 的通知》（劳培司字〔1996〕22 号）、《关于印发 < 国家职业分类大典职业定义与职业描述编写的具体要求及范例 > 的通知》（劳培司字〔1997〕28 号）、《关于印发 < 关于理论知识和技能操作鉴定试题要求 > 的通知》（劳培司字〔1994〕6 号）、《关于印发 < 职业技能鉴定国家题库网络建设工作方案 > 的通知》（劳部发〔1997〕120 号）、《关于发布 < 国家职业技能鉴定命题技术标准（试行）的通知 >》（劳培司字〔1997〕51 号）等。

职业资格考试是前述客观化、标准化、行为化、价值中立化、观察法等思想与方法结合发展的巅峰，"能力本位"实际上是"技能本位"，将技能分解确立在能够明确看到反应的行为上，对技能本位的评价重视评分者信度。但能力本位的思想并未使对能力的理解趋于一致，尤其随着社会经济技术的发展，企业组织、生产方式的变革，对人能力要求的变化，当前"职业能力""职业能力标准""职业综合能力""职业核心能力""专业能力""方法能力""社会能力"……一系列能力概念的提出突破了传统职业教育领域对能力仅从心理学动作技能获得的狭隘认识。并且不同的国家不同的话语体系对能力的内涵及其概念发展目前仍然在流变中。随着职业能力概念的提出和世界高职教育本位观的嬗变，知识本位（"二战"后—20 世纪 70 年代）、能力本位（20 世纪 70—90 年代）、人格本位（20 世纪 80 年代末—90 年代）、素质本位（世纪之交至今）（匡瑛，2006）职业能力的内涵开始从岗位操作技能转向了包括知识、能力、人格、素质等的集成化领域。

（1）涉及学校考试的研究

与此对应的是 20 世纪 70 年代国际劳工组织开发的 MES 课程，20 世纪 80—90 年代于英国、澳大利亚、加拿大等国流行的 CBE 课程，20 世纪 90 年代后期以来德国的学习领域课程。对学生学业评价则形成了学校考试（专业知识）、企业考试（专业技能）、国家职业资格考试（行业通用知识和技能）三足鼎立的局面。

有 19 本著作、28 篇期刊论文、5 篇硕博士论文涉及了高等职业学校学生学业考试的内容、方式、制度、功能、评价体系改革等，基本观点可以归为以下几类：第一，考试内容从理论化的知识转向实践，这里的实践内容也不尽相同，有的是实际操作，有的是项目、产品、任务等。第二，考试方式从单一的终结性纸笔测验转向多种方式，如上的研究提出了多达几十种方式，不一而足。第三，考试的功能从原来的甄别、选拔、贴标签转为反馈、鉴定、引导等功能。第四，评价体系的建立则是以企业评价为主体，与国家职业资格、国家职业技能鉴定考试标准相统一。第五，对什么是能力本位认识众说纷纭，大体上可以区分为综合职业能力和技能化取向的能力两种解读。第六，考试走向日常教学过程，作为教学过程的一个环节。但现有研究基于教学过程的仅限于从某个专业重新设计的评价量表的案例，对其理论来源和适应性并未作深入探讨，案例中鲜活的评价事实也较缺乏。在上述文献中，16 部著作无一专门围绕高等职业教育学业评价进行研究的，5 篇硕博士论文中也无一专门研究高等职业技术教育学生评价的。32 篇期刊论文限于篇幅对工作视域中的高职学校学生评价的理论基础没有深入地进行阐述。但上述研究的一些基本观点却为本研究提供了切入点。

（2）涉及企业考试的研究

有 14 篇硕博士论文、8 本著作涉及了企业的考试。围绕企业对高职学生的学业进行评价的研究依然很匮乏，虽然基本上都是企业对正式员工的评价，但企业对员工能力、素质、业绩等方面的考试设计无疑具有参考借鉴意义。尤其随着现在职业教育校企合作的深入，借鉴企业的评价思想来设计具有教育性的学生学业评价是一个非常重要的课题，虽然企业评价真正影响我国的高职教育学生学业评价还有很长的路要走，但是企业评价的一些方法为本研究提供了可资借鉴的基础。

（3）涉及国家职业资格考试的研究

涉及国家职业资格考试的研究有 7 篇硕博士论文、3 本著作、3 篇期刊论文，这些研究对于了解职业资格及其职业技能鉴定考试所有相关细节提供了方便，也为本研究中对操作技能的评价的开展提供了一个视角。

（4）涉及考试及评价思想的研究

涉及考试思想史、教育领域评价理论、评价标准、评价方法、素质教育评价、有效教学中的结构化与半结构化评价、评价工具、职业教育行动学习评价维度与质量标准等的研究，对高等职业技术教育学生学业评价研究无疑具有重大的理论指导意义。主要有《职业能力与职业能力测评 KOMET 理论基础与方案》（劳耐尔、赵志群、吉利，2010）、《高等职业教育教学评价理论、评价体系与评价技术》（王利明等，2011）、《高等职业教育课程学习评价与案例》（马越、王文博，2010）、《发展性高职教育教学评价》（钟桂英等，2011）、《企业技能人才评价工作技术指导手册》（人力资源和社会保障部职业能力建设司、职业技能鉴定中心，2011）、《职业教育技能竞赛研究》（史文生，2010）及一些高职院校项目化课程开发的方法及案例中的评价研究。尤其是古巴和林肯的《第四代评估》，其以建构主义的视角以及阐释辩证法作为方法论的评估思想对本研究深有启发。

上述论著有最近刚刚出版的关于职业教育学生评价的图书。可以看出，职业教育领域对学生学业评价的关注度正在提升，尤其是《职业能力与职业能力测评 KOMET 理论基础与方案》是关于学生综合职业能力测评方面最为权威的著作。其结合目前的高等职业教育基于典型工作任务的课程改革，从综合职业能力的大规模国际比较的视角以实证的方法设计了综合职业能力模型、综合职业能力测评模型和评价指标体系，虽然是用于大规模的国际比较，但是其设计思想和模型对于当前的高等职业教育学生学业评价无疑具有重大的影响，本书的研究内容对其也是借鉴很多。

1.6 研究思路和方法

1.6.1 研究思路

本书从我国高等职业教育学生学业评价的历史和现状出发，针对高等职业教育学生学业评价的现实和存在的问题，结合深入的案例分析，在回顾和反思职业教育学生学业评价的历史演进过程以及对当前主要国家职业教育学生学业评价体系特点的分析中，对高等职业教育学生学业评价所需的理论支撑进行梳理，探讨其前提假设、价值理念和方法论体系，力图寻找评价背后的深层理论支撑体系，为新时期高等职业教育学生学业评价的内涵和特点奠定基础。高等职业教育学生学业评价的基本体系构成是本书的重点，笔者拟从评价制度设计、内容、方法，标准、评价主体等几个方面进行详细分析和论述。本书基本结构框架如下：

第1章引言。主要包括研究缘起、问题提出、文献梳理、研究意义、概念界定、文献综述、研究方法、创新之处等内容。

第2章高等职业教学学生学业评价的历史发展。基本的探讨和分析框架为评价主体、评价方法、评价内容、评价标准、评价功能等方面，以时间维度从我国古代学徒考试、近代晚清实业教育学生学业考试以及民国时期职业学校学生学业考试到新中国成立后不同阶段的高职教育学生学业评价进行了剖析和反思。

第3章高等职业教育学生学业评价的现实困惑。透过前述制度化、表面化的规定性体系深入到当前高等职业教育学生学业考试的话语和实践内部，揭示了其纸笔测验的内容、操作技能的滥觞、评价标准的随意和职业能力的苍白，通过案例剖析对题型设计、基本理念、操作程序和信度效度进行了深入分析。对其依据的知识观和技能观进行了探讨和反思，提出这样的观念与当前的社会发展和职业要求相去甚远。

第4章高等职业教育学生学业评价的国际比较。以德国和英国这两个对职业教育能力本位理解不同，又各自形成不同特点的职业教育考试体系并对世界职业教育发展产生巨大影响的国家为样本，按前述的评价主体、评价方法、评价内容、评价标准、评价功能为分析框架进行了分析和对比。

第5章高等职业教育学生学业评价的理论与实践基础。结合前面对当前高等职业教育一些主流的知识观和技能观的追问，较为深刻地反思了能力本位究竟应该以什么样的能力作为高等职业教育的本位，提出高等职业教育学生学业评价的理论应该构筑在当前高等职业教育课程改革的理念和评价模型以及第四代评估和教育领域的真实性评价和表现性评价共同基础上。

第6章高等职业教育学生学业评价的体系改革。以制度设计、内容设计、评价方法选择、评价标准制定和评价主体确立作为本章的重点，以职业领域的具有职业效度的典型工作任务作为整个评价体系构建的主线，融合了企业人力资源甄选员工、职业技能大赛、示范性高职院校学生评价的做法和成功经验，对当前的高等职业教育学生学业评价体系进行了设计。当前这样的设计还只是非常有限的探索。

第7章高等职业教育学生学业评价的展望。评价体系的构建势必要带来新的更为复杂的问题，这些问题已经超出了本书的研究范围，比如推行区域性的国家考试、典型工作任务的典型性、学业评价的成本如何分担、学业评价的功能如何发挥等问题。这些问题是构架高等职业教育学生学业评价未来必须面对的问题，需要在以后的研究中继续探索。

1.6.2 研究方法

（1）文献法

文献法也称历史文献法，就是搜集和分析研究各种现存的有关文献资料，从中选取信息，以达到某种调查研究目的的方法。它所要解决的是如何在浩如烟海的文献群中选取适用于课题的资料，并对这些资料做出恰当分析和使用。基本步骤包括文献搜集、摘录信息、文献分析三个环节。装娣娜在其《教育研究方法导论》中认为："文献法。是从所要研究课题的历史出发，搜集与该课题有关的文献资料，从中抽取出有规律性的东西，并在此基础上进一步地调查或者比较分析，展开深层次的研究。"综合职业能力作为高职教育学生学业评价的目的伴随着当代高职教育课程的改革，其评价体系涉及评价制度、评价主体、评价内容、评价方法、评价标准和评价功能的发挥等方面，背后是当今职业领域研究的不断深入、建构主义的技术哲学、职业技术教育理论研究的发展，因此需要在研究中搜集有关职业教育考试制度发展的史料，搜集人力资源和社会保障部门、各行业企业人力资源部门招聘、绩效考核的案例，搜集研究专门评价机构、高等学府发表的学术论文和调查报告。在对大量文献和不同观点分析的基础上构建高等职业教育学生学业评价的理论体系。另外，工作视域中评价的发展与教育基本理论、学习型组织发展、当代企业教育培训理念的发展密切相关，笔者通过大量文献资料的查阅来找出工作视域中评价背后的价值理念、前提假设、方法论体系等一系列相关因素，并追踪综合职业能力产生的现实背景和理论基础。

（2）历史法

裴娣娜在其《教育研究方法导论》中认为："历史法，是通过搜集某种教育现象发生、发展和演变的历史事实，加以系统客观存在的分析研究，从而揭示其发展规律的一种研究方法。" 历史研究就是以过去为中心的研究，它通过对已存在的资料深入研究，寻找事实，然后利用这些信息去描述、分析和解释过去的过程，同时揭示当前关注的一些问题，或对未来进行预测。历史研究既可以是定性研究，也可以利用定量资料。它与其他定性研究一样，关注一个真实情况中的自然行为，它着重于解释在具体背景中的行为有何意义。但历史研究不同于其他研究的一点是，历史研究本身并不创造数据或事实，而是力图发现正以某种形式存在的数据或事实。历史研究是一种很有价值的研究方法，首先表现在，通过历史研究获得大量史实，能为现实决策提供信息，且有助于理解现实问题。这就是"以史为鉴"的含义。历史上的改革可以通过研究而服务于现在。其次，历史研究对于预测未来趋势也十分有用。它可以预示什么是可能的、什么是不可能的。"谁不了解历史上的错误，谁就注定要重蹈覆辙。"历史研究可以提供我们避免重复犯错的信息。列宁还说过："忘记历史就意味着背叛。"所以，历史研究很有意义。有人把历史研究的贡献概括成四个字：期望、预防，这是极有道理的。历史研究区别于其他研究方法的独特之处在于，它探索资料而非生产资料。过去的变化已经发生，人们无法改变、操纵历史。因而，历史研究法的资料来源也有自己的特点。

通过确定问题，进而搜集和评价资料，可将各种信息结合起来，总结出一般性的结论，即对研究问题进行分析和解释。这就是历史研究法四个基本的步骤。在本书中，在研究我国职业教育学生学业评价发展过程中，即通过收集与本研究相关的历史资料，去粗取精，从中总结经验教训、指导实践。比如书中用历史的方法来分析不同的历史时期职业教育考试评价体系及其特点。

（3）比较分析法

《牛津高级英汉双解辞典》解释说：比较研究法就是对物与物之间和人与人之间的相似性或相异程度的研究与判断的方法。我国吴文侃、杨汉青主编的《比较教育学》认为："比较法是根据一定的标准，对不同国家或地区的教育制度或实践进行比较研究，找出各国教育的特殊规律和普遍规律的方法。"很显然，这个定义仅适用于"比较教育"这个学科领域，所以必须对它进行另外的限定。林聚任、刘玉安主编的《社会科学研究方法》认为：比较研究方法，是指对两个或两个以上的事物或对象加以对比，以找出它们之间的相似性与差异性的一种分析方法。比较研究法可以理解为根据一定的标准，对两个或两个以上有联系的事物进行考察，寻找其异同，探求普遍规律与特殊规律的方法。比较研究法在教育研究中广泛运用而且具有极高的价值。裴娣娜在其《教育研究方法导论》中认为："比较法，是对某类教育现象在不同时期、不同地点、不同情况下的不同表现进行比较分析，以揭示教育的普遍规律及其特殊表现，从而得出符合客观实际的结论。"笔者在本研究中运用了比较法来分析综合能力评价与传统评价、国外高职学生学业评价发展的异同；比较综合职业能力评价在不同时期的发展；比较综合能力评价不同观点之间的异同。

（4）案例研究法

案例研究法是结合市场实际，以典型案例为素材，并通过具体分析、解剖，促使人们进入特定的营销情景和营销过程，建立真实的营销感受和寻求解决营销问题的方案。案例研究设计包括以下几点：第一，研究的问题是什么？所进行的研究要回答的问题反映了案例研究的目的。研究者通过搜集整理数据能得到指向这些问题的证据，并最终为案例研究做出结论。通过对以前相关研究资料的审查，提炼出更有意义和更具洞察力的问题。第二，研究者的主张是什么？研究者的主张引导研究进行的线索。它可以来自现存的理论或假设。无论是建立新的理论还是对现存的理论进行检验，主张的提出都是必不可少的。第三，分析单位。分析单位可以是个人、事件或一个实体，如非正式组织、企业、班组等。有时候，可以有主要的分析单位和嵌入的分析单位。第四，联结数据及命题的逻辑。为了把数据与理论假设联系起来，在设计研究阶段时就必须对理论主张进行明确表述。第五，解释研究发现的准则。对于分析的结果，研究者就可以针对研究的命题提出一个解释，来响应原来的理论命题。第六，研究案例数量的选择（单个还是多个）。 在以下情况下可以采用单个案例研究：①成熟理论的关键性案例；②极端或是独特的案例；③揭露式案例。裴娣娜在其《教育研究方法导论》中认为："个案法，指采用各种方法，搜集有效、完整的资料，对单一对象进行深入细致的研究过程。"在本研究中，对于传统能力本位评价的理念、操作程序、信度和效度的分析通过一些具体设计或图表案例，来帮助理解技能化取向的能力本位评价的严重局限；另外在高等职业教育评价体系的设计中采用了大量的案例以实例支持研究理论，做到深入浅出。

1.7　创新之处

中华人民共和国成立后我国高等职业教育发展至今，其规模已经占据了高等教育的半壁江山，对高等职业教育的研究重视程度也在不断加大，针对高等职业教育学生学业评价的项目也开始出现，如前述中的有关考试的项目。教师经验层面的研究也相对较多，但系统的研究却比较少见。通过前述的文献梳理可以看出，对高等职业教育学术学业评价进行研究的博士论文还没有。本研究较为系统地梳理了我国高等职业教育学生学业评价的历史以及将当前职业教育最为典型的两个国家进行比较，并对历史梳理和国际比较进行了较为深入的反思，在此基础上提出了我国高等职业教育学生学业评价可以借鉴的一些理论基础，并对其进行了探讨。

综合职业能力是当今高等职业教育的目的，这在职业教育领域已经是普遍的共识，但什么是综合职业能力却是众说纷纭，如何对综合职业能力进行评价也是不尽相同。本研究根据当前高等职业教育工学做课程开发的理念和德国职业教育学习领域的课程思想尝试对综合职业能力的操作性定义及其评价进行了探讨。

本研究对高等职业教育学生学业评价体系如何进行改革进行了探讨，基于当前高等职业教育"工学做一体化"课程改革从评价制度设计、评价内容、评价方法、评价标准等几个方面融合了职业技能大赛、企业高技能人才评价和学习性工作与评价任务的经验与做法，初步构建了评价体系。

2 我国高等职业教育学生学业评价的历史发展

　　学徒考试在职业教育的发展历程中曾经发挥了巨大的作用，迄今为止，考试依然是职业教育领域评价学生主要话语方式和实践方式。然而，伴随着近代制度化的学校职业教育而来的学校考试的出现，产业界对其怀疑和责难就一直没有停息过。1965年福斯特发表了著名的《职业学校谬误论》，在职业教育理论界引发了一场长达1/4世纪的论战。"学习成绩与职业成功之间的相关性差，对近27年出版的论文进行归纳，也可发现多数研究主张学业成绩与后来的在商业、教育和医学领域的专业成就之间并不存在什么关系。"（Gavanaugh，1993）学校考试的价值除了关联一张含金量不高的毕业证书外，存在的意义几近虚无。虽经过一次次的职业教育课程改革浪潮的洗礼，但学校考试存在的价值和定位依然需要追问。"理解社会和现代教育的最高明渠道之一就是从人类文化发展的历史长河来对教育进行展望。"（滕大春，1994）高质量的教育及其评价必然建立在古今中外广阔的视域中，如果说当前的职业教育课程改革更多体现的是当下的中外学习交流这一维度，那么对于这样的改革的必要的反思则需要建立在从古至今的历史维度上，职业学校考试即是如此，对此可以追溯到古代的学徒考试。

2.1 我国古代学徒制学业考试

2.1.1 家传师授、工师职官——学徒考试的评价主体

古代将工匠阶层和手工业职业称为"百工"。《周礼·考工记》说："知者创物，巧者述之、守之，世谓之工。"《管子·小匡》记载："是故士之子常为士……农之子常为农……工之子常为工……商之子常为商。"以手工业为例，官府手工业作坊中最初工匠的技术传授是世袭家传，至唐才有世袭以外的师徒传授。

"中国古代私学概括起来有'家传'和'师授'两大途径，进而产生了家学传授和经师讲学等教育组织形式。（田建荣，2009）"作为技能传承的途径也大体相似，以工匠阶层和手工业职业为例，我国古代工匠培训和手工业技艺的传授有官府中的工匠培训、家传工艺和师徒相传等形式。采取"家传"途径的家庭长者或具有权威的人一般是父亲，采取其他途径的非官府的族外的师傅以及官府的工师或职官担当了对学徒的教、管和评价的职责。根据相关文献记载，大多收徒还要签订合同，赋予师傅这样的权利。收徒与出师对于师傅而言，意义重大，不仅关乎技艺传承，而且关乎自己的声誉。对于挣扎在脆弱的手工业者的生存环境中的人来讲，技艺传承和声誉都是非常重要的。

从技能角度讲，古代手工业产品生产制作具有非常复杂的工艺流程和方法及规范，称为"法度"。技能体现了对这些流程、方法的熟练掌握的外化运用。从知识角度讲，古代的职业教育几乎都是通过口耳相传、不立文字的形式传承，知识更多地具有经验性、隐性和默会的特点，学习更多的是通过观察、实践、反思、体悟。不同的行业和工种其经验内容和"法度"相差巨大，而且学习期限也不完全相同，加之有很多技巧和行业机密，这些都使得古代手工业行业从一开始就具有非常强的排他性。师傅阶层本身构成了一个"实践共同体"，在其圈内代表了技术经验的最高水平，在其职业群体中具有非常大的话语权。除了从事本职业的人员之外，外行人

基本上看不出门道也难以对学徒的技艺进行专业化的评价。

虽然整个工匠和手工业阶层的社会地位十分低下，但是对于工匠和手工业阶层职业本身的从业人员而言，师傅和工师在其职业领域却具有最高的地位。学徒职业生涯的终极目的就是能成为师傅或工师那样的人。而成为师傅这样的人就必须通过满师考试。从文献记录来看，这样的考试是极其严格的，对学徒的考试一般由师傅进行评价，较为正式的还由多位师傅共同进行评价，而且根据不同的学徒期限举行若干次考试。学徒进行考试在文献资料中也有相关的记载和描述，最早可以追溯到古希腊时代，在古希腊文化时代的埃及废墟和坟墓里发现的文稿中就有一些学徒制的合同。"在这些合同中，在学徒期的最后应进行考试来决定其效果。只举了一个例子。就是吹笛方面，合同讲定在学徒期结束时，应由三位优秀的主考者进行考试。速记方面也有进行与此相类似的考试，我认为那是二年间进行二次……为了决定这两个时期，要进行某种形式的考试。而且，可以认为就是在第二时期，也要根据考试来决定是否能自由地进行读和写。魏斯曼推测，这种考试也是用与吹笛的考试同样的形式进行的。"（细谷俊夫，2009）

在我国古代官府手工业中，工师是法定的对学徒进行绩效考核的评价者，"工师需要评定百工的绩效，确定一年四季百工应当完成的工作，审查产品质量的优劣，以便向上呈送质量优良的产品。显然，秦朝各官署作坊中不仅设置了工师进行全面管理，而且设有监工，负责考核和检查，以保证产品质量和数量。"（米靖，2009）后期出现了专门的职官来对学徒进行考试，这里已经包含了对学徒学习效果的考查。

《礼记·月令》中说："命工师令百工。"《荀子·王制》中记载："论百工，审时事，辨功苦，尚完利，使雕琢文采不敢专造于家，工师之事也。"《吕氏春秋·三月纪》记载："命工师令百工，审五库之量，金铁、皮革、筋角、齿羽、脂胶、丹漆，无或不良，百工咸理，监工日号，无悖于时，无或作为淫巧以荡上心。"

唐代少府监还对不同工种的学徒年限做了明确的规定："细镂之工，

教以四年,车辂乐器之工三年,平漫刀之工二年,矢镞竹漆屈柳之工半年焉,冠冕弁帻之工九月。" 如《唐六典》也记有各工种的培训期限:"凡教诸杂作工业:金、银、铜、铁、铸、锡、凿、镂错、镞所谓工夫者限四年成,以外限三年成;平浸者限二年成;诸杂作者有一年半者;有半年者;有三月者;有五十日者;有四十日者。"少府监还对不同工种的学徒年限做了明确的规定:"教作者传家伎,四季以令丞试之,岁终以监试之,皆物勒工名。"金、银、铜、铁、铸、锡、凿、镂错、镞既是不同的工种,也意味着不同产品、不同工艺作为其考核的具体形式。

以父为师、以师为父、工师和职官构成了不同形式的学徒制的评价主体,加之古代社会的宗法伦理道德以及从当时从业者的社会经济环境来推断,父亲和师傅的评价无疑会对学徒产生巨大的影响,而官府手工业的工师和职官的评价则直接决定学徒的命运。从睡虎地秦墓出土的秦律竹简《均工》中可以看到这样的规定:"工师善教之,故工一岁而成,新工二岁而成。能先期成业者谒上,上且有以赏之。盈期不成学者,籍而上内史。"

我国古代官府手工业更是要求所有的产品必须刻有学徒姓名。实际上"勒名制"渊源久远。据《礼记·月令》记载,工师要"物勒工名,以考其诚,功有不当,必行其罪,以穷其情"。《吕氏春秋》卷十《孟冬纪·十月纪》云:"工师效功,……必功致为上。物勒工名,以考其诚。工有不当,必行其罪,以穷其情。" 唐代,"官为立样,仍题工人姓名,然后听鬻之。诸器物亦如之。以伪滥之物交易者,没官;短狭不中量者,还主";"凡营造军器,皆镌题年月及工人姓名,辨其名物而阅其虚实"。入宋,"勒名"的做法普遍,宋朝手工业的中央管理机构部门中均进行艺徒的培训活动。少府监是宋朝重要的手工业管理机构。少府监艺徒训练的管理规定是:"庀其工徒,察其程课、作止劳逸及寒暑早晚之节。视将作匠法,物勒工名,以法式察其良窳。"

其他如金铤制作"各镌斤重、专典姓名、监官押字",宋代刊书无不雕上刻工的姓名以及刊印书肆的堂号;笔、墨等也刻制工匠的姓名和堂号等。关于验查功料,上引景德三年诏令:"自今明行条约,凡有典作,皆须用功尽料。仍令随处志其修葺年月使臣工匠姓名，委省司复验。"偷工减料，省司（三司）可通过复验而追究责任。

2.1.2 满师工件、法度标准——学徒考试的评价方法

如前所述，基于经验性、默会性的知识特点，无法用纸笔测验的形式对学徒进行考试，只能通过其职业领域技艺体现的行为化或物化的可以观察的形式来进行，不同的职业有不同的形式，或表演，或制作，或过程，或结果。以手工业为例，"多数场合下，采取这种制度：手艺人游历各地数年，增长自己的见识，丰富经验，并磨炼技术。这个旅行结束后，制造自己最拿手的作品，这要在师傅的认定之后，才能确定为师傅。"（细谷俊夫，2009）考试基本上以学徒的典型作品或满师工件为主要形式，这样的作品或工件必须代表学徒的最高水平。官府手工业的工师已规定工匠制作必须在成品上镌留工匠名字，以利考核成品的优劣。根据其职业在当时所采用的测量工具结合法度对可以物化的产品进行测量，对难以物化的则加以观察，并通过经验进行判断和评价。法度是操作的标准与规范，是百工生产中必须遵循的原则和程序，不得变更和忽略，其不仅是手工业教育中必须传授的重要内容，同时也是对学徒进行考试的标准。

《考工记》记载："玉人之事。镇圭尺有二寸，天子守之。命圭九寸，谓之桓圭，公守之。命圭七寸，谓之信圭，侯守之。命圭七寸，谓之躬圭，伯守之。"《墨子·法仪》中说："虽至百工从事者，亦皆有法。百工为方以矩，为圆以规，衡以水，直以绳，正以县。无巧工、不巧工，皆以此五者为法……故百工从事，皆有法度。"王世襄先生在其《清代匠作则例录编》中经过考证，明确提出"我国工匠在很早的时候就重视立规格、定标准（王世襄，2008）""从出土的《秦律》看，其中有《工律》《田律》《金布律》等"。《工律》载"为器物同者，其大小、短长、广亦必等"。那时的"律"相当于今天的标准，如《工律》中规定"为同器物者，其大小长短广必等"。《金布律》中规定"布长八尺，幅二尺五寸"。《工律》

就是当时手工业产品的标准（潘志华，2003）。

对于官府手工业而言，对学徒的考试由其师傅在专门部门的监管下依据法式严格进行，《宋史》卷一一八《礼志》载：将作监"庀其工徒而授以法式"，少府监"以法式察其良窳"，军器监"凡利器以法式授工徒""旬令其数以考程课""课百工造作"。《宋史·职官志》记载曰："凡利器，以法式授工徒，其弓矢、干戈、甲胄、剑戟战守之具，因其能而分任之。量用给材，旬会其数，以考程课，而输于武库，委遣官诣所隶检察，凡用胶漆、筋革、材物必以时。课百工造作，劳逸必均，岁终阅其良否多寡之数，以诏赏罚。"军器监的学徒制规定更为详细，要求用法式教授工徒，根据学生的才能，令其分别学习不同的兵器制造。先发放制造材料，十天汇总和考察，将制造的成品放入武库。年终对工徒进行评价，赏优罚劣。显然，在宋朝的官营手工业生产中，存在较为有序和系统的工徒培养、考察和赏罚制度。宋朝在手工业制造的管理方面特别强调对法式的统一和执行。此外，工师对整个学徒及从业人员的考评已经具有了绩效考核的形式。

除了根据制作规范和标准进行评价外，师傅还会根据创造性、美学等其他主观性的判断标准进行综合评判。《考工记》其造物思想遵循严格的"以礼定制、尊礼用器"之礼器制度，以规范而统一的方式标示出玉器的名称用语和工艺规范里标准度量衡的设计观，尤其是书中提出了"天有时、地有气、工有巧、材有美，合此四者，然后可以为良"的设计美学观。"工有巧"的设计观强调：应尊重大自然，在设计中应遵循自然规律；应主动认识材质美，在设计中做到合理地选材及用材；应重视技术，全面而精湛的技术是设计成功的关键。"工有巧"的设计观开始从本质上认识到人的创造性价值，表述了中国古代设计传统中一个重要的工艺设计观与美学价值标准，其他职业也都会根据当时的文化及审美品位建立评价标准。

2.1.3 资格认定、职业准入——学徒考试的功能发挥

经过期限不等的学徒教育，通过学徒考试，获得师傅的认可，便可以

取得从业资格,具备了和学徒完全不同的角色,可以进入前述的"实践共同体"。师傅所带领的学徒也分为几个等级,一个是学徒,另一个手艺人,不同的国家称谓也不尽相同,学徒是最低一等,其次是手艺人,最后才是师傅。以下以宋代官方所属建筑工匠阶层为例,探讨技术等级的资格划分。"工作等第与工匠的技术水平相对应。这种对应关系,具体情况已不可考。不过,有一点尤为值得注意,即宋代官方所属工匠的技术等级亦分为三等。宋神宗熙宁二年提举诸司库务司言:奉诏堪会诸司工匠分为三等,仍于逐等分上中下,其第九等七百余人,悉皆无艺。这种工匠分为三等的做法,在仁宗天圣年间就有文献表明事材场即如之,实际做法当早于此。同时,工匠技术等级的确认有一套严格办法,同属工部的御前军器所是这样做的:开具精巧之人,取众推伏,次第试验保明,申提举所审验讫,内第二等人匠升作第一等,第三等升作第二等……工匠技术等级与日食钱等经济待遇直接挂钩。(乔讯翔,2005)"

从学徒到师傅是职业生涯的重大转变,学徒对于考试的重视程度可想而知。随着行会的出现,人们对学徒制益发重视,而且这种考试结合了行业的神灵和祖师以及相应的活动,当时的中国和西欧几乎所有的手工行业都有自己的神灵或祖师,定时举行行业大会和祭祖仪式,规模盛大,仪式隆重。"行会确认是否果真按照规定结束了学徒期,并且就徒弟及其学业是否成问题,向师傅提问。而且问徒弟在师傅那里是否看到过违反手工业的情况。手艺人也列席,受到同样的提问。然后,倘若没什么不妥的地方,就首先对徒弟进行一次宣言和训辞,举行结业仪式。尔后,徒弟被授予手艺人的资格。"(细谷俊夫,2009)通过这样的仪式,不仅是对职业资格和执业资格获得的确认,更具有职业操守和职业信仰特殊的教育作用。

2.1.4 国家介入、立法规定——学徒考试的变异与没落

随着贸易的扩大和财富的增长,行业内部的竞争和淘汰开始加剧,行会的垄断性和排他性越来越强,逐渐地开始显示出崩溃的倾向。于是开

始出现种种限制，防止手艺人成为师傅，师徒之间的亲缘关系开始瓦解，学徒考试变得日益严酷，其功能也开始变异。"在封建社会时期的意大利，一个铁匠店的学徒在学艺期满应该升做工匠以前，须经过一种很特别的考试，考试的办法是：师傅骑了一匹马，飞快地在学徒面前奔驰过去。学徒看了那匹马在奔驰时翻起来的后蹄以后，就回来凭那一瞬间的印象打造一块马蹄铁。假如他所打的那块马蹄铁正巧与那匹马的后蹄一样大小，他就可以算是学艺已成，升做工匠。假如他所打造的马蹄铁大了一些或小了一些，那么，他的本领就算还没学好，还得继续当学徒。"（蒋学模，1980）行会也日益成为通过学徒考试攫取财富的工具，"为了获得工匠的称号，要求学徒有一定的工龄，并进行试工，拿出代表作品，交纳会费，举行传统的酒宴等……要取得工匠称号，考试是多种多样的。巴黎的麦饼工要整天持续工作。在这一天，入会者为了取得开业权，他要烤制出一千张麦饼来。亚眠市理发师的考试要持续两周，想成为工匠的人要在两个监工的监督下工作，理发师为此而用去的开销由入会者自己负担。经过考试，新的工匠还得向每个监工交纳 5 个苏。经受住考试的箍桶匠要由监工开具书面证明，又得付 10 个苏。对亚眠市的织袜工的考试由监工和裁缝共同进行，将一些该行会制作的产品作为代表作。举例说，亚眠的写生画家的代表作品是绘画，圣康坦的面包师则要烤制出三种面包，其中有白面包和裸麦面包。这样在 13 世纪要取得工匠称号就已不太容易。取得匠人称号如此严格，迫使许多工匠助手无法进入工匠行列，因而只能在工场劳动，成为廉价劳动力。13 世纪末，特别是 14 世纪，要取得工匠的称号就更为困难了。"（秀莫非也娃，1994）

为了挽救随着行会的崩溃也走上同样命运的学徒制，英国于 1562 年制定《手艺人学徒法》，1601 年制定《济贫法》；德国于 1731 年发布了去除行会弊病的法令，1732 年颁布了保证行会特权的法律，其中提到学徒期满后要解除雇佣关系，并且授于修业证书，1794 年颁布的法律中，特别规定徒弟满师时，要在行会的集会上，当着国家官员的面，就其所具有的知识接受考试。1849 年普鲁士修订了营业条例，再次限制营业自由，对手艺人考试、师傅考试以及行会的设置都做了规定。但这些都无法阻止学徒制走向没落，从 18 世纪开始到 19 世纪初进行的产业革命，大大加速了学徒制的崩溃，自然学徒考试也日益没落。学校教育和学校考试的大幕徐徐拉开。

2.1.5　对我国古代学徒考试的反思

（1）对我国古代学徒考试的评价主体的反思

作为父亲、师傅、工师职官的主体不仅承担教育培训的职责，而且是职业领域的技术专家，具有丰富的职业经验和技术水平，对于学徒考试采取什么样的形式和内容以及评价标准谙熟于心。不仅如此，父亲、师傅、工师职官与学徒所建构的共同工作、生活场景使得评价主体对学徒"技能"的评价建立在长期的、大量的、丰富的观察与交流基础上，对"技能"的评价是无法割裂这样的形成性和发展性的自觉与不自觉的过程，同样对"技能"的评价也不是完全地与"人"无关，而仅仅是对"物"的评价。

学校职业教育的出现也是基于科学技术知识的显性化并发展到一定程度，需要专门的教师来传授。从当时的教师背景看，主要是懂得科学技术理论的大学教师，并非具有实践经验的企业专家，理论化知识由此牢牢占据了学校的课堂。职业学校与其他学校的同质化也渐渐形成，纸笔形式的考试成为最主要的评价形式，加之学校和企业的隔膜使得理论与实践分野。

当今学校考试的评价主体主要还是毕业于普通高校的教师，虽然具备较为丰富的理论知识，但是缺乏系统的职业技术实践，反映的是教师对企业的疏离和陌生，体现为对企业的岗位工作要求、典型工作任务和完整工作过程以及学习性工作任务设计缺乏针对性和有效性，很难设计出高质量的既促进学生职业能力发展又能科学合理界定职业能力特征的评价方案。当今各学校也在采取引进专业带头人、聘请企业兼职教师、培训"双师"教师等举措，但限于体制问题，引进企业高技术人员很难，设计高质量的职业能力评价方案因为费时费力很难让企业深度参与，学校考试评价主体单一的局面未得到根本改变，这也使得学校考试实际在追求所谓的课程效度而很难具有职业效度。变革职业教师的培训方式、形式化的下企业等，这些既需要学校课程改革，更需要职业教育体制机制的变革，从而真正实现深度的校企合作以发挥评价的功能。

（2）对学徒考试的评价形式和内容的反思

技术经验的缄默性使得典型作品成为学徒考试非纸笔形式考试的必然选择，典型作品是学徒考试形式的最好选择。考试内容完全来自真实职业工作任务，虽然没有现在的评价量表，但其考试形式具有能力本位评价、真实性评价、表现性评价的某些特点，学徒考试作弊几乎没有可能。学校考试基于书本大量采用客观化试题使得测试内容限于回忆和再认这样的认知水平，学生的背诵能力和猜测能力取代了职业能力成为学生学业评价真正的对象。这种形式进一步削弱了考试的针对性和有效性，割裂了应用环境的群体性。课堂考场和一张试卷的纸笔作答潜在地使考试作弊成为可能。

在当时的作坊式条件和环境下，以生产制作的产品和其过程为评价对象无疑关联着整个作坊的运转过程和生产流程，自然也成为考试的理想"试题"。不仅如此，学徒的学业旅行以及满师工件还要求有创新，虽然以后的学徒考试伴随着行会的崩溃日益严酷，但是不能否认"试题"所考内容综合化的水平。没有真正能力和意志品质的人几乎是无法完成的，学徒考试将对人的甄别和选拔的功能发挥得淋漓尽致。在科学技术飞速发展、岗位变动频繁、工作内容日趋复杂的今天，立足于跨职业、跨岗位的典型工作任务来设计"试题"，基于完整工作过程针对整体化的职业能力评价是学校考试的内容和目标当所追求的。

（3）对学徒考试的评价标准的反思

对产品不仅仅是从结果性的产品本身技术工艺标准、工料使用耗费（客观）标准等来评判，而是涵盖了对整个工艺流程和方法，并且还具有从质量意识、创新、宗教道德美学（主观）标准等方面的评价。这种整体化的评价思想已经具有当今职业能力评价的基因。法式让产品的过程和结果可以直接测量，便于客观判断和评价；而在产品上所凝结的社会审美、宗教道德观念则需要评价主体的主观判断。由此可以看出，学徒考试所评价的并不仅仅是所谓的操作技能，而是推物及人，评价的是人的综合能力。

学校职业教育的学生学业评价乃至后来出现的职业技能鉴定则走上了对能力的分解以及客观化的偏狭之路。"从20世纪20年代到80年代，测验的主要编制方法都以行为主义心理学作为主要依据。行为主义心理学提供了一个框架，用以将学习成果分解为小的步骤和具体的技能。学习被定义为层次性的，在低级的'基本'技能基础上，逐渐向高级技能线性发展。将所期望的成果分解成多个小步子。这就使得学习成果的高度具体化成为了可能。而高度具体化的教学目标又使得建构十分精确的测验目标成为了可能。结合线性学习的层次观念，具体的目标提供了编制'标准参照的掌握测验'的自然基础。通常，用于建构掌握测验的行为目标是些相对简单的知识和技能成果。"（Linn、Gronlund，2003）这种学习及成果测验的理念与斯登尼的社会效率主义以及工业社会生产流水线操作需要结合，成为学校考试的指导思想。对典型产品（工件）的生产加工成为技能考试的重要内容，根据一张动作技能或操作行为核查单作为评价标准便可以评价。如果说在工具设备等技术手段变革极其缓慢、工人的工作任务极其单调重复的时代，采用这样的考试还有某些合理性，而今则是严重滞后了。建立较为科学合理的评价标准，借鉴学徒考试的客观与主观结合的做法，构建一个合理的评价模型和指标体系，结合如上"试题"的测评，通过对整体性的职业能力形成性和结果性评价，使学校考试真正建立在标准之上。

（4）对学徒考试功能发挥的反思

学徒考试的严酷性本身是需要辩证来看的，在当时的社会环境下，其严酷性保障了弱小手工业者的群体利益，否则过度的竞争会轻易摧毁他们的生存。通过严格的考试实现身份的转变，也可理解为职业生涯的发展，虽然这种发展在当时社会整个职业体系中是微不足道的，但是对学徒个人而言几乎是其生存的意义所在。严酷性中的严格和公正性因素则是现在学校考试需要汲取的。综观当前的德国双元制学徒结业考试以及英国的国家职业资格考试，无不是以严格和公正维护其公信力。但是学校考试的严格和公正应当建立在自己的独立价值及其追求上，那就是促进学生职业能力发展和满足社会功利性需求的结合。

在现在看来，古代的学徒制不乏糟粕，但其本身又蕴含着丰富的职业教育思想。建立现代学徒制，汲取古代学徒制的有益做法和经验是职业教育发展面临的非常重要的课题。学徒考试在职业教育的发展历程中曾经发挥了巨大的作用，迄今为止，考试依然是职业教育领域占主导的评价学生的话语方式和实践方式，充分挖掘古代学徒考试中的积极因素，系统地进行反思，当为现在的职业教育课程改革和学业考试有所裨益。

古代学徒制所表征的职业意味着行动，从当代的视角看即"以职业形式存在的、从事实践活动的技术人员的专业劳动"。而其所蕴含的职业教育则意味着工作和学习完全糅合在一起的生活情境，即所谓的工学结合，后世多以工学结合作为职业教育的根本特征。但是这样的理解不甚清晰，因为什么是工？什么是学？工学如何结合？工可以解读为动词，比如操作、实践等，也可以解读为名词，比如工厂、工作、工人等；学可以解读为学校、学习、学生等，也可以引申为自学、教学、学习理论知识，特指学校学习等。工学结合可以理解为学校与企业的合作、工作与学习的统一、学生与工人的角色转化等。对这些问题缺乏深刻的论证和理论思考，为后期职业教育发展留下了很多的谜团和错觉。

2.2 晚清时期实业学堂学生学业考试

近代职业教育对我国来说是个舶来品，学校职业教育出现的最直接的促动因素就是近代机器工业的出现以及采用机器生产的企业出现，这样的学校在当时被称为学馆或学堂。外国资本在华企业、洋务企业和中国民族资本主义企业都是近代机器工业，采用机器生产。这些企业需要许多技术人员和能够熟练操作机器的工人，而中国传统的以读四书五经为内容的学校教育以及家庭手工作坊—对—的学徒制教育，根本满足不了这些企业对人才的需要。唯一能够解决问题的办法就是发展近代职业教育，于是一些官员开始在这些军用或民用的企业中附设专门培养技术人员和熟练工人的专业技术学堂，中国最早的近代性质的职业教育就这样产生了。"（吴国荣，2006）这些早期的学馆或学堂举办之后附设于洋务企业或某个官方机构，为官府举办的为企业服务，1866 年在福州创办的福建船政学堂是中国近代最早的职业学校，附设于福州船政局。

2.2.1 招考入学、考学相伴——实业学堂考试的制度设立

以福建船政学堂作为开端，洋务派在 19 世纪 70—90 年代陆续创办了一批近代职业学校，在甲午中日战争之后又创办了一批职业学堂，主要是农、工、商等实业学堂。这些职业学堂和早期职业技术学堂不同，它们大多不再附设于洋务企业或某个机构，而是独立的职业学校，毕业学生不是为少数官办企业服务而是更多地面向社会。与早期职业技术学堂相比，这些职业学堂更接近于壬寅癸卯学制后各地出现的职业学堂。在清末"新政"以后，学校职业教育主要是实业学堂。按照癸卯学制，"实业学堂之种类，为实业教员讲习所，农业学堂、工业学堂、商业学堂、商船学堂；其水产学堂属农业，艺徒学堂属工业"。实业学堂还包括实业补习普通学堂，其中农、工、商、商船学堂又分为初等、中等和高等三个级别。除各类实业学堂外，还有属于专门类的医科学堂以及少数速记学堂等也带有明显职业教育性质的学堂。制度化、正规化的职业学校的出现是近代职业教育发展历程中的划时代事件。正式课程和有组织的教学活动以及专门化的教师的出现彻底改变了古代学徒制形式的职业教育，随着西方考试思想的引进，学业考试和过去的学徒考试相比发生了根本性的变化。

专门化的职业学校出现确立了科学技术知识在学校毋庸置疑的地位，从那时起，纸笔化的客观化的考试逐渐成为对学生学业评价的主要形式。

1902 年，清政府颁布了《钦定学堂章程》（壬寅学制），这是中国近代史上第一个全国性的学制系统。规定在高等、中等和小学堂之外设置各级农、工、商、医实业学堂，职业教育第一次被纳入到正式的学制之中。1904 年 1 月，清政府又颁布了《奏定学堂章程》（癸卯学制）。两部学制都规定了实业学堂实行招考入学。癸卯学制以前实业学堂对招考的学生程度要求和考试办法并不统一，基本由各学堂自行组织和录取，但入学招考已经开始采用笔试。癸卯学制中所订立的《奏定各学堂考试章程》对各学堂入学招考做了统一要求，但因合乎要求之学生甚少而暂准 5 年之内各学堂自作变更，至 1907 年《改定各学堂考试章程》颁行时，仍"概由所升入之学堂自行考试，分别去取"。由于不具备组织统一考试的条件，加上各地的差异，各实业学堂的招生考试大有不同，考试科目和难易程度因校而异。虽然如此，招考入学，以考试的成绩来甄选学生和古代学徒制形式中师父对徒弟的选择方式已经完全不同了。学生欲进学堂，第一道门槛即为入学笔试考试。

"从洋务运动时期的实业救国的海防军事教育，戊戌维新时期的农商民用实业教育，新政时期和民初的唯实主义职业教育的发展演变，形成了中国近代职业教育制度。（任平，2009）"伴随着这种体系化的制度是有关考试的法律条文的规定，《奏定各学堂考试章程》以及 1907 年《改定各学堂考试章程》的颁行标志着建立了专门的入学至毕业的系列规范的考试制度，详细地规定了考试的种类、时间、地点、考官、采用的方法以及违纪处罚措施等。1903 年《奏定各学堂管理通则》规定：凡毕业考试，先期由学堂汇造毕业学生履历册，行检分数册、功课分数册、各教员科学讲义、学生日课本（如日记、课卷、算草、画稿、图稿等），呈送考官考核，择期分、外二场试之。外场试就学堂行之，考官集毕业生于讲堂，于每一科讲义中择其精要者摘问，每一生问一两条，令诸生依次答述。其应用笔答或应演图者，均当在漆牌上写出。每一学科，观其是否纯熟精通，有无遗漏舛误，各于本生名下记其分数。科学门类多者分日考问，不限定日期，以周遍为度。此须众目共睹，以除弊端而示至公，故无妨即在学堂考试。

学部咨（札）江苏巡抚（学司）苏省铁路学堂建筑科学生勿庸由部复

试文（宣统二年五月初二日，1910年6月8日）中记述了苏省铁路学堂"各项学科均已肄习完毕，学期考试将次告竣，拟自十一月十八日起举行毕业考试，逐日分科考试，至十二月十一日止。""兹据该堂监督龚杰造具建筑科各生履历分数表、第等名册暨毕业考试国文英文试卷、图画中西题目册等项，呈请核明。""是以此次该堂呈送中文卷三种、英文卷十六种、用器画一卷每种均各十九本"。

学业考试伴随学生求学道路的始终，以江南农业中学堂为例，其学业考试分为临时考试、学期考试、年终考试、毕业考试四种。临时考试每月或间月举行，教员自以所授内容考验学生等差，无升降赏罚；学期考试每半年举行一次，于暑假前进行，用以甄别学生优劣；学年考试一年一次，于年假前进行，依分数决定升级留级。以上考试皆由学堂自行主持。毕业考试通过者授以文凭、奖励出身，较前项诸考更为慎重，故初等以上须呈请所在地方官长会同学务官或教育会人员在临学堂，共同监督施行。实业学堂的考试类型和现在的考试已经相差无几了，以考试来充分发挥甄别、选拔、奖惩学生的功能。1909年后，学部要求嗣后高等、专门学堂毕业生，经本堂毕业考试后，一律于次年农历三月调京复试。从毕业考试要求有关官员们对考试负责以及学部进行的毕业后的复试规定都可以看出从上到下对职业教育学业考试的重视。

表 2-1　晚清学堂考试制度

考试类型	临时考试	学期考试	学年考试	毕业考试		
				初等实业学堂	中等实业学堂	高等实业学堂
考试时间	每月一次	半年一次	一年一次	毕业时		
考试主体	教员	学堂监督	堂长、教员	学堂	地方官、学务官、学堂学务	京师由学部、各省由督抚、提学使组织
结果	无升降奖惩	淘汰劣者	决定升留级	决定毕业与否		
成绩评定与分数构成	百分制	学期/学年总成绩=（临时考试平均成绩+学期/学年考试成绩）÷考试次数，百分制		历期、历年考试各科之总平均分与毕业考试总平均分数相加而平均之，为毕业分数，百分制		

2.2.2 专职教员、各级官僚——实业学堂考试的评价主体

《奏定各学堂管理通则》（光绪二十九年十一月二十六日，1903 年
1 月 13 日）规定：第一节各学学生，以端饬品行为第一要义，监督、兼
学及教员，当随时稽查学生品行，并详定分数，与科学分数合算。第二
节凡学生每月各科分数，由各门教员随时暗记登簿，俟月终汇呈教务提
调及监督，通一月之总数，榜示于堂。第八节凡品行分数册，各教员及
监学、检察等官，皆宜置一本，随时稽查学生品行登记。第九节凡监督、
堂长及教务提调，均应置功课总分数册、品行总分数册，将各教员及学
员所呈分数汇总；或监督、堂长及教务提调别有察出、应行记入者，亦
得记入总册。

按照考试章程中有关实业学堂的相关规定，实业学堂的考试分五种：
临时考试、学期考试、学年考试、毕业考试和升学考试。其中，临时考试
由各教员主持，每月一次或间月一次，没有定期，也不涉及升降赏罚，仅
供教员测验学生学力以为平时成绩。学期考试半年一次，由监督、堂长会
同教员一于暑假前举行，甄别全班成绩。学年考试一年一次，由监督、堂
长会同教员于年假前举行，考验学生一年的成绩并决定其是否升级。以上
都由学堂自办，成绩多张榜公布。毕业考试则是为了授予文凭，以作为将
来就业之凭证，应由地方官、学务官、教育会人员和学堂人员共同举行。

以福建船政学堂为例，每逢考试，主管船政的大臣都要亲自到场视察并
颁奖，而对在学表现不好、性情懒惰或资质不堪的生徒随时斥革，决不姑息，
目的在于"务期学有专长，禀无虚费，以仰副我圣主陶育人才之至意"（樊
本富、李军，2007）。

专职教员以及各级官僚构成了学生学业评价的主体，其中专职教员
在评价主体中主要设计考试内容和题目、批阅学生的试卷、确定学生的
成绩；而各级官僚则甄别学生的成绩，对学生的学业直接进行评价，而且
评价结果将决定学生的前途。尽管官员未必是某个行业或职业的行家里手，
但官员在近代职业教员学生学业考试评价中作用非常特殊，在后来的职业

学校考试中这样的现象已经消失了，除了在一些国家职业技能鉴定考试中偶尔会看到有所谓的巡视，但巡视所能发挥的作用已经不可同日而语了。

2.2.3 技术学理、操作技艺——实业学堂考试的内容与方法

以光绪三十三年（1907）唐山路矿学堂续招新班为例，考试分为两场，每场考试都有时间限定。第一场考试国文、历史策论一篇，地理策论一篇，"不满三百字者不阅"。第二场考英文论说一篇，华英互译两则，几何、代数、三角、格致、化学各数条，"两场各限时刻，逾限不阅"。邮传部交通传习所招考高等学生，"除国文论说外，其余各门俱用英文答问"。《湖南官报》刊载的天津工艺学堂入学考试和试题情况为：

汉文策问题：化学为制造之本，能略举其说钦？

英文翻译题：黄金其色纯黄，触空气不生诱，其纯粹者质颇软，展引为细线，并可为金箔，如制货币，则和少许铜以坚致之。银货亦然。白金质至坚，遇剧药强热曾无变化，出于乌拉、甲儿菏尼、澡斯多利等处。

又英文策题七道，皆问化学浅理，对三道者为完卷。

北京市档案局存有京师工业学堂1911年毕业考试各科试题，此处做部分节录：

代数几何试题：一、试解下列之联立方程式 $3x+2y-z=4$ $4x-3y+z=1$ $x+y+z=6$；二、试证明三角形之一外角等于二内角之和并三角形三内角之和等于二直角；三、试证明直角三角形之料边上正方形等于直角旁二边上正方形之和。

铸金科试题：一、原型有几种，以何种最佳，试详述之。二、蜡型上之选蜡法如何。三、以烧砂作铸型时何以烧砂中必混入佛纸。四、型土中如混入过量之私土，铸造上受何影响。

先是在分量上，代数几何三题，铸金科四题，题量称不上大。再在难度上，数学的第一题是答案为1、2、3的三元一次方程组，第二题是三角形内角和为180度的公理，第三题是勾股弦定理。三者均为代数几何初入

门径最基本不过的内容，放于当时也无理由说其难度很高。专业科目的内容今归于铸造学，前两题为铸型考查，第三第四题为型砂透气性问题，亦均为铸造工艺的浅近知识。

实业学堂考试重视考查专业技术运用能力，具有强烈的实用性特点，开创了近代实践类操作考试的范例。各军事学堂既用笔试考查学生对科学技术理论的掌握程度，也通过教学实习、演练等操作考试，检验学生的实际应用技能。水师学堂都要求学生最后一年上"练船"，制造学堂则要求学生直接到船厂、兵工厂学习、监造，进行动手能力训练，其毕业考试，除笔试理论外，更要进行操作考试。

对显性的理论知识以纸笔形式的考试，对技能的考试也是依据课程内容来设计相关的考试内容来通过操作进行，此外还有面试等，但纸笔考试与操作考试共同构成了实业学堂学生评价的主要方法。

表 2-2 晚清学堂考试办法

项目类别	招生考试			学业考试				毕业考试	
	招收对象	招生办法	培养目标	考试方式与内容	平时测验	奖励	年度考试	奖励	大考	奖惩
京师同文馆（京馆）1862年成立	八旗子弟（十三四岁者），满汉正途出身者（二十岁），有身份限制	在规定范围内公开招生，从沪、粤咨调	翻译人才，并要求粗通天文、算学、化学等的技术人才	初试：策论、四书文；月考：每月初一考，笔试；季考：每年二、五、八、十一月初一日考，笔试	月考：每月初一等2名，奖银3两；二等3名，奖银1钱5钱	季考：一等每年十2月考，面试两题型为问答题与计算题	岁考：一等每馆2名，奖银4两；二等3名，各奖银2两	每3年大考一次，总理衙门主持。初试：翻译；复试：面试翻译条约，再试口译，后包括科技知识	"优者授七、八、九品等官；劣者分别降革留学"，实际只授八、九品，未授七品
外国语学堂	上海广方言馆（沪馆）1863年建	14岁以下少年；20岁以上有科名者。几无身份限制	公开招考		地方官员荐送，上海道面试时文	月考：面试指问，分4次试中学、西学；季考：笔试	季考：10名奖银4两至8两	年考：一次，笔试	类京馆，存优汰劣	3年大考一次，笔试与口试	能翻译西书全帙者，可充任翻译官；学有所成可留馆再学。送京深造
	广州广方言馆（粤馆）1864年建	14至20岁少年；20岁以上汉人有科名者。几无身份限制	公开招考，旗、汉人各有名额		地方官员荐送，学堂面试	月考：与沪馆同试	月考：一等2名奖银2两；二等4名，奖银1两	一年考：笔试		3年大考一次，笔试与口试	学业有成派充各衙门翻译官，准其参加乡试。送京深造

续表

项目类别	招生考试				学业考试				毕业考试	
	招收对象	招生办法	培养目标	考试方式与内容	平时测验	奖励	年度考试	奖励	大考	奖惩
军事学堂	天津水师学堂（1881年创办）13至17岁少年	公开招考，5年内不准应科举	通晓外语的海军水师人才	初选：择读过两三经者考试；筛选：择文理通顺者；复选：面试、体检并试读，不合格者剔退	分春考、秋考，每年各行一次。科目10门。第一年秋考不中即剔退；第二年秋考不中，可延学6个月者，参加春考，仍不中，剔退			随考核酌奖	入学后4年进行，北洋大臣主持。笔试：理论课，合格者派上练船实习1年，并再行春考、秋考各一次（考核技艺）	保以把总候补，已为候补把总者保以候补千总
	江南水师学堂（1890年创办）已通英文为重，13岁至20岁少年，学习英文，能作策论者			试英文、地理、翻译、算学四门；体检，试读4个月再行剔退	季考：笔试，西学教员主考		年考：连考5天，每天3小时，数理化笔试，水师技艺	各班前6名加膳银，赏功牌衣料	入学5年行毕业考。择优入练船1年	合格者以千总候补，或调南洋水师量才器使，优者派出国留学以备大用
军事学堂	湖北武备学堂（1896年创办）文武贡举生员，文监生、武候补员弁，官绅世家子弟。强调文化素质，40岁以下	在规定范围内公开招考，先及倍额照定额录取，再定期剔退	陆军军事技术人才	预选：已有军功名，世家子弟优先；无荐举者不选。初试：笔试，文生试策论一道，武弁试说帖一道，贡生试策问一道。复试：面试，试其文理、气质，体检	月考一次，笔试；季考：笔试和操练			酌予奖赏	3年毕业	

2.2.4　西法引进、量化评分——实业学堂考试的评价标准

引入了西方分数评定办法，阅卷"依西法以分数为评"，《钦定高等学堂章程》规定："评定分数，以百分为满格；通各科平均计算，每科满六十分者为及格；不及六十分者为不及格。"《学部改定各学堂考试章程》也规定："考试皆以百分计算"，并以百分制为基础分等确定毕业成绩，"凡

毕业考试，以通计各门分数满百分者为极，则满八十分以上者，为最优等。满七十分以上者，为优等。满六十分以上者为中等，不满六十分者，为下等。不满五十分者，为最下等"。这种五级分等法评价标准，与科举考试所用的文字描述及以特定符号标志的五级分等法迥然有别。百分制代表量化和精细化，与之同来的有命题量、赋分、评分等一系列西方先进的教育测量思想和方法，不仅对中国近代考试发展影响十分深远，实际上现代职业院校考试中很多就是沿用这样的方法。

实业学堂的考试分五种：临时考试、学期考试、学年考试、毕业考试和升学考试。每一种考试都采用这种评分办法，学生毕业时的成绩主要包括这四个成绩。成绩在80分以上者为最优等，60分以上者为优等，40分以上者为中等，20分以上者为下等，20分是及格线，20分以下者为最下等。

2.2.5 奖励出身、赏以职衔——实业学堂考试功能的发挥

实业学堂考试功能的发挥完全基于学业之等差来择优选拔，奖优汰劣。《奏定各学堂奖励章程》明确规定："奖励出身，须按程度，所以别学业之等差。"在分科大学毕业考试获中等以上者，均作为进士出身，可按其等第分别授予翰林院编修、检讨、庶吉士、各部主事，入通儒院，或委以相应官职。其考列下等者，作为同进士出身，留堂补习一年，再行考试分等录用。如第二次考仍列下等，及不愿留堂补习者，以知县分省补用。高等学堂及其他程度相等之学堂，毕业可获举人出身，分授内阁中书、中书科中书、各部司务、七品小京官、知州、知县、州同、通判等职。凡考列下等者，也准其补习一年再考，按等录用。中等学堂，毕业按等奖予优、拔、岁贡生。高等小学堂毕业分等奖以康、增、附生，升入中等学堂。初等小学堂不设毕业奖励。

同样，章程也规定了中高等实业学堂的奖励政策。这些奖励政策是与考试成绩密切联系的，对不同等级的学生规定了不同的奖励办法。高等实业学堂毕业生考列最优等者作为举人，充当中等实业学堂正教员和

管理员，以知府尽先选用；优等者作为举人，充当中等实业学堂教员和管理员，以知县尽先选用；中等者作为举人，充当中等实业学堂教员和管理员，以州同尽先选用；下等者令其补习一年，若仍为下等，则给予修业文凭，充当中等实业学堂管理员；最下等者仅给修业文凭。中等实业学堂毕业生：考列最优等者作为拔贡，升入高等实业学堂肄业；不愿升入者，由州判分省补用，不能再为拔贡。优等者作为优贡，升入高等实业学堂肄业；不愿升入者，以府经分省补用，不能再为优贡。中等者作为岁贡，升入高等实业学堂肄业；不愿升入者，以主簿分省补用，不能再为岁贡。

农工商部工艺局在《雇募工师条例》中对学徒奖励的规定：学徒成绩突出，经考核技艺及格者，可提前出徒，发给凭单，依次可升为工匠、匠目、工师，津贴增加二元至四元或六元、九元不等。技艺超群，升作工师者，赏给八九品艺士职衔等。

对于学业考试成绩未能达到要求，以及在考试中违规作弊者则面临着留级、取消学籍甚至是开除等处分。光绪三十一年兖州蚕桑学堂"一学期满，实习饲蚕亦毕，考验全班学生，留者仅十余人，其程度仍多卑浅"。两湖矿业学堂，"第一学期因学生功课不及格开除十七名，第二学期因功课不及格开除十五名"。学部规定凡于临时、学期、学年考试中有"怀夹、传递、乱号、枪替等弊，一经发现，即时扶出，不得应考，停其升级"。在毕业和升学考试中舞弊处罚更严，"应即行斥革，以示惩做"。宣统二年苏省铁路学堂建筑科学生程光普"因怀夹扣考，给予第六学期修业文凭，令其出堂"。

2.2.6　对近代实业学堂考试评价的反思

（1）对近代实业学堂考试评价制度的反思

近代实业学堂考试制度是学校职业教育规范办学的保障，建立了新的学业考试体系，各学堂都建立了入学考试、临时考试、学期考试、年终考试、毕业考试这一学业考试体系，考试种类多、考试频次密集。当代我国高等职业教育学生学业考试评价正在随着职业教育"本位"的重构经历着基于综合能力的新的考试体系的建构。近代实业学堂的考试评价制度基本是从国外照搬过来的，当代我国高等职业教育的考试制度也同样面临着对国外考试评价制度的学习和借鉴。近代实业学堂是晚清时期我国职业教育大发展的一次浪潮，当代我国高等职业教育同样面临着大力发展职业教育的非常好的机遇。近代实业学堂的考试制度的建立基于课程内容（书本知识和操作技能），奠定了学校职业教育考试制度的基础。应该说这样的考试制度和当时的职业教育课程内容与职业教育的培养目标基本是相符的，当代我国高等职业教育面临的经济社会背景已经发生了很大的改变，尤其是技术的发展、工作世界的快速变动对人的综合职业能力要求日益突出，必须建立同时满足人的职业生涯可持续发展以及经济社会要求的评价体系。随着高等职业教育课程开发及其操作技术的逐渐完善和成熟，学生学业评价制度的基础已经被重构，即从学科知识体系和实践操作体系发展到了典型工作任务体系。虽然本土的探索也在逐渐深入，但对国外先进的评价理念和操作模式的学习和借鉴依然是主要的形式。对学生进行考试评价的要求虽然在职业教育法中有规定，但仅以学校自行进行评价是远远不够的。虽然建立了国家职业技能鉴定这样的外部评价形式，但技能鉴定是无法反映学生的综合职业能力的，实业学堂的学生毕业考试以及复试规定，评价主体的各类官员的参与乃至择优选拔等做法虽然含有一些在当今看来糟粕的成分，但是对于职业教育学生学业考试评价的重视依然是当今评价体系建立值得参考借鉴的。

（2）对近代实业学堂考试评价主体的反思

从古代的学徒考试到近代的实业学堂考试，一个非常有趣的现象就是"官员"作为评价主体的存在，在古代学徒考试中，有所谓的"工师职官"，而近代实业学堂考试有"教官"和其他的行政官员作为评价主体。近代实业学堂大多由西方教员主持考试，故而考试评价制度仿英法等国章程而建。

《奏定学堂章程》中规定：外国学堂教习，皆系职官。日本即称为教授、训导，亦称教官。此后京外各学堂教习，均应列作职官，名为教员。教员作为官员无疑提高了教师的政治地位，这和古代学徒制中的师傅的阶级地位相比无疑有了极大的提高，官员作为学生学业考试评价的主体无疑使得考试更加正式，极大地增强了考试的结果对于学生的影响力以及社会影响力。但是学校中这种行政化、官僚化的色彩以后日渐浓重，管理性的评价一直是职业院校考试评价的主要职能，甄别选拔一直是评价者的主要工作，当今学校高等职业教育已经具有了庞大的行政管理体系，这种庞大的行政管理体系是实业学堂无法比拟的，在某种程度上已经使得"纯粹"的教师数量与管理队伍脑体倒挂。不仅如此，合适的职业教育师资匮乏一直是职业教育质量难以有显著性提升的瓶颈。这一问题在实业学堂创设之初就存在，清政府从四个方面入手解决师资匮乏的难题：第一，设立实习教员讲习所；第二，延聘外国教习；第三，留学生回国充任实业学堂教员；第四，由实业学堂毕业生任教。虽然如此但收效并不是很大，师资问题直到现在也没有彻底得到解决。

（3）对近代实业学堂考试评价内容的反思

学校职业教育确立了以课程作为教学以及学业考试评价内容的来源，以天津水师学堂的春秋季考为例，考试课程为10门：算学代数、几何、平弧三角法、驾驶理法、驾驶天文理法、绘画海图、重学流质学、翻译英文、汽学、诸学难题，每门课程考试时间为一个半小时。此外，受"中体西用"指导思想的制约，儒家经学课程在学堂中又占有显著地位，仍保留有时文、策论的考课。考试内容既检测传统人文知识和读写基本能力，又考查西学内容，以西方语言、自然科学知识、军事科学、工程技术等方面知识为主，内容随科目课程设置而定，这些内容几乎是科举考试中闻所未闻的。当时职业教育并未有"课程开发"，从课程名称中诸多的"法""学"等字眼就可以看出其"专业"课程内容基本都是学理化的科学技术理论知识，考试内容均由学堂自主制定，对显性的理论知识以纸笔形式进行考试，对技能的考试也是依据课程内容来设计相关的考试内容。考试内容的学理化已经逐步开始与真实的职业实践相脱离，受到学堂规模与学科程度的极大影响，考试内容难易程度相差很大，甚至出现考试内容与课程要求不相符的现象。例如，1910年，学部在给江苏巡抚之札文中指出，江苏铁路学堂建筑科毕业生名为高等，但考试内容却与高等实业学堂定章不符，如"制图、工厂实验和机器制图三项功课皆极重要"，分数册中却没有列出，因此难以比照高等实业学堂有关事宜办理。而且容易出现作弊现象。这些现象在当今的职业教育中依然可以看到，自职业教育引入课程开发思想以来，对学科理论化知识体系的解构就一直是职业教育课程领域的热点和难点问题。

除笔试外，实业学堂也在尝试多种学业考试方法，比如采取命题指问的面试法，以及技能操作考试。这种考试力图通过现场操作或具体的工作实践，直接检验学生是否具备从事某项工作的知识、技能。相对于以儒家经典为内容、以纸笔测验为主要方式的科举考试来说，学堂考试的操作性、实用性具有颠覆性和明确的导向作用。对实习的重视甚至出现了真实性评价的一些做法。如山东高等农业学堂学生曾在实验场试种美国棉花，学生对不同种类的棉花从播种、发芽、间隔等多种影响产量和品质的因素进行了详细记录和比对，效果颇佳，如表2-3所示。学生不仅进行实验，而且根据实验结果提出了改良办法，"他们认为实验场地质系豁土，与棉花生长不太适合，且当年气候干燥，自春至秋缺乏雨水，因此种棉成绩不算好。但根据结果，仍可看出美国棉花的数量和品质都比中国棉花优良。其主要缺点在于茎大叶密，无法充分接受阳光，结葫太晚，天气转冷后无法开绽。因此，学堂拟订了改良办法：一、提早播种。中国棉在谷雨以后，美国棉则在谷雨以前。二、增大间引距离。行间株间距皆为二尺，使空气和阳光易于流通。三、增加中耕回数。中国棉五六次即可，美棉应中耕八九次（李惠玉，2003）。"学生通过这样的实习，不仅对所学的知识进行了检验，培养了技能，更能在这样的过程中建构自己的知识，培养分析问题、解决问题并对其进行评价的能力。这样的学习与评价方案设计无疑与当代的高等职业教育评价的理念有许多的吻合之处，遗憾的是这样的评价方案并不多见，许多学生只想学习普通科，不愿学习专业课，更厌恶实习。一些学堂也因场地和资金的问题，始终没有很好地重视实习。这是清末实业学堂发展过程中的一个突出问题，同样这个问题依然是当代高等职业教育没有解决好的问题。

表2-3 山东高等农业学堂学生在实验场试种美国棉花情况记录

品种	美·澳施亚	美·屈梧	美·乔求斯	美·脱而兹	中国棉
播种	3月24日	同	同	同	同
发芽	4月初2日	4月初3日	4月初2日	4月初3日	4月初4日
间引	行间一尺二；株间二尺	同	同	同	同
中耕	5次	同	同	同	同
除草	2次	同	同	同	同
摘心	7月初8日	同	同	同	同
生长状态	茎高二尺七寸，一株50荫，荫大如鸡卵，开5朵	茎高二尺三寸，一株30余荫，荫稍小，开4朵	茎高二尺六寸，一株30余荫，开4朵	茎高二尺五寸，一株40荫，开5朵	茎高三尺，枝甚少，一株30荫，荫甚小，开3朵
收获期	7月21日到9月终	7月25日到9月终	7月23日到9月终	7月28日到9月终	7月15日到9月终
面积	官亩一亩六分	二分	二分	二分	七分
收获	112斤	14斤	14斤	10斤	31斤
亩产	70斤	70斤	70斤	50斤	45斤
品质	纤维甚细而韧，光泽甚亮	纤维甚长，光泽亦亮	纤维亦长，光泽次之	纤维短，光泽足	纤维短而欠韧，唯绒厚

（4）对近代实业学堂考试评价标准的反思

如果说古代学徒考试没有所谓的纸笔考试是因为当时的技术知识还没有达到足够的显性程度，那么实业学堂的教学与考试内容则是科学技术知识理论化、显性化、课程化的标志。实业学堂学生学业考试采用什么样的标准，实际上除了西法评分，引入百分制外，从文献上能获得的资料非常有限。以百分制来评定学业成绩严格上讲属于评价方法并不属于评价标准，评价标准应当包括两个方面，一是内容标准，二是表现标准。纸笔考试评分标准以京师工业学堂1911年毕业考试各科试题为例可以推断出，所采用的题型都是封闭式的，即有所谓标准答案，对问题的解答与标准答案进行比对，标准答案即为内容标准，表现标准为比对符合的全面程度。同样技术理论知识中大多都是操作程序、步骤以及流程工艺等方面的知识，这些知识构成了对操作技能考试评价的内容标准，表现标准可以通过对学生的操作行为序列的观察与预期的行为序列进行比对来制定。但这些标准都内隐于评价者的头脑中，并未见文本化的评价标准。在职业教育后来的发展中，尤其是国家职业资格以及技能鉴定考试中将这些隐而未显的标准进行了开发并以文本的形式加以规定，对职业教育学生学业考试的规范化起了促进作用。但这些标准的行为化、技能化取向却是制约高等职业教育转向综合职业能力为本的学生学业评价的障碍，制定和开发适合于综合职业能力本位的高等职业教育学生学业评价的标准是目前亟待解决的问题。

（5）对近代实业学堂考试评价功能发挥的反思

古代学徒考试发挥着资格获得、职业准入的功能，学徒通过考试可以获得"职业共同体"行会的认可，从学徒晋升为师傅，具有了职业资格和执业资格，在一定的社会阶层实现了身份与角色的转变，所以考试对于学徒的意义重大。近代实业学堂的考试尤其是毕业考试则将考试与奖励出身相结合，这种结合对于学生而言和古代学徒考试晋升为师傅大不相同。通过考试可以实现社会阶层的垂直流动，对于鼓励那些出身寒门的学子报考实业学堂、促进职业教育的发展、振兴当时的经济与社会无疑具有一定积极意义，更何况是在人们的"科举"情结非常严重的当时。如今的职业教育如何发挥考试评价的功能，可能更多地需要从建立真正的职业教育人才评价与使用机制方面进行探索，比如多样化的人才评价与确认、人才的使用与待遇制度等。

考试与奖励出身的政策也使得评价主体对学业考试非常重视，甚至是严格苛责、优胜劣汰。这些和当今的考试评价理念已经相去甚远，"淘汰虽也必要，但淘汰过多势必造成生源的流失，驱热心向学之子于学堂高墙之外，给在读学生也造成很大的心理压力。再者，逢月必有的频繁考试，难免给教师、学堂和地方教育行政机构带来负担，也使学生麻木其中、疲于应付。（吴玉伦，2006）"考试的频数更多依据学习性工作任务的数量以及学生的实际情况综合考量而定，不是为考试而考试，同时，考试与教学的紧密结合，学生自我评价、小组评价等形式的广泛采用极大地弱化了考试对学生所造成的心理压力。但是严格的考试是必需的，这种严格并不是以对学生的优胜劣汰为目的，而是考试公平、公正的基石。

应当看到，考试与奖励出身的政策背离了实业教育培养技术性人才的基本宗旨，强化了官本位的社会意识。学业考试应以检验教学效果、发现学生学习中的问题为主，职业教育学业考试应以培养和诊断学生的综合职业能力为根本目的，以学生的职业能力发展和满足社会要求的实现程度为目标。

2.3　民国时期职业学校学生学业考试

民国时期的职业教育得到了相当的发展，晚清时期的高等实业学堂大多改名为专科学校，另外设立了甲、乙两种实业学校及补习学校。到南京国民政府时期，将职业学校分为初级和高级职业学校，不仅职业学校的数量较之晚清得到增加，而且这一时期职业教育思想交流和影响也大为增强，职业教育理论研究水平也有了提高，是我国职业教育自晚清以来的第二次发展高峰。共出版劳动技术教育论著 17 本，学业考试评价更是受西方的影响，译介和本土出版的有关学生成绩考查的论著 7 本，教育与心理测验的论著达 64 本之多。职业学校学生学业考试评价制度及实施基本比照这些建立，和晚清相比，民国时期的职业学校考试评价更加重视实习考核和技能考核，并建立了职业资格考试制度，这是这一时期职业教育领域评价的最大成就。

2.3.1　制定规程、健全表簿——职业学校学生考试评价制度

1912 年 10 月 22 日民国政府教育部公布专门学校令，1912 年 10 月颁

行《学生学业成绩考查规程》，还颁行《学生操行成绩考查规程》。1912年11月14日民国政府教育部公布《公立、私立专门学校规程》以及后来的《修正专科学校规程》，为专门学校制定了明确的课程体系和考试办法，摘录公立、私立专门学校，应具备各种表簿与考试有关的有：学生学籍簿、出席簿、请假簿、试验问题簿、成绩表等。

民国时期的实业学校分为甲种实业学校和乙种实业学校。有些实业学校还设有补习学校，实业学校以教授农工商必需之知识、技能为目的（《教育部公布实业学校令》1913年8月4日部令第33号）。1913年8月4日发布的《教育部公布实业学校令》及同日颁布的《实业学校规程》规定实业学校应具备的各种表簿中关于考试的有：学生学籍簿、出席簿、请假簿、身体检查簿、实习记载簿及评案、试验问题簿、学业成绩表。各个实业学校根据规程制定自己的学校章程，比如《上海女子蚕业学校章程》规定：每学期小考、大考各一回。学程优等、实习勤恳、缺课最少者，于大考后酌行奖励。每学期之考试成绩、品行优劣及实习之勤惰，于放假时发报告纸，送家族察阅。安徽省立第二甲种农业学校六年度周年概括报告中提及教授管理簿记，内容有：教授日程、课程表、学生画到簿、教员担任学科及图书分配表、学生成绩考查簿、操行成绩考查簿、志愿书、学籍簿、请假书、试验卷、试验问题簿、学级日志、学生籍贯比较表、历年学生人数比较表、成绩比较表、布告存查簿、学生功过录、化学分析记载簿、标本记载簿。而且学校补考章程必取严格主义，除以不得已事故，概行留级，不予补试，甚者宣告除名。1920年3月22日颁布了《修正学生学业成绩考查规程》，1929年公布了《考试法》，1937年职业学校实行毕业会考制度。国民政府教育部于1940年制定了《专科以上学校学生学业成绩考核办法》，1941年11月，教育部又公布实施了《专科以上学校学生学籍规则》，1942年9月国民政府公布了《专门职业及技术人员考试法》，自1943年起，每年均举行一至二次专技人员考试，1948年12月，《专门职业及技术人员考试法》被废止，专技人员考试依照新《考试法》举办。

2.3.2 分类考选、门槛提高——职业学校学生入学考试

不同类型的实业学校招收程度不同的学生，实际以学生的入学前学力程度进行分类，而且不同类别的考选条件相比晚清时期都有明显的提高。专门学校学生入学之资格，须在中学校毕业或经试验有同等学力者。同样实业学校也按科目和入学要求不同，将学生分为工业科甲种学生，工业科乙种学生，商业科学生，工商补习学校工厂内职工、工徒及商店学徒四类。甲种学生程度要明显高于乙种学生，乙种学生程度要高于补习学生程度。

以中华职业学校为例，凡入工业科的甲种学生，须品性诚实、身体健全、能耐劳苦，年在十五岁以上，毕业于高等小学校，或与高等小学校毕业生有同等学力者为合格。甲种学生入学之前，依前条规定之程度来校报名，并纳报名费一元，由本校入学试验委员会以下列各项科目试验之：国文、算术、英文、体格检查、职业心理测验、口试。试验合格者，须妥觅保证人填具保证书及誓约书，方得入学。

乙种学生之入学资格，须体格强健、品性诚实，年龄在十五岁以上而有国民学校毕业程度者为合格。乙种学生入学之前，依前条规定之程度来校报名，并纳报名费一元，由本校入学试验委员会以下列各项科目试验之：国文、算学、体格检查、职业心理测验、口试。试验合格者，须妥觅保证人填具保证书及志愿书，并缴纳保证金十元，方得入学。前两项保证金，至毕业时照数发还。

入商业科学生，须品性诚实、身体健全、能耐劳苦，年在十五岁以上，毕业于高等小学校或与高等小学校毕业生有同等学力者为合格。凡学生志愿入商业科，在入学之前，依前条规定之程度来校报名，并纳报名费一元，由本校入学试验委员会以下列各项科目试验之：国文、算术、英文、体格检查、职业心理测验、口试。试验合格者，须妥觅保证人填具保证书及誓约书，方得入学。

入工商补习学校者，须品性诚实，不染嗜好，具有国民学校毕业之程度者，均得报名入学。凡合于前条规定之程度志愿入学者，不论工厂内职

工、工徒及各商店学徒，或有志于工业者，均得向本校报名，填写志愿书（愿习何种科目，一经本人选定，不得中途更调）。

除入工商补习学校外，其他类型学生入学都要进行相应的科目考试，将体格检查、职业心理测验以及口试明确纳入考试范围。

在南京国民政府时期，职业学校的招生考试由各校招生委员会组织，入校条件进一步规范，考试科目进一步增加。以安徽省立第一中等职业学校为例，考试科目为：土木工程科，考试初中的党义、国文、英语、代数、平面几何、物理、图画、口试，检查体格；应用化学科，考试初中的党义、国文、英语、代数、平面几何、物理、化学、口试，检查体格；蚕丝科、染织科，均招收女生，须在高级小学毕业，考试小学的党义、国文、算术、常识、口试，检查体格。考试必须在规定的时间内，完成报名手续，缴齐报名费、相片、毕业或修业证书，否则不得应考。（谢青、汤德用，1995）"

2.3.3　品学兼顾、重视实习——职业学校学生学业考试评价内容

1912 年 10 月颁行《学生学业成绩考查规程》，同时颁行的《学生操行成绩考查规程》规定：学生升级及毕业时，应以操行成绩与学业成绩参酌定之。凡学业成绩未及格，其分数相差不及十分之一，而操行成绩列乙等以上者，得升级或毕业；学业成绩仅能及格，而操行成绩列丁等者，得停止其升级或毕业，但须经教员会之评议，由校长决定之。考查操行之要点：关于心性者，为气质、智力、感情、意志等项；关于行为者，为容仪、动作、言语等项。1920 年 3 月 22 日颁布的《修正学生学业成绩考查规程》，补充了"学生学业成绩及格，操行或体育成绩不及格，不得毕业"。以中华职业学校铁工科所开设的考试课程为例，在四年中开设有公民须知（公民应具之常识）、国文（应用文）、数学（职业算学、代数、几何、三角、微积初步）、物理（普通力学、热学、电学）、英文、图画（几何画、投影画、机械画、印画、见取画、设计画）、工作法（铸工、锻工、模型、

木工、工作机械)、力学(应用力学、材料力学)、机械原件、机械设计(初步、机械各部设计)、原动机学(锅炉、汽机、抽水机、内燃机)、电工学(电工学概要)、工场管理(工业簿记、工业经济、估价)、工场实习共十四门课程。规定学生学业不良,连续留级两次,或品性卑劣屡戒不悛者,令其退学。抗战时期,教育部指定有关职业学校增设中等机械电机技术科、中等水利技术科,表2-4为这些科的考试科目。

表2-4 抗战时期职业学校机械技术科、电机技术科及水利技术科考试科目

考试科别	机械技术科		电机技术科		水利技术科
	机械组	航空组	电力组	电讯组	
考试科目	一、国父遗教(三民主义及建国方案)	一、同前	一、同前	一、同前	一、同前
	二、应用国文	二、同前	二、同前	二、同前	二、同前
	三、宪法(宪法未公布前考中华民国训政时期约法)	三、同前	三、同前	三、同前	三、同前
	四、应用力学(包括材料力学)	四、同前	四、同前	四、应用力学	四、同前
	五、机械学	五、同前	五、同前	五、电工学	五、测量学
	六、热机学	六、同前	六、同前	六、有线电学	六、水利学
	七、水利机械	七、飞机学	七、电工学	七、无线电学	七、结构学
	八、电工学	八、同前	八、发电厂及设计	八、电池学	八、水科工程
	九、工场管理	九、同前	九、同前	九、同前	九、水土计算

《修正专科学校规程》中,对于专科学生学业成绩考试,规定临时试验、学期试验方法与大学相同,毕业试验的科目为五种以上,至少须有三种包含全学期的课程。其试验科目数比大学多一种。此外,还规定医学专科学校于第三年后,再实习一年。《职业学校规程》中对其学生学业成绩考试规定与中学大致相同,只是由学校性质所决定,职业学校学业成绩考试在方式上更注意实践环节考查,对学生实习的要求更加严格。其规定,职业学校实习学科,得免除各种试验,其成绩即以平时成绩累积计算。实习成绩至少应占总成绩的1/3。职业学校规定,实习不及格者,不得晋级和毕业。

以中华职业学校为例，凡入工业科甲种学生，每学期末，知德体三科及工场实习之成绩评定，均列丙等以上者，得受下学年课业。乙种学生修业期满，经工场考查，其实习成绩及格者，给予毕业证书，工场实习成绩优良之学生，经工场认为确能生产者，每月或每学期终，酌量补贴。入商业科学生要考查学生学力，于每学期末，就平时知德体三科及工场实习之成绩，分甲乙丙丁四等评定之，并报告学生家族。每学期末，知德体三科及工场实习之成绩评定，均列丙等以上者，得受下学年课业。《教育部采录全国实业校长会议案》（民国六年十月，1917 年 10 月）规定：注重实习分数，确定实习钟点。各校最高级学生每星期实习钟点应占授课全时数二分之一以上。注重经济实习，实习制作应使学生于原料价格、用具消耗、时间工资等项详细估计其成本，列表报告，为检查成绩高下之标准，总以物美而工料最节省者为尚。成立学校内售品所或贩卖所，凡校内出品及校外物品均可出售或贩卖。其资本按照场厂公司组织法，由职教员、学生分认股本，或以校友会经费量为移用。至其中各项职务，悉由学生分别担任，以便实地操练，兼可收经济实习之功。派赴国内外练习，各校毕业生之成绩优良者，得酌量财力，选派一二人至国内及南洋或欧美各地练习，并责成各该练习生详确报告个人练习之成绩及各该地方农工商业之状况，以资借鉴而图改进。对农业学校注重实习考察法，校中应举行青苗及收获物鉴定会，采集各种农产、林产、陈列校中，由学生推举评议员评议之。令学生各备日记，举凡经验所得，随事记载，作为平时试验之一种，由主任教员酌给分数，以定优劣。《教育部咨各省区实业学校暑假期内应令学生轮流实习或实地调查文》（第 299 号）民国八年二月十一日（1919 年 2 月 11 日）规定：嗣后关于农工商专门学校、甲乙种实业学校暑期休业，除教室功课应照章办理外，其实习一项，在农、工学校，农场、工厂，应将学生分组轮流实习，或减少时间，于午前午后行之。其在商业学校，假期之内，应令学生各就所在之地，调查附件商业状况及产出商品，定期报告，由教员考核。

2.3.4 分期分类、量化记分——职业学校学生学业考试评价方法

国民政府教育部于 1940 年制定了《专科以上学校学生学业成绩考核办法》，主要内容为：①每学期内至少举行一次临时试验，试卷由校保存，一年内教育部由随时调阅，或于派员视察时，按照课程抽查；②学生平时听讲笔录、读书札记，以及练习、实习实验报告，应与临时试验分别合并核计，作为平时成绩；③学期试验应于每学期末严格实施，不得提前；并须于平时成绩合并核计后作为学期成绩，造册呈部备核；④学期试验不及格科目在 40 分以上不满 60 分者，得予补考。但以一次为限。其不满 40 分者，不得补考，应令重读。如不及格科目之学分数，逾该学期修学分总数三分之一以上者，应令留级。逾二分之一以上者，应令退学。⑤毕业试验改为总考制，除考试最后一学期科目四种以上，专科学校及专修科五种以上，至少须有两种包含全学年之课程外，并须通考其以前各年级所习专门主要科目三种以上，不及格者，不得毕业。毕业试验科目须于呈报应届毕业生时，报部核定。⑥毕业实验委员会及学生毕业论文，务须依照大学规程及修正专科学校规程严格实施。1941 年 11 月，教育部又公布实施《专科以上学校学生学籍规则》，并于 1947 年 3 月修订公布，其中关于学生学业成绩考试的规定较之前期更加详尽和切实。对补考课程的及格分数由 40 分放宽到 50 分，但补考及格者"概以 60 分计算"；而在毕业总考不及格处理上，增加了一次补考机会。

实业学校考试分为临时试验、学期考试、毕业考试以及毕业会考。学期考试由各科教员随时于教学时间内举行，不得预先通告学生，每学期每科至少举行二次以上。各科日常考查成绩与临时试验成绩合为各科平时成绩。日常考查成绩在平时成绩内占三分之二，临时试验成绩占三分之一。日常考查的方法有口头问答、演习练习、实验实习、读书报告、作文、测验、调查采集报告、其他工作报告，职业学校的日常考查，如实习、制图、报告、计划等。

学期考试：于学期终各科教学完毕时，考试一学期内所学习的课程。各科平时成绩与学期考试成绩，合为各科学期成绩，平时成绩在学期成绩内占五分之三，学期考试成绩占五分之二。无学期成绩的学科或成绩不及格的学科在三科以上的学生，或仅二科无学期成绩或不及格均应留级一学期，连续留级以二次为限。无学期成绩的学科或成绩不及格的学科仅有一科，或有非主要科目二科无学期成绩或不及格者，均应令于次学期仍随原学级附读；经补考及格后，准予正式进级；如仍不及格应于次学年仍留原年级肄业；但此项补考及留级均以二次为限；如仍不能升级，发给修业证书，令其退学。

毕业考试或毕业会考：毕业考试于中等学校修业期满后，考查所学全部课程。参加毕业会考的学生，免除毕业考试。每学生各学年成绩平均与其毕业考试成绩，合为该生的毕业成绩，各学年成绩平均，在毕业成绩内占五分之三，毕业考试成绩占五分之二。毕业考试成绩内不及格学科在三科以上，或仅二科不及格，均留级一学年。但此项留级以二次为限。如仍不能毕业，发给修业证书，令其退学。毕业考试成绩内有一科不及格，或非主要学科有二科不及格者，可补考二次；如仍不及格，不予毕业。1937年职业学校实行毕业会考制度。由于职业学校种类繁多，统一会考无法全面展开，是年3月，教育部在全国推行高校助产及护士职业学校毕业会考制度。

2.3.5 资格铨定、分发工作——职业学校学生学业考试功能发挥

1929年《考试法》公布后，为实施《考试法》，国民政府于一年后公布了《考试法施行细则》，对《考试法》中的有关条款进行解释和补充规定，同时制定了考试的成绩评定及录取标准。其主要内容有如下三个方面：第一，界定应受考试人员的范围。施行细则规定，应领证书的专门职业或技术人员则包括律师、会计师；农工矿业技师及公营事业技术人员；医生、药师、兽医、化验技士、助产士、看护士；其他法令规定应领证书之人员。

第二,规定考试的举办程序。考试院应于考试三个月前公布考试种类、区域、地点、日期等。应考人报告时须填写履历书、呈缴照片、取具保证人的保证书、呈验各类证明文件,经典试委员会审查合格后,还须经体格检验合格,方可参加考试。第三,规定及格标准和录取等级。第一、二试所考各科目,合计平均满60分以上者为及格,不及格者不得应第三试。第三试的面试应拟定题目分科测验,成绩审查主要是审查应试人的著作或经验,第三试的分数应占三试总成绩的1/5。前两试及格者的总平均分数,满60分以上为中等,70分以上为优等,80分以上为最优等。

抗战时期,教育部指定有关职业学校增设中等机械电机技术科、中等水利技术科,其毕业考试由考试院考选委员会会同教育部共同办理,其铨定资格考试由考试院派选委员会办理,实际上将毕业考试与铨定资格考试进行了衔接。获得及格证书者,由政府分发工作。

1942年9月国民政府公布了《专门职业及技术人员考试法》,专技人员考试才被列为考试院举办的三大考试之一,自1943年起正式举办。按照有关法律规定,五类依法应领证书之专技人员应参加考试:① 会计师、律师;② 农业、工业、矿业技师;③ 医师、药师、牙医师、兽医师、助产士、护士、药剂士;④ 河海航行员、引水人员、民航人员;⑤ 其他依法应领证书之专技人员。考试院分别规定了上述专技人员的考试科目。《专门职业及技术人员考试法》公布后,自1943年起,每年均举行一至二次专技人员考试。考试一般分高等考试、普通考试和特种考试三种,有考试也有检核,考试大多数均附于任命人员之初试中进行。专技人员的检核由考选委员会组织的各检核委员会按期办理。1948年12月,《专门职业及技术人员考试法》被明令废止,专技人员考试依照新《考试法》举办。

2.3.6 称谓转变、专职教员——职业学校学生学业考试评价主体

民国时期,专职教员是学生考试评价的主体,官员充当评价主体的现象大为减弱,而且教员也不再被称为"教官"。专职教员作为对学生实施

教育评价的主体，须按照相关的章程开展教育教学活动。学校对专职教员的资格也有明确的要求，以专门学校和实业学校教员的资格要求为例见表2-5。

表2-5　民国时期专门学校、实业学校教师任职条件

专门学校 （专门学校规程第十条）	实业学校 （实业学校规程第三条）	
	甲种	乙种
一外国大学毕业	二在外国专门学校毕业者	
二在国立大学或经教育部认可之私立大学毕业者； 三在外国或中国专门学校毕业者	一在国立专门学校毕业者。 四在教育部认定之公立私立专门学校毕业者	
四有精深之著述经中央学会评定者	三在高等师范学校毕业者	二在师范学校毕业者
	五有中等学校教员之许可状者	三高等小学校正教员或副教员之许可状者
	六在甲种实业学校毕业，积有研究者	四在乙种实业学校毕业，积有研究者
如校长教员一时难得合格者，得延聘相当之人充之，但须呈教育总长认可。其认可之效力，以在该校任职时为限	呈有甲种教员第六款乙种教员第四款之合格者，非先任副教员至三年以上，不得任为正教员	

从这些资格要求看出，不仅从乙种、甲种实业学校到专门学校，教员的资格要求逐级提高，而且对不同的学校的教员任职要求非常具体。这样，从大学、专门学校、师范学校及实业学校毕业的学生构成了当时职业学校师资队伍。

从前述考试制度阐述中要求的各种簿籍中，可以看到教师对学生的评价需要留下相应的证据，如学生画到簿；学生成绩考查簿；操行成绩考查簿；请假书；试验卷；试验问题簿等是作为教员对学生进行日常考查和考试必须形成的具有证据性的记录材料，这些材料还要提供给学校形成学级日志。另外还有学生籍贯比较表；历年学生人数比较表；成绩比较表；布告存查簿；学生功过录等汇总性材料。

2.3.7 对民国时期职业教育学生学业考试评价的反思

（1）对民国时期职业教育考试制度的反思

民国时期是中国职业教育发展的第二次高潮，民国时期的职业教育考试制度是在晚清实业学堂考试评价制度的基础上更进一步的发展。民国时期对职业教育考试的规程比晚清时期更加细致，比如对入学考试、学业考试的类型，学业成绩的核算办法，升留级奖惩毕业等都进行了细化，要求严格的同时标准也在提高，各职业学校也制定了更为细致的规定，这点从要求学校为学业和操行进行日常化的考查以及考试准备的各种簿籍上就能佐证。这些佐证材料的搜集整理不仅形成了学生学业考试评价的完整的资料信息，结合其他资料的整理准备也为当时对职业教育办学评估奠定了基础。从民国时期关于职业教育考试制定的有关规程和法令可以看出，每一次的制度颁布都涉及职业教育，对考试的重视从古代学徒制到晚清实业学堂考试一直到民国时期的职业教育考试一脉相承。戴季陶认为"一切的用人，都要用考试的方法来选举。考试的范围，不只是考政治上行政上的用人，就是各种医、工、农的人才，都是要考试的。不但是考各种专门人才，而且各种选举与被选举的人才，也是用考试的方法来选举。这是我们考试制度的特点"。

（2）对民国时期职业学校入学考试的反思

民国时期的职业学校入学考试条件对学历资格进行了明确规定，其他条件根据学校所开设科（专业）的不同要求开始多元化，不仅要求品性、身体条件，而且考试的科目繁简不一，尤其是中华职业学校将职业心理测验纳入入学考试的确是民国职业教育入学考试的一大创举。考试方法除了笔试外，口试的方法渐趋普及，各校都成立有招生考试委员会一类的机构专门进行组织实施。这些特点和当前的某些职业院校自主招生的要求非常相似。总的来看，职业教育学生入学考试和其他教育的入学考试比起来，招生对象的文化程度低，出身相对贫寒，所考查的内容相对简单容易，即便是专门学校招生入学考试和大学比起来也是如此。对民国时期职业学校入校考试的反思更多的不是其折射出的教育等级，而是入学考试到底要考什么。中华职业学校将职业心理测验纳入入学考试对当前的职业学校招考具有借鉴意义。不应以绝对的测验成绩作为拒绝或接纳一个学生入学的唯一标准，这只是一个参考，辅助学生更好地进行专业选择，反思与提高自己与职业匹配的程度。

（3）对民国时期职业学校考试内容的反思

民国时期建立了专业课程标准，虽然这一课程标准在现在看来非常粗糙，但和晚清时期相比课程设置的规范程度大大增加，学校职业教育中科学与技术理论知识课程设置增多，而且难度也在增加。从晚清时期到民国时期，职业教育课程领域尚无课程开发的概念，但是却制定了相关的课程标准，课程内容很多都是比照高级学校的课程内容进行"简化"，考试内容是从作为学习内容的总体——教材中抽样而来的。课程名称中诸多的某某学也反映了当时课程内容理论化的倾向，以前述的机械技术科和机电技术科考试为例，考试内容几乎全部是学理化的知识内容。虽然民国时期职业教育制度的设计体现了对实习的重视，实习的成绩占到了相当的比例和地位，但对实习内容及其考试的研究却非常滞后，这方面的资料也是非常匮乏。这些都从一个侧面反映了书本化、学理化的知识作为职业学校考试主要内容的现实，虽然也强调实习和实践，但受制于办学条件、课程资源、评价技术等诸多因素，考试的内容和呈现方式促使学生背诵、记忆、回忆、再认等简单技能的发展，很少考查复杂和高级的认知水平和技能，以书本内容作为考试内容的来源偏离了职业工作本身的情境。但是对学生操行的重视却是值得思考的，在当时的操行考查规程上，教师对学生操行的考查涉及气质、智力、感情、意志、容仪、动作、言语等诸多方面，不可谓不全面，而且操行考查和学业考查并重。表2-6是安徽省立第二甲种农业学校六年度周年概括报告中各科各级学生学业及操行成绩。表中学业成绩列丙等以上者升级或毕业，列丁等以下者留级。操行成绩列丁等以下者告诫或命令退学。

表2-6 安徽省立第二甲种农业学校六年度周年概括报告中各科各级学生学业及操行成绩

年级＼成绩		学业成绩			操行成绩		
		机械	电机	木工	机械	电机	木工
预科	甲	3	5		2	1	
	乙	5	10		24	22	
	丙	15	10		7	9	
	丁	10	7				
一年级	甲		1		2	5	
	乙	3	5		12	15	
	丙	13	14		5	3	
	丁	3	3				
二年级	甲	1			1		
	乙	1	1		8	12	
	丙	8	10		3	5	
	丁	2	5				
三年级	甲	1				2	
	乙	3	3		6	5	
	丙	6	5		5	3	
	丁	1	2				
木工教员养成科	甲			3			6
	乙			10			14
	丙			14			8
	丁			1			

（4）对民国时期职业学校考试方法的反思

随着当时测验理论的引进和发展，对考试内容的客观化衡量方法也在发展，对所设置的课程进行考试的各项设计的"客观性"也大大增强。这也与20世纪20—30年代，心理测验和"教育测验运动"在西方国家兴起，并迅速得到我国教育界的关注、引进和发展是密不可分的。1921年廖世承与陈鹤琴合著并出版了《智力测验法》一书，标志着中国教育测验运动的开端。1922年中华教育改进社邀请美国哥伦比亚大学麦柯尔教授来华，开始大规模地译介、编制教育与心理测验。测验的兴起使围绕测验的争鸣与讨论也渐趋激烈。20世纪20—30年代至1927年，是中国标准化测验的引入阶段。20世纪30—40年代是标准化测验的反思和本土化阶段，比如由倡导标准化测验转向提倡新法考试。在职业教育领域关于考试方法研究的成果有"《职业智能测验法》（邹恩润，1933）分绪论、口试测验法、图画测验法、实践测验法、结论5编。职业学校的考试内容是从作为学习内容的总体——教材中抽样而来，考试内容的呈现形式即试题的设计则从教师的经验性的问答题设计发展为选择题、计算题、判断题、画图题等多种题型，这些题型在纸笔考试中被大量采用，在技能考试中则结合口试、制作等实践性方法。为了进一步提高学生的技能，举办全国专门学校成绩展览会或省级学校成绩展览会，这已经和现在的各级各类职业学校技能大赛很像了。以民国时期福建一所职业学校为例，参加各项展会成果显著，有各科制图成绩六十二件，图案、图画九十三件，国文成绩五十二件，数学成绩五件，各科自编讲义二十九本，甲种金工科第四届三年生制品钳床三台，乙种金科学生制品金属细工件十一件，窑业科成绩品陶瓷器、石雕刻物二十一件，此外将本校成绩品送列历届赛会得奖如下：

民国三年，巴拿马赛会，福建出品协会，蒙农商部给予三等奖状一纸。

民国五年，全国专门学校成绩展览会，蒙教育部给予一等奖状一纸。

民国五年，福建全省学校成绩展览会，学校得甲种奖状三纸，学生得甲种奖者七份，若以分数平均，为全省冠。

"职业学校学生实习成绩的考查比较严格。实习场所，视环境及实际情况，分别由学校自设、学校联络、学校指定。先实习后讲授是职业学校各科的教学原则，每次实习时间以连续三至四小时为限。实习的方式分为个别实习、分组实习、共同实习三种。实习时依照预定工作方案，本着'先基本练习，再应用练习'的原则，次第实施，并记录其实习经过。实习学科的教员，应负责参加指导；如校外实习，由实习所在的单位指定人员担任指导。实习成绩先由指导人员评定分数，再由实习指导委员会'审核'。实习的学科，免除各科考试，其成绩即以平时成绩累积计算。实习成绩，至少应占总成绩的三分之一。实习成绩不及格，不得毕业。（谢青、汤德用，1995）"

（5）对民国时期职业学校考试功能发挥的反思

分类、甄别、筛选和排序是民国时期职业学校考试的重要功能，虽然当时的测验理论也提出考试应当作为对学习的诊断，即便是这样的诊断也是服务于上述的功能，过关、毕业就是学校考试功能发挥的标志，这和晚清时期通过毕业考试奖励出身大大不同了。民国时期废除了毕业考试奖励出身的制度，后期为了培养抗战实用人才，教育部指定有关职业学校增设机械电机技术科、中等水利技术科。其毕业考试，由考试院考选委员会会同教育部共同主持，其诠定资格考试由考试院派员组织考试委员会办理。获得及格证书者，由政府分发工作。

这样除了学校考试外，对学生学业评价出现了外部评价——专门技术资格考试，这是职业教育考试双证制的雏形。专门技术资格考试源于民国的经济社会发展要求社会分工趋于细化，社会职业种类也在不断增多。作为社会选拔考试的一类，1942 年之前，专门职业及技术人员考试虽有法律规定可以设考，却因法律未做具体规定，考试几无进展。直到 1948 年 5 月，专技人员考试及检核合格者共 45685 人。这中间，绝大部分都是属于检核合格，通过试验即考试方式及格者只有 872 人。检核只是对应试者原有资格的一种审核和确认，而不是通过考试其知识技能水平予以认定其从事专门技术的资格，我们因此不能过高估计民国时期专技人员考试的意义。正如有学者所指出，"南京国民政府所推行的专门职业及技术人员考试，其主要意义并不是体现在通过考试培养和选拔人才（从这个角度看，它所发挥的作用相当有限），而在于使考试院以审核登记的方式对职技人员进行统一管理，将其纳入全国统一的人事体系之中，从而使得职技人员的任用和管理具有了一定的制度化特征。"但分工的多样化、门类化和职业化毕竟并不充分，加之教育和职业培训发展严重不足，总体上可以说社会对职业考试的需求并不旺盛，民国时期职业考试也就无法快速发展起来。

（6）对民国时期职业学校考试评价主体的反思

从前面的评价主体的阐述可以看出，教员主要来自不同的学校，作为职业学校学生学业评价的主体，显然教员的评价视角会更多地从知识领域出发，而非职业工作领域。这取决于教员自身的经验背景，而且职业学校教员任用条件中没有关于来自行业企业人员可以担任教员的规定，教员作为对学生学业评价的唯一主体从体制上将历史上曾经的师傅排除在评价主体之外。从当时的课程标准可以看出，太多的某某学这样的课程学理性非常强，实验和实训甚至无法开展，理论与实践结合非常困难，作为教员也分为讲解理论的教员、指导实习的教员。这和现在的职业院校教师情况非常接近：对讲授理论的教师重视其毕业院校背景和学术造诣，而指导实习或实训的教员则重视其技能的水平。如下是民国时期职业教员养成科的考试科目。从其实习分配就可以看出，当时不仅不同工种分工明确（车工、钳工、锻工、铸工），实习内容和要求也不同，时间累计达两年零一个月。但这样的教员在整个教员队伍中地位是比较低的，虽然政府的各种制度和章程竭力提倡对职业学校实习和技能的考查，但实际中依然是重视理论、事实性的知识和讲授，在各种学生成绩簿籍中记载的都是理论科目的成绩也就能说明这一点。

吉林省教育厅检发吉林职业教员养成科招生通知的训令（民国十三年七月二十二日，1924年7月22日）职业教员养成科：

初试试验科目及限度如下：

1.国文：文体，语体任便；

2.英文：解析句，翻译；

3.数学：代数至二次方程式，算术四则开方；

4.物理：电学，力学；

5.几何画：平画。

初试加倍录取，以便本校复试。如选送一名者，录取二名；选送二名者，录取四名。报考人数少者，不在此限。

初试完竣，可将复试科目通知录取考生，以资预备。其科目及限度如下：

1.国文：文言，语体；

2.常识：以史地，理化为限；

3.代数：至二次方程式。

实习分配表［分配标准：以能明了各场（车工、钳工、锻工、铸工）工作顺序及经理之学识为准，并能自制任何场之简单工作物。］

铸工	三月	制各种简单沙型及能熔铸金属
锻工	二月	能自制小锻件及修理应用工具
钳工	一年	基本工作六月，制各种简单工具等装配机械六月
车工	半年	车工之六种工作每种均能自制一机件为限

2.4 中华人民共和国成立以后高等职业教育学生学业考试

自中华人民共和国成立以后，人民政府接管了民国时期旧的职业学校，起初称为中等技术学校，1951 年教育部在北京召开第一次全国中等技术教育会议，确立中等技术学校的学制，大体上分为初级和中级两种，发展方向以中级为主，并明确中等技术学校以改归业务部门领导为原则，这也与当时的经济社会发展是相适应的。随着市场经济体制的确立和经济社会的快速发展，为了适应党和国家的工作重点转移后经济发达地区对技术应用型人才的迫切需要，经济发达地区最早提出了创办地方职业大学的构想，目的是有效缓解当时经济发达地区人才紧缺的矛盾。基于这种要求，国家教委于 1980 年批准成立了南京金陵职业大学、江汉大学、无锡职业大学等 13 所短期职业大学。这批职业大学的诞生，开创了我国高等职业教育发展的先例，标志着我国高等职业教育的开始，它们基本代表了我国高等职业教育发展的雏形。1985 年 7 月 4 日，原国家教委同意在西安航空工业学校、国家地震局地震学校、上海电机制造学校三所中等专业学校的基础上，试办五年制技术专科学校。1985 年，《中共中央关于教育体制改革的决定》提出："要积极发展高等职业技术院校，优先对口招收中等职业技术学校毕业生以及有本专业实践经验、成绩合格的在职人员入学，逐步建立起一个从初级到高级、行业配套、结构合理又能与普通教育相互沟通的职业技术教育体系。"1986 年，李鹏同志在全国职业教育工作会议上指出，高等职业学校、一部分广播电视大学、高等专科学校，应该划入高等职业教育。从此，"高等职业教育"正式开始在官方文件中使用。1994年10月，原国家教委下发《关于在成都航空工业学校等10所中等专业学校试办五年制高职班的通知》，将高职班按学年从中等教育层次转入高校事业计划。

我国高等职业教育始自"短期职业大学"和"五年制专科学校"以及"高职班"的设立，而"五年制专科学校"和"高职班"的考试办法与当时的普通中等专业学校考试以及普通高等学校考试制度有着密不可分的联系。所以在此先对普通中等专业学校学生学业考试制度乃至体系进行描述和分析。

2.4.1 前中后高、前后交叉——五年制"高职班"学生学业考试制度

（1）入学考试

1985年7月4日，原国家教委《关于同意试办三所五年制技术专科学校的通知》指出：同意在西安航空工业学校、国家地震局地震学校、上海电机制造学校三所中等专业学校的基础上，试办五年制技术专科学校。三校均为专科与中专并存。招生时以中专名义招收初中毕业生。入学后，前两年只具有中专学籍。两年后，按学习成绩和学生志愿，择优选拔，部分学生升入专科，凡升入专科的学生改列高等学校事业计划，为高等职业大专学生。未升入专科的学生仍按中专教学计划学习，两年毕业为中专毕业生。1994年10月，原国家教委下发《关于在成都航空工业学校等10所中等专业学校试办五年制高职班的通知》，对高职班的招生计划做出规定，"招生时暂列入中专招生计划，第四年专为高校事业计划"。

对于中等专业学校学生学业考试可以追溯到1951年8月10日，政务院第97次政务会通过了《中央人民政府关于改革学制的决定》，规定中等专业学校中技术学校，修业年限为2～4年，招收初中毕业生或具有同

等学力者,入学年龄不做统一规定。1952年7月5日,教育部发布了《关于全国高级中学、技术学校、师范学校统一招生的指示》,指出:"为保证各类中等学校招生计划的实现,必须由大行政区统一计划布置,以省市为单位进行统一招生""各省市建立统一招生委员会,负责统一计划领导各省市、地区高级中学、技术学校、师范学校的全部招生工作"。从1952年到1954年,中等技术学校基本上是以大行政区、省市进行统一招生。1955年5月17日,高教部发出通知,为保证录取合格的新生,更好地照顾考生志愿,今后中等学校招生工作,确定采取学校自行单独招生的办法。在1949—1951年期间,各中等职业学校均为自行招生,各校自定考试科目、自行命题、自定考试时间、自行阅卷、自行录取。考试科目大多为语文、数学、外文、理化或史地。1979年的《学籍管理暂行规定》是普通中等专业学校考试制度的一项重要法定文件,普通中等专业学校对学生进行学业成绩考核,主要是依据这一"规定"进行的,影响较为深远。

西安航空工业技术专科学校等三所试办五年制技术专科学校的学生是通过初中毕业升学统一考试录取入学,前二年为中专生,三年级开始分流,对学生两年德智体全面考核,不再另行组织考试,择优选拔升入高职教育学习。选拔具体细则由各校根据具体情况制定,并向学生公布。邢台高等职业技术学校招收具有高中毕业文化程度并在对口专业(工种)中达到三级以上技术等级要求的在职人员及中专、技工学校和职业高中的毕业生,其文化课考试由河北省教委单独组织,技能考试由河北省教委会同有关部门组织,实行单独录取。其招收初中毕业生兴办五年制专科的考试及录取与普通中等专业学校招收初中毕业生考试相一致。邢台高等职业技术学校及三所五年制技术专科学校其招生办法仍按照《普通中等专业学校招生暂行规定》执行。中专学校试办五年制高职班,由于招生时暂列入中专招生计划,招收初中毕业生学制五年。因此,考生参加当地中等学校招生考试,统一录取。短期职业大学招收普通高中毕业生,举办专科层次的高等职业教育,其考试与录取办法,目前仍按照普通高等学校有关考试、录取规定办理。1997年高等教育试点工作(高职班)的招生是推荐、考试、考核相结合。学校推荐工作要以学生在校期间的综合表现、学习成绩、实践能力等为依据，择优推荐。经学校正式推荐的学生，方可参加招收高等职业学校毕业生的入学考试。考试内容分为文化课和专业综合课，考核内容为职业技能。文化课考三门，其中两门为语文、数学，另一门由省级招生部门确定。文化课考试由省级招生部门统一命题、组织考试（相同科目也可采用全国普通高校招生统一考试试题）。专业综合课考试内容和职业技能考核内容由招生学校在省级招生部门统一指导下确定，并由招生部门负责组织命题、考试考核。与报考专业相关的职业技能证书、职业资格证书经省级招生部门认可，可作为通过职业技能考核的依据。文化课考试成绩和专业综合课考试成绩按 1∶1 比率计入总分。职业技能考核的成绩必须达到规定的标准。录取工作由省级招生部门组织，根据学生考试考核成绩和招生总数，划定录取控制分数线，向有关招生学校提供分数线以上的考生档案材料，由招生学校择优录取。国民经济的发展促使对职业教育高层次人才需求的增加，从而促进了高等职业教育的发展，因而职业技术学院近两年也迅速增多，招生范围也在扩大，凡具有中等教育学校毕业或具有同等学力、年龄不超过 25 周岁、遵守法律的未婚青年，均可报名参加高等职业教育入学考试。全国各地职业技术学院招生基本不再由学校推荐，而改为考生自愿报名。应届高中毕业生参加全国统一高考，按高考录取程序录取。

"三校"毕业生（中专、职高、技校毕业生）的考试及录取工作，仍按照原国家教委《招收应届中等职业学校毕业生举办高等职业教育试点工作的通知》运作。参加"3+X"单独招收考试的，其考试内容、范围与高考不同，它的公共文化课的命题不能超出中等职业学校教学要求，主要依据中专、职高、技校现用教材，考核学生对基础知识的理解、掌握和运用。

2010 年 5 月 13 日教育部下发《关于印发〈中等职业学校学生学籍管理办法〉的通知》，新的《中等职业学校学生学籍管理办法》开始实行，但此时高等职业教育已经有了相关的制度，不再沿用中等职业学校的办法。

（2）学业考试

高职班的学生的学业考试自然分为两个阶段，一个是中等教育阶段，另一个是高等教育阶段。在中等教育阶段，教育部于1952年首次规定，中等技术学校学生成绩的考查，一般与中学相同，1954年又规定学生学习成绩和操行等级，以五级分制评定之：5、4、3、2、1。学生学习成绩，按平时成绩、考查和考试成绩评定之。学生操行等级，以其在校内外的品行表现评定之。1979年对中等学校的学业成绩，又做了相应的修订和补充。主要有：① 学生学业成绩的考核，主要采取考试、考查的办法。进行考试、考查的目的是了解学生学习和运用所学知识的情况，督促学生复习功课，巩固所学的知识，便于研究和改进教学工作。根据考试、考查结果评定学业成绩，作为学生升留级的依据。② 每学期和学年考试和考查课程的门数，按教学计划的规定执行。考试题目和考试方法根据教学大纲的要求，由任课教师或同科教师研究拟定，并由专业科主任(教研组长)或教务科长审批。③ 学生的考试、考查成绩可采用百分制，或按优秀、良好、及格、不及格评定。学生的考试、考查成绩列入档案。④ 学生因故不能参加考试时，必须经教务处（科）批准，对无故不参加考试或考试作弊的学生，除本门课程的成绩按不及格论处外，并应视情节轻重给予教育或纪律处分。⑤ 学生自学某门课程，经本人申请、学校考核，已达到教学计划要求的，可免修该门课程。⑥ 评定考试课程的成绩，应以期末考试的成绩为主，适当结合平时成绩；考核课程的成绩，应根据学生平时完成实习、实验、作业的情况以及课题提问和平时测验的结果评定，不得在期末进行集中测验。⑦ 凡考试、考查不及格或因请假而需要补考的学生，均应在学校规定的日期内补考。因不及格而补考的，其补考的成绩应注明"补考"字样。⑧ 体育课考查要从学生的身体和体育基础等实际情况出发。对不同体质的学生应有不同的要求。因患某些疾病有生理缺陷的学生，经医生证明和教务处（科）批准，可减少考查项目，或免考。⑨ 实习（教学实习、生产实习）和结合专业的生产劳动应进行考查，由指导教师根据学生在实习和生产劳动中所掌握的知识和技能，以及实习单位指导人员的意见评定成绩。⑩ 学生操行评定一学期或一学年进行一次，由班主任征求有关教师的意见，写出评语，不评等级。毕业时进行全面鉴定。1956 年高等教育部先后发出有关国家考试的规程、条例草案，通知全国高等学校和中等专业学校进行国家考试。并于同年 7 月起，在部分高等工科性质院校和中等专业学校试行。后因试行条件不具备，于 1957 年 3 月 4 日又通知暂停试行。此后便没有再行试行国家考试制度。关于留级、升级与毕业，1952 年的《中等技术学校暂行实施办法》首次规定，经学业成绩考核，有两门主要技术课考试不及格或校内教学实习不及格，虽经补习、补考而仍不及格者，不准升级或毕业。学生修业期满成绩及格者，由学校报请主管业务部门核定准予毕业。毕业证书由主管业务部门及同级教育部门检验后共同盖印发给，并报中央教育部备案。1954 年又变更办法，规定"学生修业期满，经国家考试或毕业设计答辩及格，由学校发给证明资格的中等专业学校毕业证书。如学业、操行成绩均属优等者，发给成绩优等的毕业证书"。1979 年教育部再次规定：① 每学年学完教学计划规定的课程，经过考试、考查，成绩及格者，准予升级；成绩不及格者，经过补考后，考试科目累计仍有两门不及格，或考试和考查科目累计有三门不及格者，予以留级。② 凡学期、学年连续进行教学的课程，如学期考试不及格，学年考核仍不及格者，作两门不及格处理。③ 凡须留级的学生，若本专业无后继班，学校可根据学生情况，做出随班学习或留级到其他专业学习的决定，学生不得自行挑选。④ 成绩特别优秀的学生，可申请参加高一级的学年考试，成绩达到跳级水平的，允许跳级。⑤ 学完教学计划规定的全部课程（包括实习和毕业设计），考核及格的学生，准予毕业，并发给毕业证书。不及格的可补考一次，补考及格的发给毕业证书，不及格的发给修业证书，分配工作。参加工作后，可在一年内申请补考，及格者，发给毕业证书。

2.4.2　沿袭普高、学籍管理——专科学生学业考试制度

高职班学生第二阶段即高等教育阶段，包括后来的短期职业大学学生

学业考试实际执行的都是专科学校的有关规定，短期职业大学的办学形式可参照 1982 年 11 月 12 日教育部的《中国短期职业大学和电视大学发展项目报告》，报告中提出："近来，开始办了一些叫做短期职业大学的新型学校。他们根据地方的需要，按照灵活的教学计划招收自费走读的学生，使学生将来可担任技术员的工作。国家不负责毕业生分配的工作，但将择优推荐给有关的企业。"短期职业大学的招收计划目前列入高等学校事业计划，由学校报送所在省、自治区、直辖市教委审核，再报教育部审批。高职班第二阶段以及短期职业大学的学生学业考试的制度按高等学校学生学业考试的有关规定执行，高等学校学生学业考试的规定可以追溯到 1950 年 6 月，当时召开了第一次全国高等教育会议，7 月，政务院批准了《高等学校暂行规程》《专科学校暂行规程》《私立高等学校管理暂行办法》等文件，规定了大学、专门学院和专科学校考试分为入学考试、平时考试、学期考试及毕业考试。大学及专门学院的学生须于最后一年确定专题并经系主任核准，由教学研究指导组主任或其指定的老师指导，撰写毕业论文或专题报告。学生依照规定课程修业期满，成绩合格者，由学校报请中央教育部批准发给毕业证书。从 1952 年开始，全国高等学校学习苏联经验，在考试管理方面，1954 年 7 月 9 日，高等教育部颁布了《高等学校课程考试与考查规程》，该规程共十六条，包括考试形式、考试命题、考试实施、成绩评定与记载、成绩使用等。规程规定，为了正确地检查学生所学知识的理解程度和实际运用能力，课程的考试原则上采用口试，考试题目要根据教学大纲的要求拟定，并且按照适当的分量分配在考签上。考试按"优等""良好""及格""不及格"四级评定成绩；考查按"及格""不及格"两级评定成绩，但生产实习、课程设计等按四级评定考查成绩。考试和考查的成绩，分别登记在成绩登记表和记分册上。未按时参加考试的，按缺考处理，另安排考试。无正当理由不参加考试或考查的，该门课程按不及格处理。每学期考试后，有四门以上课程不及格的学生，由校长、院长令其退学，有三门以下课程不及格的学生，应该进行补考。留级生以往所修课程中得到"优等"或"良好"成绩的，该课程免修并且免除该课程的考试或考查。1956 年高等教育部决定在高等学校实行国家考试制度,并颁布了《中华人民共和国高等学校国家考试条例草案》。后因参与的学生多,耗时长,难以操作,高等教育部于 1957 年 3 月 4 日通知暂行停止国家考试办法,未再推行。1961 年,中共中央主持制定了《教育部直属高等学校暂行工作条例(草案)》(简称《高教六十条》)。1962 年 11 月 20日,教育部根据《高教六十条》的精神,发布了《教育部直属高等学校学生成绩考核暂行规程(草案)》(简称《暂行规程》),同时宣布 1955年 12 月 15 日高等教育部颁布的《高等学校课程考试与考查规程》废止,增加了关于学生德育、体育、毕业设计、毕业论文等方面的考核内容。(1)对德育方面的考核,包括对学生的政治觉悟、思想意识、道德品质及劳动表现的考查。此方面的考查主要采取鉴定的办法,不采取记分办法。政治思想方面的鉴定,着重于基本的政治态度和思想状况,不涉及生活细节。鉴定必须实事求是,允许本人申述或者保留不同意见。生产劳动的考核,主要检查学生的劳动态度。学生的升级和留级,应该以学业成绩为准;处理学生退学,除根据学生的学业成绩以外,还应该考虑学生的政治、思想和劳动表现等全面情况。(2)对体育的考核,主要是为了督促学生积极参加体育锻炼,促进身体健康。《暂行规程》说,此方面对学生要求不宜过高。身体条件不宜上体育课的学生,经医生证明和体育教研室主任同意,可以免修。(3)关于毕业设计、毕业论文的考核。(4)对考试违纪行为做出了处理规定:考试作弊的学生,不论考试成绩好坏,本门课程均以不及格论,并由学校根据情节轻重予以纪律处分。此外,对考试方式、成绩评定、不及格课程的补考等内容进行了补充,规定得更具体详细,并且有一定的灵活性,如关于考试成绩的评定不再一概要求采取四级记分办法,对少数有特殊需要的课程,允许用百分制的办法记分。对考查课程的成绩的评定,也不再一概采用"合格""不合格"的方法,对个别有特殊需要的课程,允许用四级办法记分。关于考试方式,允许根据课程的特点、班级的大小和教师人数的多少,分别采取口试、笔试或口试、笔试兼用的办法。1978 年 12 月 13 日,教育部制定颁发了《高等学校学生学籍管理的暂行规定》，对高等学校课程考试的次数、成绩评定和课程免修做了原则规定。1985年，进一步改革了高等学校的考试制度，课程考核实行了新的成绩评定办法：采用百分制或五级制，五级制为优秀、良好、中等、及格、不及格。与以往规定比，增加了"中等"等级。同时，严肃了考试纪律，完善了违纪处理。明确规定：因缺课，考试不及格的，不能补考，必须重修。凡擅自缺考或考试作弊者，该课程成绩以零分计，并不准正常补考。如确实有悔改表现的，经教务部门批准，在毕业前可给一次补考机会。考试作弊情节严重的，应给予纪律处分。学生无故缺课，累计超过某门课程教学时数1/3者，不得参加本课程的考核，并视其具体情况是否给予补考机会。1985年《中共中央关于教育体制改革的决定》提出要改革教学内容、教学方法、教学制度，要针对现存的弊端，积极进行教学改革的各种实验。在考试内容、考试办法、考试形式和成绩使用等方面，进行了许多探索，主要有学分制、德智体综合测评制度、中期筛选制度等。

进入21世纪，随着高等职业技术院校的迅猛发展，各省级教育主管部门制定各省的高等职业教育学生学籍管理规定，对高职教育学生学业考试制度进行了明确和规范。以江苏省为例，《江苏省五年制高等职业教育学生学籍管理暂行规定》（2002年1月15日）第八条中，对五年制高职的学生全面实行学分制管理。第九条规定：成绩考核包括学业和操行两个方面。学业方面，按教学计划的规定和学生选修的情况，考核学生的学习成绩；操行方面，对学生的思想品德、组织纪律等方面进行综合评定。考核成绩应记入学生本人档案。第十条规定：学生所学课程（包括理论课和实践课）均应考核。考核分为考试和考查两种，成绩的评定一般采用百分制、五级分制（优秀、良好、中等、及格、不及格）两种记分方式，按学期记载。学生所学课程的考核均须取得60分（或及格）以上的成绩方可取得相应的学分。学生每门课程的考核成绩、学分均应填在学生成绩登记表中，并归入学生本人档案。第十一条规定：每学期的考试课程一般为3～5门。考试课程的总评成绩以期末考核为主，平时考核成绩为辅。平时考核成绩根据学生学习态度、平时作业、提问和测验等情况综合评定。考查课程的考核成绩由任课教师根据该课程平时考核情况评定。实践课的考核成绩应根据技能考核标准进行评定。第十二条规定：各校可设立创新成果奖励学分。学生取得一定研究成果得到实际应用，或取得专利，或在省级以上教育、科技行政部门组织的竞赛中获奖，或在全国性期刊上发表论文，学校可给予相应的奖励学分。第十三条规定：学校应对必修课和一些有条件的课程积极实施教考分离制度，统一命题和阅卷，部分课程可实行校际联考、统考。第十四条规定：学校对学生学业成绩的考核，应用学分绩点和学分来综合评价学生的学习质量，并以此作为学生评定奖学金、选拔学生干部、评选各类先进、免听、免修、选读辅修专业、推荐升学与就业等的重要依据。关于学分绩点的计算方法由各校自行制定。第十五条规定：学生操行评定，在前三年以《中等专业学校学生守则》和《江苏省中等专业学校学生日常行为细则》为主要依据，在后两年以《高等学校学生行为准则》为主要依据。操行评定每学期或每学年进行一次，毕业时进行全面鉴定。

2.4.3　能力本位、双证考核——高等职业教育学生学业评价

在 20 世纪 80 年代中后期，能力本位职业教育开始兴盛，以英国、澳大利亚和新西兰为代表的主要英联邦国家先后根据能力本位教育理念重构其职业教育与培训体系，如今欧洲、大洋洲、拉美和亚洲许多国家也纷纷采用，由于受到 OECD 和世界银行等国际组织的鼎力支持，能力本位的职业教育理念成为世界职业教育与改革的主导理念。我国于 20 世纪 80 年代末开始引入能力本位教育理论（CBE），并在许多职业学校进行了试验。"1989 年由加拿大国际开发署资助设立了'中加高中后职业技术教育项目'，1992 年 9 月，原国家教委职教司正式决定在有条件的职业院校开展试点。自 1991 年至 1996 年第三轮合作项目结束，中方共有 29 所院校参与。带动了国内 200 多所职业学校进行 CBE 试点，产生了广泛而持久的影响。（庞世俊、姜广坤、王庆江，2010）"

我国于 1995 年 1 月 1 日实施的《中华人民共和国劳动法》第八章第

六十九条规定：国家确定职业分类，对规定的职业制定职业技能标准，实行职业资格证书制度，由经过政府批准的考核鉴定机构负责对劳动者实施职业技能考核鉴定。1996 年 9 月 1 日实施的《中华人民共和国职业教育法》第一章总则第八条规定：实施职业教育应当根据实际需要，同国家制定的职业分类和职业等级标准相适应，实行学历证书、培训证书和职业资格证书制度。第三章第二十五条规定：接受职业学校教育的学生，经学校考核合格，按照国家有关规定，发给学历证书。接受职业培训的学生，经培训的职业学校或者职业培训机构考核合格，按照国家有关规定，发给培训证书。学历证书、培训证书按照国家有关规定，作为职业学校、职业培训机构的毕业生、结业生从业的凭证。劳动部《关于技工学校、职业（技术）学校和就业训练中心毕（结）业生实行职业技能鉴定的通知》（劳部发〔1995〕208 号）第二条规定：上述毕业生的职业技能考核鉴定依据《国家职业技能鉴定标准》《工人技术等级标准》和《职业技能鉴定规范》的要求进行。鉴定内容包括知识要求和技能要求两项。知识要求考试可采取闭卷笔试方式进行，技能要求考核可结合生产或作业，选择典型工件或作业项目组织进行。劳动部一系列的法规为此制定了详细的方案和制度保障。

2003 年 12 月 31 日，新华社全文发表《中共中央国务院关于进一步加强人才工作的决定》（简称《决定》）。中共中央、国务院在《决定》中指出，人才问题是关系党和国家事业发展的关键问题，新世纪新阶段人才工作的根本任务是实施人才强国战略。明确以能力建设为核心，大力加强人才培养工作。为了贯彻实施上述《决定》，我国政府和有关部门相继印发实施了一系列规范性文件，主要有：《国务院关于大力发展职业教育的决定》（国发〔2005〕35 号）、《劳动和社会保障部办公厅关于加强技工学校生产实习管理工作的通知》（劳社厅函〔2005〕274 号）、《中共中央、国务院关于实施科技规划纲要增强自主创新能力的决定》（中发〔2006〕4 号）、《人事部、教育部、财政部、劳动和社会保障部、国资委、国防科工委关于建立高校毕业生就业见习制度的通知》（国人部发〔2006〕17 号）、《教育部关于职业院校试行工学结合、半工半读的意见》（教职成〔2006〕4 号）。

2008年，国务院又发出《关于做好促进就业工作的通知》(国发〔2008〕5号)，要求各地要建立健全面向全体劳动者的职业技能培训制度，鼓励支持各类职业院校、职业技能培训机构和用人单位依法开展就业前培训、在职培训、再就业培训和创业培训等。

进入21世纪，我国高等职业教育改革和发展进入一个新阶段，2006年教育部《关于全面提高高等职业教育教学质量的若干意见》的16号文件，旨在进一步适应经济和社会发展对高素质技能型人才的需求，推进高职人才培养模式改革，提高人才培养质量。同年，《教育部、财政部关于实施国家示范性高等职业院校建设计划，加快高等职业教育改革与发展的意见》的14号文件，在独立设置的高职院校开始了示范校建设工程，示范校中开展了学习德国职业教育的理念和方法，推动基于工作过程的工学结合课程改革。故而，探索和引进基于工作过程的课程及其开发方法，成为课程改革的重要任务。

在工学结合的现代职业教育中，要想让学生在真实工作情境中对技术（或服务）工作的任务、过程和环境进行整体化感悟和反思，从而实现知识与技能、过程与方法、情感态度与价值观学习的统一，就必须进行整体化的课程设计，其核心是找到学习内容的一个合适载体，让学生不但借此学习专业知识和技能，而且能够通过经历工作过程获得职业意识和方法；通过合作学习学会交流与沟通，并最终形成综合职业能力。

我国高等职业教育开始于中华人民共和国成立以后30年，在这30多年的时间里，中等技术学校（后称中等专业学校）是整个职业教育的主体，这个时期的职业教育学生学业考试制度主要沿袭苏联的做法，对民国政府时期的制度进行了改革。20世纪80年代短期职业大学、高职班以及高等职业教育作为教育类型的提出，使得高等职业教育考试制度同时具有中等技术学校和普通高等教育学生学业考试的一些特点。后期依据《中华人民共和国教育法》和《中华人民共和国职业教育法》，各省出台以及各高职院校出台的学生学籍管理制度中关于学业考试的内容基本变化不大。随着职业教育领域国际交流的扩大，尤其能力本位的职业教育思想和不同流派的课程改革试点，高等职业教育学生学业考试存在的问题也开始逐步显现。

3 高等职业教育学生学业评价的现实困惑

职业教育以能力为本位早已经是不争的事实，但职业教育学生学业评价现在还依然处于一个以"考试"为主要话语和实践方式的时代，高等职业教育亦是如此。尽管我国高等职业教育发展的历史并不是很长，但考试作为高等职业教育学生学习的结果评价方式，在制度上、基本特点等方面已经形成了庞大的制度体系和操作模式。透过这些表层的制度，我们需要深入到实践，深入到内部，高等职业教育学生学业评价现状究竟如何？存在着哪些问题？依然是值得我们追问和反思的。

3.1 考试话语

在 20 世纪初有两个专门针对高职高专考试问题的研究课题。一个是"新世纪高等教育教学改革工程《高职高专教育人才培养模式和教学内容体系改革与建设项目计划》（ I 12-3 ）高职高专教育考试方法改革研究与实践"（石家庄铁道职业技术学院 2003 年 12 月 8 日），另一个是"辽宁省十一·五教育规划课题《高职教育考试方法改革的研究》"（课题主持人：王志瑛；课题主持单位：沈阳职业技术学院；课题参加单位：辽宁商贸职业技术学院）。这两个课题重点研究高职高专教育考试的目的（作用）、内容、形式（方法）、结构、过程、管理以及考试观和考试模式建构等问题，并在一些课题协作高职院校进行了试点改革。关于高职学生学业考试的主要观点如表 3-1 所示，考试是目前大多数高职院校学生学业评价所秉持的观点和采取的措施。

表 3-1 关于高等职业教育考试研究的主要内容及其观点

研究内容	方面	观点
考试目的与考试内容的研究	考试目的	考试目的是关于"为什么"考的观点，它是考试主体根据客观需要对考试活动功能和价值的主动选择和确定，是考试活动的出发点和归宿地。考试目的直接决定考试的种类、程序、内容、标准及组织形式，导引考试活动的方向，是设计和完成考试活动的首要前提 对高等职业教育而言，考试是基于培养目标需要，对学生某方面或诸方面的知识、技能、能力和素质水平进行测量、甄别和评价的教育活动
	考试内容	高职高专教育具有职业教育与培训和高等教育双重属性，它的教学和考试内容应该包括国家职业资格鉴定和学校学业考试两个方面 高职高专院校校内学业考试内容主要体现在专业人才培养方案设置的各门课程中。在课程开发设计时应按照专业人才培养方案的要求，从认知、操作技能与能力和职业素质三个领域全面系统、层次分明、有所侧重地确定课程目标，并将其作为选择和确定教育考试内容的依据
考试类型与考试方法的研究	考试类型	诊断性考试、形成性考试、鉴定性考试、素质测评
	考试方法	闭卷考试、开卷考试、口试、成果试（如设计、论文、报告、制品等）、操作试、计算机及网上考试与观察考核七种方法；高职高专教育考试应根据考试目的、课程目标、考试内容和课程性质等选择、设计并确定考试的类型和方法，一般应采用校内外结合的，由多种基本考试类型和方法构成的考试模式
考试过程研究		从专业的层面说，可以理解为学生入学到毕业的各种考试组成的考试过程，在专业人才培养方案中应有整体策划和明确要求；从课程层面说，指一门课程从教学活动开始到结束、与课程教学过程相互依存的考试过程，包括教师随机测验、过程阶段考试和期末课程教学结束时的期末考试的全面设计，在课程标准（教学大纲）中也应有明确的规定 一次考试的过程包括：根据课程标准中的有关规定设定考试目标、根据考试目标命题组卷、试卷复制、考场施考、阅卷评分、考试结果统计分析与评价（包括学生学习质量评价、教师教学质量评价）并提出改进措施、考试过程总结与考试质量评价、通过反馈调节进入以后的教学与考试过程，实现持续改进

续表

研究内容	方面	观点
考试制度与考试管理研究		考试管理不能只着眼于考试环节自身的管理，而应在整个教育过程中，正确运用考试手段，以保证学生获得学历证书和职业资格证书为目标，对教育教学全过程实施全面质量管理，包括专业培养目标（质量标准）与职业资格鉴定（整个专业的考试方案应成为培养方案的重要组成部分）、课程标准（大纲）与考核纲要（包括考试的内容要点、方法、时间空间条件等）、教学与考试管理规章制度的制定、教学与考试过程的质量管理与监控、考核结果的分析、评价、反馈与持续改进等，即建立教育教学全面质量管理体系
考试模式的构建		以国家职业标准为依据，以职业活动为导向，突出国家职业资格鉴定考试，建立与国家职业资格鉴定考试接轨的以职业综合能力（职业技能）和职业素质考核为主线、知识能力素质全面全程考核的校内考试体系；在知识技能能力考试方面，采用平时形成性考核与期末总结性、鉴定性考试并重的，由多种考核方式构成、时间与空间按需设定的多次考核综合评定成绩的课程考试体系；在学生素质考核方面，建立引导型素质综合评价体系；同时建立与考试体系并行的旨在强化考试过程质量控制并成为学校教育全面质量管理体系重要组成部分的考试质量管理体系

如上研究大致勾勒出了整个职业技术教育学生学业评价的宏观图景，学校本位的职业技术教育和培训对学生的学业评价形成了两条鲜明的价值主线，一条是对学科知识体系复制的完整性，另一条是基于工具设备和具体工作岗位训练的操作技能动作序列行为表现的完整性。这两者构成了传统职业教育学生学业的核心价值。

概括而言，我国高等职业技术学校学生学业评价的话语和实践方式都基本围绕着以知识＋技能为目的的二元分立考试体系而展开，对学科理论知识以纸笔形式的考试（学历证书）和对产品加工、设备操作的职业技能鉴定考试（职业技能鉴定证书）构成了高等职业技术学校学生学业考试体系和制度。学科知识完整性和岗位技能分别构成了高等职业技术教育价值的核心，其知识、技能的由来和考试制度见图3-1。

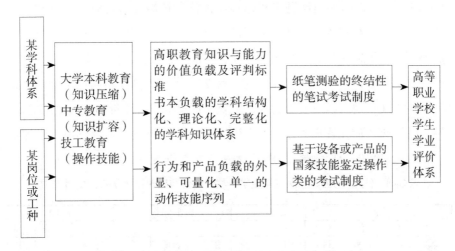

图3-1 我国高等职业教育学生学业评价的基本体系

围绕这样的核心价值尽管已经形成了较为严密的考试制度体系和操作模式，但是对于高等职业教育学生学业考试业已形成的制度体系和操作模式的批评和指责也一直没有停息过。笔者在中国知网上查阅了从1999年至今的70篇关于高等职业学校学生学业考试的相关论文，学业考试存在的问题主要集中在以下几个方面（见表3-2）。

表3-2 高等职业教育学生学业考试存在的问题

高等职业技术学校学生学业考试	
理论知识考试	职业技能鉴定考试
（1）考试内容片面（72%）	（1）职业技能鉴定考试内容滞后（16%）
（2）考试形式单一（48%）	（2）职业技能鉴定考试手段落后、单一（16%）
（3）考试管理体制僵化（24%）	（3）职业技能鉴定考试缺乏公正性（6%）
（4）考试作弊现象严重（18%）	（4）职业资格证书管理混乱（14%）

注：上述数据主要是对高等职业技术学校学业考试的统计，对职业技能鉴定考试是在有些论文中附带提及的，对职业技能鉴定考试研究的论文未进行专门统计。

我国高等职业教育学生学业评价的现实状况到底如何呢？以宁夏为例，《宁夏地区高职院校学生学习质量评价与对策研究》（宁夏高等学校科学技术研究项目课题，课题编号〔2009〕193号）课题组在2010年4月对全区3所高职院校教师、学生以及学生正在实习的4个企业进行了问卷式的调查。调查问卷由课题组根据多年评价考核情况自行设计，分教师、学生、企业问卷三种，其中教师问卷 600 份、学生问卷 2000 份、企业问卷 200 份，根据各学院情况下发了 2800 份调查问卷，回收有效问卷 2772 份，有效回收率为 99%。学生问卷共有 24 个题；教师问卷有 21 个题；企业问卷有 11 个题，以选择题为主，主要从评价标准、评价内容、评价主体、评价方式和评价结果五个方面调查研究了我区高职院校学生学习质量评价的现状。（叶宁、张莉娟，2010）表 3-3 是数据统计的结果。

表 3-3 《宁夏地区高职院校学生学习质量评价与对策研究》数据统计结果

	性别		学生年级			教师年级			类别		
	男	女	一	二	三	一	二	三	学生	教师	企业
人数	1484	1288	536	914	528	272	204	122	1978	598	196
比例（%）	53.5	46.5	27.1	46.2	26.7	45.5	34.1	20.4	71.4	21.6	7
	评定方式满意度			真实性			改善成绩评定的必要性				
	很满意	满意	不满意	很真实	真实	不真实	很必要	必要	不必要	无所谓	
人数	295	400	1122	380	704	860	520	996	348	76	
比例（%）	14.9	20	56.1	19	35.2	43	26.2	50.4	17.6	3.8	

调查中发现"评价的主要方式还是期末考试，77.5% 的老师对学生的考试形式采用期末闭卷笔试，采用过口试的占 20%，用过开卷考试的占 17.8%，用过小论文作为考试形式的有 6.4%，实验报告的有 10.8%，实习实训报告的仅占 19.5%，闭卷考试基本成为了主要的评价手段；学生学习成绩中理论课成绩所占的比例最大占 58.2%，专业课成绩占 35.6%，动手操作成绩占 15%，实习实训成绩只占 10%。有 70% 的考试内容以教材和课堂学习的理论知识为主，只有 20% 的内容是注重动手实践能力的；学业成绩有 79.2% 都是由各任课老师来确定的，与其他人无关，基本没有学生自评、互评；有 16.8% 的学业成绩是有企业参与评定的，但是只能占其中的一小部分"。

3.1.1 客观显性的知识——纸笔测验的内容

为进一步了解现状，笔者对宁夏一所高职学院的 2010 年第 2 学期所有专业的考试课程进行了汇总，发现考试课程采用笔试的占到 100%，其题型为填空、选择、名词解释、计算题、简答题、论述题，其他分别为工艺分析、流程分析、操作程序等。通过进一步调查发现，所有考试内容（除去教学管理部门要求的有一定比例的教材外内容，所占比例非常小）均来自教材。

笔者还随机抽选了一些院级、省级乃至国家精品课程（高职高专）的考试题型，均为填空、选择、判断、名词解释、计算题、简答题、论述题及其他，题型惊人地相似。

基本上所有的高职院校都将职业资格证书或职业技能鉴定证书纳入了专业的课程体系，要求学生获取相关的证书，这就意味着学生需要参加具有职业资格鉴定资质的机构所组织的考试。我们又搜集了一些国家职业技能鉴定考试的笔试试题，以国家助理物流师职业资格全国统一鉴定的试题为例，一共 150 道题目，满分为 100 分，分为两个部分，第一部分为 100 道单项选择题，每题 0.5 分，计 50 分；多项选择题为 50 道，每题 1 分，计 50 分；合计 100 分，60 分为及格。以高级维修电工国家职业技能统一鉴定笔试试题为例，满分 100 分，共分两部分，第一步为 80 道单项选择题，每题 1 分，计 80 分，第二部分为 20 道判断题，每题 1 分，计 20 分；合计 100 分，60 分为及格。基本上国家职业资格全国统一鉴定的题库都有相应的参考教材、理论知识复习指导丛书和操作技能考试手册。教材作为知识的标准和权威，从教材中选取有代表性的知识进行考试内容设计是最基本和最普遍的做法，具体的考试内容会因为考试的性质不同而有所不同，学校的考试一般是具体课程所采用的具体教材（比如高职高专规划教材、优秀教材），由教师个人决定。国家职业资格或技能鉴定考试则是从若干教材中由具有资质的出题人进行选择和设计，而后经由一系列标准程序检测后确定。表 3-4 为计算机初级操作员职业资格标准（知识部分）。

表3-4　中华人民共和国计算机初级操作员职业资格标准（知识部分）

计算机初级操作员（专项技能水平达到相当于中华人民共和国职业资格技能等级五级）
知识要求： 掌握计算机及常用设备的连接和使用方法及相关知识； 掌握计算机机操作系统的基本知识和常用命令的使用知识； 掌握中文操作系统的使用方法和知识； 掌握中文文本处理软件的使用方法和知识； 掌握中文电子表格软件的使用方法和知识； 掌握防病毒基本知识； 掌握因特网基础知识。 应知： 基础知识：计算机发展历史、计算机的特点、计算机基本组成、信息存储方式、软硬件基础知识、计算机使用基本常识和计算机病毒的基本知识等。 操作系统及中文平台的使用：中文操作系统的主要特点、界面属性及菜单使用知识、汉字输入法基本知识、应用程序基本知识、剪贴板应用知识和文件使用知识等。 文字处理基础知识：文字输入与处理基本知识、文字处理软件的特点、文件的建立与保存知识、编辑菜单使用知识、格式编排与处理基本知识、对象处理基本知识、特殊效果处理基本知识和文字表格处理基本知识等。 电子表格处理基础知识：电子表格处理基本知识、电子表格处理软件的主要特点、电子表格的结构、单元格的基本处理办法、数据的输入与处理、格式处理基本知识、数值计算基本知识，数据与图表处理知识等。 因特网基础知识：设置拨号方式连接因特网服务器、浏览网页、搜索网页、撰写电子邮件等因特网基础知识。

3.1.2　封闭任务及表现——操作技能的滥觞

采用所谓任务引领的课程在当前的高等职业教育课程领域是一个比较流行的趋势，通过职业领域的工作任务来实现学生职业能力的培养是职业教育课程的基本理念。但是这样的工作任务更多的是体现了对工具使用的掌握、对材料的辨识、对加工工艺的掌握等具体的操作技能，这样的任务和真实工作领域的典型工作任务的开放性复杂性要求比起来呈现出明显的封闭性特征，是围绕某个逻辑上已经是确定的程序进行操作的局部的技能训练的任务，这样的任务更多被用于技能训练而非真实的职业工作。下面是我国电工专业和电工技能课程中某个高职院校的学习课题与评价设计。

学习课题——室内电气照明基本线路的安装。

配线方式：塑料护套线配线。

任务 1：一只单联开关控制一盏灯，并装有一个插座的控制线路安装。

任务 2：一只单联开关控制两盏灯，并装有一个插座的控制线路安装。

任务 3：两只单联开关控制两盏灯，并装有一个插座的控制线路安装。

任务 4：两只双联开关在两个地方控制一盏灯的控制线路安装。（袁海燕，2005）

显然在真实的职业工作中，室内电气照明线路即便是基本的安装也绝不会是如此的几个任务能完成就能够实现的。从这样的任务中，我们看不到客户，看不到交流和沟通，看不到设计和规划的过程，看不到太多真实的东西，这样的任务很难培养真正的职业能力，经过这样的任务训练出来的学生无疑是难以胜任真实工作要求的。反观德国的学习性任务设计，见下面的例子。

任务要求

◎ 根据所给出的朝向，请你查清可能需要的太阳能电池模块面积及模块数量。请了解清楚，朝向何方可以获取最多的太阳能，而模块被遮挡有何影响。请编写一份能源收益预测。

◎ 考虑有哪些备选的电路方案？（太阳能电池模块的数量与电路/分电路数量、换流器的数量）

◎ 确定太阳能发电设施的规格（太阳能电池模块、导线、换流器和其他运行设备）。

◎ 请对至少两家生产商的报价进行比较，然后选择运行设备，并且说明做出上述决定的理由。

◎ 请制定一份计划建议书，内容是如何连接、布置与安装所选择的运行设备，以及如何布线。

◎ 考虑避雷措施。

◎ 绘制一份电路示意图、一份总线接图和电路图。

◎ 请制定一份材料及成本清单。

◎ 对于计划中的太阳能发电设施，请你以令人信服的方式说明其经济性以及对环保做出的贡献。请考察一下,迪尔一家可以享受到哪些资助措施？

◎ 除电气技术工作外，还有一些工作必须由其他公司来完成，请你对此进行列单并且加以说明。

◎ 请你准备好与客户进行下一次会谈的演示材料。

操作技能在职业教育领域被视为最重要的学习成果，技能在很大程度上被视为能力，对能力的评价就是对技能的评价，因为技能可以表现、可以观察，可以被工具进行较为精确的测量，在几乎所有以"职业能力"为培养目标的课程方案中，具体内容都是围绕技能进行设计。如我国数控专业的教学大纲对专业基本能力的描述如下：①掌握机械制造的基础知识，具备机械制造的基本技能。②具有一定手工绘图及计算机绘图能力，能用AutoCAD（或CAXA）软件进行二维设计，具有应用CAD/CAM软件（Pro/E 或 UG）进行三维造型设计和使用CAM软件（MasterCAM、CIMATRON、UG）进行数控加工的基本能力。而对操作能力的考核也仅仅是对某一项技能的考核，如让机械制造专业的学生加工某个工件，然后根据加工出的工件质量判断考生的技能水平。这种考试形式已经不能满足现时对人才培养质量的要求。而仅通过几张考试卷或是仅通过加工出的一两个工件的质量是很难全面判断出学生的职业能力的。（鄂甜，2008）""能力本位评价的核心虽是努力实现把'能力'而不是书本知识作为评价对象，但由于其对'标准化'的追求而采用的'能力分解'和'排除评价者的判断'的技术，及单纯以职业能力标准作为评价依据标准，以工作样本取样作为测量方法都使得能力本位评价偏离了它的初衷，游离于能力内涵之外了。""职业能力的证明非常困难，因为想要了解一个人是否具备在困难情境中解决复杂专业问题的能力，只能通过观察法，而观察法恰恰是一种无法准确鉴定社会现实的实证研究方法。我们不可能对职业能力进行准确的鉴定，只能对其进行诊断或测量，这就对能力的诊断、测量和评价技术提出了更高的要求。（劳耐尔、赵志群、吉利，2010）"而德国对机电专业学生的能力培养目标是这样表述的：工作流程的计划和控制，工作结果的监控和评估，会使用质量管理系统；机电零件的加工，机电系统标准组件和部件的组装。表3-5为我国计算机初级操作员职业资格标准（技能部分）。

表3-5　中华人民共和国计算机初级操作员职业资格标准（技能部分）

计算机初级操作员（专项技能水平达到相当于中华人民共和国职业资格技能等级五级）
技能要求： 具有熟练的操作系统使用能力； 具有熟练的文件管理、程序管理、模拟打印和打印设置能力； 熟练掌握一种文字录入方法； 具有熟练的文本处理软件的使用能力； 具有熟练的电子表格软件的使用能力； 具有浏览网页、收发电子邮件的能力。 应会录入：在5分钟的限定时间内完整、准确地录入指定的全部内容（950个字符左右）为满分10分。半角输入。在5分钟的限定时间内，每少录入8个字符扣0.1分，少于8个字符的余数不再扣分；每错录1个字符，按少录入4个字符扣分，即扣除0.05分，少于4个字符的余数不再扣分；扣完为止。 汉字录入：在5分钟的限定时间内完整、准确地录入指定的全部内容（400个字左右）为满分10分。全角输入。在5分钟的限定时间内，每少录入4个字扣0.1分，少于4个字的余数不再扣分；每错录1个字，按少录入2个字扣分，即扣除0.05分，少于2个字的余数不再扣分；扣完为止。
中文操作系统基本设置： 桌面文件夹和文件快捷方式的设置：桌面文件夹和文件快捷方式的建立、删除、改名、移动、复制和属性的设置或修改。 打印机的设置：打印机驱动程序安装、删除和连接设置。 桌面显示属性的设置及剪贴板：桌面背景、屏幕保护程序和外观的设置。剪贴板的使用。 资源管理器使用： 文件夹管理：文件夹的建立、改名、删除、复制、移动及属性设置。 文件管理：文件的改名、删除、复制、移动及属性设置。 基本编辑排版： 文本编辑：文字的输入、修改和剪贴。文件的打开、建立和保存。 文本格式：字符格式、段落格式、分栏与分页排版。页面设置：页边距、纸张大小、页眉和页脚的设置。 图文混排：图形处理：图片的插入、剪裁、编辑和图文混排。 艺术字体：艺术字体的编辑、造型和效果设置，插入正文及与正文混排设置。 基本表格：表格的建立、编辑、格式化和边框设置。 电子工作表： 工作表编辑：单元格文字和函数的输入与编辑，行、列、区域和工作表的插入、修改及删除等操作。 工作表格式化：单元格、行、列的格式的设置。 工作表打印及页面设置：工作表打印预览操作。页面设置包括：页面、页边距、页眉、页脚及工作表的设置。 图表与数据处理： 图表处理：图表的建立、嵌入、编辑及修改。 数据列表：数据列表的建立、查询、排序、筛选及分类汇总。 因特网基本应用：设置拨号方式连接因特网服务器：建立使用电话线连接因特网的拨号连接，并创建快捷方式。 浏览网页：用浏览器浏览网页。 搜索网页：使用搜索引擎在因特网中搜索信息。 撰写电子邮件：撰写、发送和接收电子邮件。

3.1.3 公式换算及分数——评价标准的随意

虽然考试的改革都会涉及评价标准，但仅限于衡量整个学业成绩的组成单元构成及其比例的调整，如平时成绩、期中成绩、期末成绩和总评成绩的折算关系，或者这些成绩将采取哪些具体的考试方法来获得，比如开卷考试还是闭卷考试、口试、操作技能考试，抑或其他的方法，比如现在提倡的社会调查，产品表演、展示等。根据不同的职业和专业不一而同。或者借助表现性评价、真实性评价在普通教育领域实践的评价方案经过简单修改直接套用在职业教育学生学业评价上。

学生最终得分 = 思想道德评价得分 + 能力评价得分 + 知识评价得分 ± 奖惩分。其中：① 思想道德共 10 分。思想道德得分 = 自评分 ×20%+ 同学互评平均分 ×30%+ 班主任（或辅导员）评分 ×20%+ 任课教师评价平均分 ×30%；② 能力共 55 分，其中各能力要素评价占 30 分，主要专业能力评价占 25 分。能力得分 = 各能力要素得分 + 主要专业能力得分；各能力要素得分 = 自评分 ×20%+ 同学互评平均分 ×30%+ 班主任（或辅导员）评分 ×20%+ 任课教师评价平均分 ×30%；主要专业能力得分 = 学习期间所有实训项目评价平均分；③ 知识共 35 分。知识得分 = 学习期间基础课程考试成绩平均分 ×5%+ 学习期间专业基础课程考试成绩平均分 ×10%+ 学习期间专业课程考试成绩平均分 ×15%+ 学习期间人文社科课程考试成绩平均分 ×5%。与得分相对应的等级为：90 ～ 100 分为优秀；75 ～ 89 分为良好；60 ～ 74 分为合格；60 分以下为不合格。与得分相对应的等级为：90 ～ 100 分为优秀；75 ～ 89 分为良好；60 ～ 74 分为合格；60 分以下为不合格。（张翠英、首王行，2009）

以分数来作为评价的标准，当问到为什么要采用这样的形式考试，很多老师表示是因为学校的规定，教务管理部门表示"成绩管理本身要记载的数据量就很大，一名高职生在校期间的课程多则三四十门，少则二三十门，除了要记载正常的考试成绩外，还要记载补考成绩、毕业补考成绩、重修等成绩，加之新专业每年都增加，学生人数也在增加，直接导致成绩处理的工作量加大。另外，专业方向分流、选课制都在一定程度上加大了成绩管理的复杂性，笔试考试既是上面的要求，教育部评估和教育厅评估都是要看试卷的，也是高职院校普遍的考试方式，对成绩采取百分制也容易录入，而采用其他形式则更会加大成绩管理的复杂性，基本不具备可操作性"。

3.1.4 工作过程的缺失——职业能力的苍白

事实性的知识考试和封闭性的工作任务使得对于工作过程的评价被切割为局部和点状的"操作过程"的评价，综合职业能力不仅在培养过程中被忽视，而且在评价领域其理念和操作模式很难支撑综合职业能力的培养并非常滞后，工作过程评价的缺失使得职业教育学生学业成就集中在了事实性知识和操作技能两端，事实性知识的掌握和操作技能的获得无法证明其工作过程的合理性，工作过程的缺失意味着职业能力的苍白。表 3-6 为不同专业的基本工作过程。

表 3-6　不同专业的基本工作过程

专业	工作过程
以产品为导向的专业 (如数控加工技术)	一是分析产品任务说明，讨论和评价其使用价值，获取和处理相关信息；二是制订工作计划，包括分工、所需工具和材料，选择最佳方案，优化计划；三是按照计划生产产品；四是对产品功能进行检验，必要时进行改善，展示产品和解决问题的途径，评价产品和解决途径，发现可能的革新之处
以合同为导向的专业 (如汽车维修)	一是分析工作合同，获取和评价相关信息 (如车辆的当前状态、顾客要求)；二是确定过程性目标 (完工期限、成本、质量)，制订工作计划，选择工作方式，细化工作流程；三是按照计划完成合同，必要时更改计划；四是将实际情况与过程性目标进行对比，必要时进行返工，展示成果并移交给顾客，为顾客提供咨询，由顾客进行评价
以经营过程为导向的专业 (如软件开发和广告设计)	一是与顾客建立联系，共同设计任务；二是起草任务说明和报价并与顾客谈判，确定任务，制订整体规划，确定工作计划；三是按照计划完成任务；四是检查功能，编写移交文件，移交给顾客并为其提供咨询、结算，按顾客要求完善产品，协商售后服务

尽管不同专业的工作过程有着细微的差别，但有一点是相同的，即要想系统培养学生完成综合性工作任务的能力，必须重视"结构完整的工作

过程"中的每一个阶段。传统教学及学生学业评价正是因为仅涉及了其中个别阶段，如获取信息（常被简化为被动地接受理论知识）和实施（常规技能培训），而忽略了诸如计划和检查这些关键性的环节，从而造成了人才的结构性缺陷，如缺乏计划和评估能力，而这些能力却恰恰是形成创新能力和质量意识的关键。

高职学生学业评价目的服务于职业教育的培养目的要求的，即对学生综合职业能力的诊断和评价，但现有的模式并不支持对学生工作过程规划和实施进行评价，学生作为被剥夺了参与评价过程中具有自我和团队评价的赤裸裸的客体而存在，一张试卷，一张行为检核单，学业评价就此宣告结束。即便是那些所谓采用了多种评价方式的评价模式，无非就是给予学生在问答题中或考试中进行极为简短的回答考官预设问题的时间，这样的问答缺乏真实深入的对话，同样答案也是有明确的对错之分。口试所占的比例亦非常有限。

3.2 案例剖析

学校的理论化的技术知识的纸笔考试和操作考试相结合形成了当前高等职业教育学生学业评价的基本模式（见图3-2）。纸笔考试的内容来源于专业课程的教材，对教材的知识点根据教师的经验进行选择，依据相应的技术手段，比如双向细目表等筛选，组织成各类试题。但是这样的考试无法克服去情境化的先天不足，从这样的考试成绩无法判断一个学生的职业能力的发展状况。对职业教育学生学业评价长期以来被局限于学校考试管理体制下的教师个人行为，无论是被规定性的"考试课程"或"考查课程"，在遵从学校考试管理规定的前提下，亦无论是从所谓的题库抽题或是自己设计的试卷，出题或评卷基本都是教师的个人工作事务。

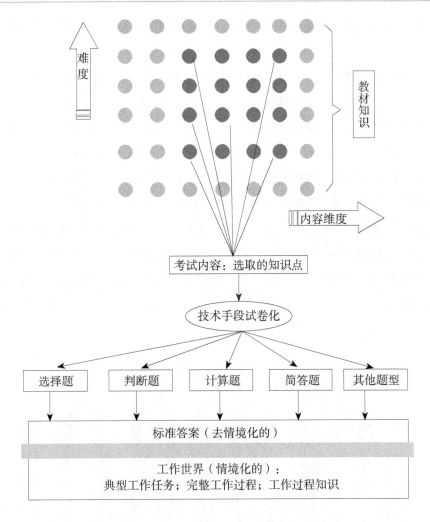

图 3-2　教材知识：考试的内容来源和基础及其与工作世界的割裂

3.2.1　题型设计

以最有代表性的职业技能鉴定考试题型设计为例（见图 3-3），职业技能鉴定考试采用的"实操试题"设计形式总体上有三类：一是生产成果型考核试题；二是生产过程型考核试题；三是混合型考题。谈仲华（2001）认为，"生产成果型考核试题是指实际操作技能考核试题依据本职业（工种）

的特点，设计出从原材料或半成品，经使用相应的设备，直至制造出半成品或成品类型的，可供测量、检验具体的物品（工件）的试题"。这样的试题在职业技能鉴定和当前的职业院校实践性课程（理论与实践分开的课程）中被大量采用。这样的评价形式其实在古代学徒制考试中尤其是手工业职业中是极为典型和普遍的形式。从过程导向的教育及其评价观念来看，这样的测试形式不具有完整工作过程的诸多要素，比如其任务是直接给出和规定性的，根据工艺规程进行加工只属于完整工作过程的"实施计划"部分，而其他几个部分则被忽略。另外这样的结果暗示着有标准答案存在，对问题的解决不存在多余的空间，无法判断学生的综合职业能力，采用观察和客观化的量表使得这样的测试形式不符合职业能力测评的要求也不符合过程导向的评价理念。"典型工件"这样的测试形式在德国目前的职业教育考试中已经被取消。

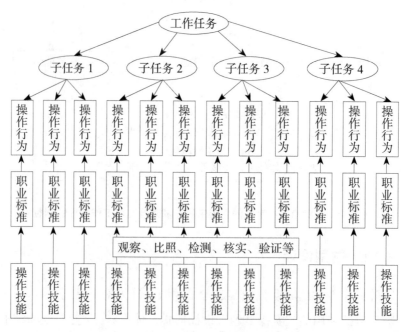

图 3-3 操作考试：被分解的职业能力

生产过程型考核试题是指实际操作技能考核试题依据本职工作（工种）的特点，设计出能反映整个生产工艺过程的具体操作要点、细节等类型的试题。生产过程型考核试题在职业技能鉴定实施过程中，一般以答辩和笔试试卷形式出现。主要考核项目应反映出职业技能鉴定操作最重要的操作要点和工艺程序。例如，全国统考的推销员、秘书等职业资格考试，就是采用了此类型的试题对人员进行鉴定。同样这样的试题只是聚焦在"生产过程"或"工艺过程"这些专业性极强的部分，这和过程导向倡导的"完整工作过程"完全不同，另外对具体操作要点和细节的关注也使得其远离综合职业能力评价的要求。

混合型考核试题是指实际操作技能试题依据职业（工种）的特点，将生产成果型与生产过程型试题两者结合起来，以使试题的设计能符合本职业（工种）技能等级的标准。谈仲华认为，"成果型试题由于其特有的不足因素而不完善时，可以加以答辩或提问，从而真正地反映出劳动者所掌握本职业的内在能力。过程型试题由于其难以真正反映出劳动者动手能力，因此，可以增加简便易行的实际操作弥补由于试题设计的不足而带来的考试考核内容不足"。混合型试题的手段比前两种更丰富，但其实质仅为前两者的简单叠加。加之职业技能鉴定考试针对某一具体岗位和工种，无法满足跨职业、跨岗位的设计要求，所以其采取的形式和理念无法满足对综合职业能力诊断和评价的要求。"学生的职业能力实际上是一种综合能力，它包括从事某种职业所需要的生理和心理素质、思想品德、职业道德、职业知识、技能和技巧，还应包括从事某种职业所必需的实践经验等。职业能力评价，是通过一种或多种途径取得职业活动绩效的证据，并把这些证据对照特定职业能力标准，从而判断职业能力水准的过程。它和学生考取技术等级证书或职业资格证书是有区别的。（邵力、相志利、焦仁普，2002）"

3.2.2　基本理念

能力本位评价，我们先从它的定义开始，英国教育评价专家 Alison Wolf（1995）将它定义为以对学习结果进行明确界定为基础而建立的一种评价形式。在这种评价形式中，追求的是评价主体的客观判断和价值中立，排除主观判断。对学生学习进步的判断，是完全基于学生个人对这些结果的达成情况，而不是基于学生在正规教育情境中所花费时间的多少。这个定义概括了能力本位评价的三个基本特征：① 强调可以观察和可以直接度量的学习结果，而不是学习过程。② 强调通过对学习结果的分解、细化到清楚和明确为准来对学习结果的明确界定。细化的程度以使得评价者、被评价者和"第三者"能理解正在评价什么、要获得什么。③ 评价方式为标准参照，而非常模参照，对评价结果的解释以职业能力标准进行比较，而非与他人比较。

在职业教育领域，对能力的评价实质上是将被评价的操作行为和操作结果予以程序化和量化表征，进而推断其内在技能的有无以及水平的高低。能力本位评价是标准参照评价（criterion-referenced assessment）的一种类型。徐国庆认为，在能力本位评价产生以前，标准参照评价主要是用于学术性教育；能力本位评价产生以后，标准参照评价也就产生了分支，即学术性教育中的标准参照评价与能力本位评价。他从评价内容、测量方法、评价标准、评价的组织形式四个方面对这两种评价进行比较(见表 3-7)。

表 3-7　学术性标准参照评价与能力本位评价比较

	学术性标准参照评价	能力本位评价
评价内容	强调的是学科知识、思维力、记忆力等学术性学习结果	强调的是完成实际工作任务的能力，这种能力是职业性的。更准确地说，它评价的是工作任务完成的成绩
评价方法	纸笔测验	工作样本测验（work sample test），即从某岗位中抽取出一些有代表性的工作任务（工作样本），然后根据被评价者完成这些任务的实际情况，推断他们是否获得了相应的工作能力。测验情境要求尽量与实际的工作情境相似
评价标准	依据的是教师、学科专家、课程专家、教育部门共同拟定、颁布的课程标准	依据的是职业能力标准，它是由雇主、行会、劳动部门等共同参与开发的
评价组织形式	集体评价的方式	个别化评价的方式

3.2.3 操作程序

遵从客观化、行为化、分解量化的主导思想，能力本位评价也开发了相应的评价程序，这些都充分体现在了职业资格制定及职业技能鉴定考试模式中，标准化的能力本位评价成为职业技能评价的标准版本在职业教育及培训领域推广。在当前的职业教育课程改革中，学生学业评价改革在很大程度上就是对这样的思想的移植或有限的改造。

实施能力本位评价基本程序为：①由国家或行业组织，采用职业分析方法开发能力标准。开发出来的能力标准要求全面、具体、明确、可操作，能力标准是由许多单元组成的，评价时也是分单元逐项进行评价。②针对每一个单元选取合适的工作样本。在考虑现实条件时要求工作样本具有典型性、代表性，能准确地反映能力单元的要求。操作层面由 4～5 位业内专家通过讨论试测后确定。③准备完整评价材料，包括被评价者完成模拟工作所需的材料、评价规则、记录结果的表格、计时器、评价场地布置等。④试测并记录结果。在评价者的监督下，被评价者按要求完成样本工作。评价者则通过现场观察并记录被评价者完成工作的情况。记录一定要完整、客观、准确。需要特别强调的是，在整个过程中，除了讲述相关规则外，评价者不得给被评价者任何提示或暗示，以保证评价的客观性。评价者最好由 2～3 人组成。⑤逐项评价。评价者按照职业能力标准以检核表或其他形式的工具尽量客观地逐项对被评价者的工作表现进行记录，并给出结果。⑥总结评价。将前述各分项评价结果进行综合并给出总体评价。如何进行综合视不同职业而定。⑦再评价。对于未能通过的人员可以给予再评价的机会，通过的单元的成绩可保留；未能通过的单元，需重新选取工作样本，然后进行后续的各个步骤（见图 3-4）。

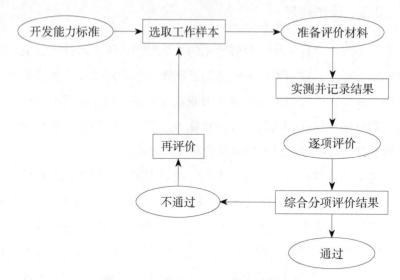

图 3-4　技能化取向的能力本位评价的程序

3.2.4　信度效度

一种评价的质量的高低，主要取决于两个指标：信度与效度。评价的信度指评价结果前后一致的程度，即评价的稳定程度。评价的稳定程度高，信度也高；评价的稳定程度低，信度也低。能力本位评价的信度如何？理论上讲，能力本位评价建立了一个外部的、明确的标准为参照点；评价过程是把被评价者的工作表现与标准进行比较。在这种条件下，信度是不成问题的。Wolf 等人于 1991 年对导游专业进行了一项研究，发现不同评价者的评价的等级相关系数见表 3-8。

表 3-8　不同评价者的评价的等级相关系数

评价者	1	2	3	4	5	6	7	8
评价者 1	1							
评价者 2	0.99	1						
评价者 3	0.70	0.74	1					
评价者 4	0.79	0.81	0.84	1				
评价者 5	0.54	0.55	0.78	0.69	1			
评价者 6	0.62	0.63	0.85	0.71	0.93	1		
评价者 7	0.69	0.73	0.81	0.69	0.75	0.78	1	
评价者 8	0.73	0.74	0.78	0.72	0.74	0.76	0.91	1

资 料 转 自：WolfA.Competence-based assessment ［M］.London：Open University Press，1955：124.

从这组数据可以看出，总体上不同评价者的评价结果的相关程度很高，因为评价者都是业内人士，即所谓的"实践共同体"，加之能力本位的评价在实施前对评价主体相关的培训，以及预评等环节都促进了评价主体对于评价标准的理解在一定的一致性水平上。尽管如此也没有完全排除评价者的主观因素，从表中可以看出评价者1和评价者5，其评价结果的相关度只有0.54。绝对客观的能力本位评价并不存在。"这提示我们，一方面，在对待其结果上不能绝对的迷信；另一方面，应进一步分析降低其信度的因素，从而在评价实践中，力求避免这些因素，尽力提高评价信度。（徐国庆，2004）"

技能化取向的能力本位评价的目的是为了预测个体在未来工作岗位中的成绩，而决定预测准确度的重要变量之一是评价效度。评价效度是指评价其所要评价的东西的程度。一个评价，如果所评价的不是所要评价的东西，那么无论最后做出的判断如何高，也不能对未来行为做出良好的预测。美国著名测量专家Lindquist早在1951年就指出，对于评价而言，"最重要的考虑是，测验问题要求被试者做的事情，应与他在标准情境中要做的事情相同"。所以测试样本的代表性和测试方法的针对性是提高效度的关键，这就不仅要求搜集的信息全面、真实，而且测量方法也要采用工作样本测验。

用目前的纸笔测验形式及其测试题目，无法提高对测验结果的有效推断水平，我们只能判断对书本知识掌握到什么程度，因为理论化、书本化的知识无法构建真实的工作过程，所以用纸笔测验的成绩很难判断真正的职业能力情况。

这一观点在测量专家中得到了普遍的支持，相关研究结果验证了这一观点。这些研究主要包括两个方面：①关于学术性测验与岗位成就之间关系的研究；②是关于各种工作样本测验与岗位成就之间关系的研究。Samson和他的同事对于学术性测验与岗位成就的研究综述中发现二者之间的平均相关系数只有 0.155，中位数仅为 0.100，其中最高的为护士与军事／政府机关的服务岗位（0.23），其次是商业，再次是教师与工程师。可见学术教育中的成功与工作岗位上的成功之间的相关性是极低的；Asher 与 Sciarrino 对工作样本测验与岗位成就之间的关系做过一个研究，发现这些测验和纸笔的能力测验相比，对后来的工作成就预测的准确度要高得多。Robertson 与 Kandola 也曾报告了工作样本测验对工作成就预测的高度有效性。（徐国庆，2004）"

3.3 传统之忧

能力本位职业教育（Competence Based Education，CBE），本意是以能力为基础的教育，或以能力培养为中心的教学体系。它是按照职业岗位设置专业，以培养一线人才的岗位能力为中心来决定理论教学和实践训练内容的一种人才培养模式。首先，把每一个具体职业或岗位的全部工作，分解成相对独立的工作职责，每项工作职责可看作是从事该职业应具备的一项综合能力；然后，再根据履行每项工作职责的需要，把每项工作分解成若干任务，每项任务又被看作是从事该项职业应具备的一项专项能力；最后，根据职业分析，确定该职业应具备的各种综合能力和专项能力，开发教学大纲并组织教学。这种教学模式的依据是一种分工理论，最好的诠释是英国古典经济学家亚当·斯密的《国民财富的性质和原因的研究》。在他的著名的"扣针工厂"的例子中，谈到了"十八种操作，分由十八个专门工人担任"，其中，"一个人抽铁线，一个人拉直，一个人切截，一个人削尖线的一端，一个人磨另一端……"。这种分工把生产过程分割成许多不同的工序，从调查、研制、开发、生产，到产品调试、维修等，均分别由不同的专门人员担任，每个员工固定在一个岗位上，形成流线型的分工体系，其目的是以"批量生产"来提高效率（李萍，2004）。

3.3.1 技能化取向的能力本位

在职业教育领域，能力本位运动不是发端于职业教育院校，而是来自对学校职业教育形式和效果不满的产业界。而能力本位评价思想则要求在真实职业情境中通过观察对被评价者的学业进行直接测定和评价。"从 20 世纪 20 年代到 80 年代，测验的主要编制方法都以行为主义心理学作为主要依据。行为主义心理学提供了一个框架，用以将学习成果分解为小的步骤和具体的技能。学习被定义为层次性的，在低级的'基本技能'基础上，逐渐向高级技能线性发展。将所期望的成果分解成多个小步子，这就使学习成果的高度具体化成为了可能。而高度具体化的教学目标又使得建构十分精确的测验目标成为了可能。结合线性学习的层次观念，具体的目标提供了编制'标准参照的掌握测验'的自然基础。通常，用于建构掌握测验的行为目标是些相对简单的知识和技能成果。"（Lin、Gronlund，2003）这种学习及成果测验的理念与斯登尼的社会效率主义以及工业社会生产流水线操作需要结合，对职业教育学业评价产生了巨大的影响。这种影响至今可见。在职业教育研究甚至是相关的政策、法规和文件中，对职业能力的解读至少有技能化、操作能力、岗位技能、实践能力四种。

（1）职业能力的技能化解读

技能化的能力解读不仅有认识上的能力是可分解的假设，同时还有训练可以获得的学习论视角。其典型代表有英美及其文化影响较深的国家职业资格标准。在我国"技能型"这样的提法屡屡出现在相关的政策、法规和文件中，规定了职业教育的目的是培养"技能型"的人才。

（2）职业能力的操作能力解读

对"操作能力"的解读强调的是对实际工作或职业环境中的设备或工具按照正确的方法熟练使用，来达到肢体或动作纯熟状态，使操作对象处于精准的受控状态，不仅操作的过程有明晰的程序，而且操作的结果可以测量。过程与结果皆可观察并加以测量，为操作能力的测量和评价奠定了坚实的基础。"操作技能"以及"动手能力"基本是同义语。

（3）职业能力的岗位技能解读

对"岗位技能"的解读可以说是前两者某种程度的结合，从具体的某个岗位的职责或工作内容出发，由某个专业团队采用一定的技术手段对优秀员工的操作过程或工作过程进行分析，形成可观察和可量化的表格。

（4）职业能力的实践能力解读

对"实践能力"的强调体现了对于理论知识、书本化的学科性知识的片面强调，学而不能致用，知难行易，是对片面强调认知能力的一种反动。其还体现了技术的本质是"理论知识的应用"，由于未能形成有力的逻辑，实践能力本身缺乏明确的内涵，在很大程度上，实践能力等同于动手能力或操作能力。

（5）职业能力的泛能力解读

能力的评价内容主要包括各能力要素评价与主要专业能力评价两部分。各能力要素包括职业能力、普适性能力、学术能力。职业能力又包括专业能力、方法能力、社会能力；普适性能力包括人际沟通能力、适应能力、团队协作能力、自我提高能力、获取知识和信息的能力、解决问题的能力；学术能力包括学习能力、言语能力、判断能力、数学运算能力。主要专业能力是从事某项工作最基本、最核心的能力，是劳动者胜任工作岗位要求的根本要素。每个专业都开设了大量实训项目，专业能力评价主要由不同实训项目的指导教师担任评价者。各实训项目的能力分值根据所要培养的具体能力而定，最后计算平均分。知识评价的内容按照知识所体现的课程类别，从基础知识、专业基础知识、专业知识、人文知识四个方面来进行。知识评价主要采用测验法，即通过学生在校三年所学课程的考试成绩来进行评价，不同类型的知识所占的比重有所不同（张翠英、首珩，2009）。

心理学上的动作技能理论长期支配着职业教育学生学业的能力观，这种狭隘的认识将整个职业技术教育的学生学业中的能力归为操作技能（见

表 3-9)。

表 3-9　心理学的技能研究

	行为主义论	闭环理论	图式理论
理论基础	刺激－反应心理学	控制论	认知心理学
学习结果	动作程序（动作序列）	知觉痕迹	动作图式
学习过程	刺激－反应联结的不断重复与强化	形成准确无误的知觉痕迹与记忆痕迹	动作图式
学习控制机制	（外部）开环控制	（知觉）闭环控制	概括出动作变量关系
学习策略	练习、强化、反馈	过程控制、知觉反馈、动作矫正	观察示范、听讲解、心理练习、变式练习、有机练习
遗留问题	动作技能的内部结构与变化过程、动作的创新	信息储存容量、适应变化情景、知觉负担	原动机的产生、态度与情感对动作学习的影响、群体与文化的影响

3.3.2　学科依附型的职业知识

能力本位运动的发端有其深刻的历史背景，学校职业教育形式出现于早期的教会学校、夜校、讲习所等，专为家境贫困、社会底层的普通工人提供基础的文化科学知识，而这些人则是当时工业革命时期工业从业的主力军。让普通工人能明白机器的工作原理，不至于对所操作的庞然大物完全一无所知，学校职业教育在当时还是受到了热烈的欢迎。后期则通过立法和制度的规范使得学校职业教育成为正规教育的一部分，但是教育内容从基础的文化科学知识逐渐成为学科理论知识并牢牢主宰着课堂。这样在学校学理论，在企业用理论指导具体实践，理论能够指导实践成为学校职业教育存在的合理性，而教授理论知识就是学校职业教育的重要任务和使命。

知识与能力的类型构成不同教育的基本内容，是不同教育类型区分的基本依据。但是对于职业教育而言，"一个久而未决的问题是：面对众多的职业和职业领域，职业教育却缺乏一个与之对应的具有其自身特色的基准科学，以至于在劳动和技术领域里，职业教育的方案设计不得不建立在与其名称相近或类似的技术科学或工程科学基础之上。……这样的处理并不完全符合职业教育这种类型的教育的特点"（姜大源，2007）。对职业及职业教育的所有认识形成另一类科学，并且创生出一门独立的科学理论将是一个困难和漫长的过程。迄今为止，职业教育并未真正形成在理论和实践上具有强大影响力的独立的科学体系。职业技术教育这种长期的具有学科依附性的状态使得职业技术知识和能力的核心价值在学业成就上无法体现。

知识取向上追求专业教育的学科理论体系，能力取向上陷入动作类的外显的单一的操作技能。两者各自为政，加之公共课程共同搭起了传统职业技术教育三段论的课程体系，即由"文化基础课""专业理论课""专业实践课（也称实训或实习课）"三部分构成。其特点是"文化、专业理论与实践课程并列，重视文化基础知识以及实践课单独设课，文化课、专业理论课、专业实践课各自系统化，先学理论，再学实践，其优点是学科逻辑性、系统性很强，有利于学习者建构'知识体系'"（谢传兵，2007）。在中等职业教育领域，课程中两者的比例大小直接形成了中专教育和技工教育。

从当前高职教材来看，一是由于我国的高等职业教育起步较晚，教材的编写组织管理不力，以致高职教材不能自成体系；二是高职教材内容陈旧，缺乏科学性、先进性与针对性；三是由于高职教材的缺乏，不少院校不得不采用本科的教材，而这些教材往往与实际联系不够紧密，以致学生实践能力不强，而培养学生具有较高的实践能力是高等职业教育的一个显著特点；四是有少数教师不愿选用高职教材。

许多高校教材的选择权在教师，教师使用老教材驾轻就熟，而使用新的高职教材往往要受到一些主客观条件的限制。

由于教师学术观点不同或学术水平差异等原因，目前存在着同一门课不同教师选用的教材各不相同，或同一学科不同专业、不同年级甚至不同层次的班级选用同一版本教材的现象。这种状况既不符合高职院校培养目标与教学大纲的要求，也影响了整体教学水平的提高。

高等职业教育课程改革是作为人的职业生涯可持续发展内在需要与职

业本身专业性要求不断趋于更合理、更高水平结合的体现。因而这样的改革应当是职业教育内生的需要，但现实的课程改革往往是自上而下行政驱动的结果，这样的驱动也因为"现实"本身的复杂和困难往往显得更加重要。高等职业教育课程改革基于内容形成方式的不同有若干开发方式，第一种，在原有的专业课程内容基础上进行任务化改造；第二种，基于明确具体的岗位工作任务的分析、重组形成工作任务化的课程体系；第三种，通过实践专家研讨会对职业领域进行分析归纳的基于典型工作任务的跨职业、跨岗位的课程体系。选择什么样的课程开发方式是由具体的高职院校来决定的。这三种不同的开发方式形成了当前我国高等职业教育课程改革的主要模式。在所秉持的对职业能力解读上，第二种是第一种的深化，而第三种则是对前两种的超越。三种模式在当前高职院校的推行呈现出一种并不是非常鲜明的时间先后关系。

当前高等职业院校的"身份"被划定为国家示范性高职院校、国家骨干高职院校、省级示范院校及其他。国家示范性高职院校是"引领"专业建设与课程改革的"旗帜"，故而课程改革要先于其他的高职院校，所以采纳第一、二种模式进行课程开发的居多。国家骨干高职院校由于是后示范的产物，所以在课程开发上采用第三种的较多，但是由于分批立项和分批建设，不同的院校究竟选择什么样的模式是未知的，国字号的高职院校在整个高职院校的总数中只占到不足八分之一，大量的其他院校的课程改革则相对滞后。通过验收的百所示范性高职院校是否意味着职业教育课程改革已经成功完成，这不是本书探讨的主题。

前述当前骨干校专业课程改革进入深水区，课程改革的深入必然要求体制机制的创新和实施环境资源的支撑。我国高等职业教育关于学生学业评价的制度设计是有缺失的，国家《职业教育法》有关学生考试与评价的规定条款与内容都非常少。省一级的教育主管部门制定了诸如《高等职业院校学生学籍管理规定》，对学生学业评价的体系进行了框定，各个院校根据这一规定制定了详细的学生学业评价办法。但这些规定和办法的制定更多的是对普通教育考试制度的一种沿袭，除了增加职业技能或职业资格考试要求外，基本不具有职业教育考试评价的针对性和有效性。基于某一具体工作岗位和某一水平等级的职业资格鉴定考试是针对职业教育而言，是其课程开发和实施所应当达到的结果之一。但是职业教育学生学业考试评价促进学生综合职业能力发展的根本目的则需要超越仅仅局限于某一具体工作岗位和某一水平等级的职业资格鉴定考试的狭隘视角。这需要重新构建学生学业考试评价制度。制度的设计是出于有利于管理的目的，或是从管理者的视角出发来制定的，有利于管理必然使得教学管理机构和人员成为教师和学生之上的"官僚"，教师要通过考试获取管理所需要的数据和信息。同样为了便于管理、提高效率，减轻大量数据信息采集和录入的工作量，教师也出于便捷的心理需要，大量采用客观化、简单化试题，对于适合于综合职业能力为测评目的、体现完整工作过程的基于典型工作任务的评价任务的制度体系建设在管理层呈现出一种"集体无意识"或"有意识回避"的奇怪现象。

随着国家对职业教育的投入和重视程度不断加大，高职高专人才培养水平评估、国家级省级重点专业评估、国家级省级职业技能大赛、国家级省级精品课程建设以及示范性高职院校建设和骨干高职院校建设项目中课程改革的拉动，传统的评价体系正在发生着变化。大体可以从以下几个方面较为宏观地进行认识：一是教育部对高职高专 5 年一轮的人才培养水平评估以及省级的评估或其他专业评估。这些都促使高职院校对学生学业考试的管理更为规范。比如试题库、试卷库的建立，试题设计和评分的标准化等，但是对评价内容的合理性和科学性以及评价方式的有效性等方面影响有限。

二是学校。国家示范性高职院校与国家骨干高职院校从某种程度上就是一种身份获得，但客观地讲，国家百所示范性高职院校所引领的课程改革触及了学生学业评价改革，其最大的成果可以概括为"考试内容任务化、考试表现行为化、成绩折算多元化"。而骨干高职院校由于正在建设过程中，这方面的成果较少，其余的院校则相对滞后。从中也可以折射出行政驱动对于课程改革和评价改革的整体影响。

三是教育理念的影响尤其是职业教育课程改革的思潮。20年中可以较为清晰地看到三种课程改革的思潮，第一种就是基于一门课程而非专业整体课程改革的思潮，强调对一门门具体的课程的改造，基于"教学目标能力化、教学内容任务化"的指导思想在教学领域内由教师从"一门课程的整体设计、单元设计、课程设计"等方面来进行改造；这个曾对百所示范性高职院校的课程改革产生了相当的影响。第二种是对能力本位运动的遗产（DACUM）的改造，与第一种的不同是其着眼于专业课程整体的改革，而且任务的来源始自具体职业岗位的工作任务，与第一种中任务所含教师臆想的成分较大有区别。同样对于百所示范性高职院校课程改革影响巨大，尤其是第二批和第三批立项的高职院校。第三种就是德国学习领域课程改革指导思想和目前职业教育"工学做一体化"课程改革思想结合而成的，基于典型工作任务的课程改革，同样基于对专业整体课程体系的改革，但是对工作任务的分析框架已经完全转变而且基于完全不同的理念。正在对当前的高等职业教育乃至骨干高职院校建设尤其是课程改革发挥着越来越大的影响。

四是潮流虽然有一定的时间先后，但并未呈现此消彼长，而是一种共存状态，在某种程度上使得指导当前职业教育课程改革的思想和实践呈现出一种让人眼花缭乱的局面。

五是精品课程改革对学业评价的影响。客观地讲，由于精品课程的立项与教师的职称评聘相关，加之对精品课程有投入，教师对于精品课程的内驱力较高。此外，精品课程评审指标中对学业评价有明确的要求。部分精品课程的学业评价开始采纳评价量表或指标体系，建立评价标准，引入学习者自我评价，借鉴表现性评价或真实性评价的思想来进行设计。

六是职业技能大赛，尤其是从2010年至今的全国职业技能大赛，体现了过程化的评价思想，但是限于参赛人数和教师人数，尤其是训练成本和体制很难和当前的教学制度融合，职业技能大赛对教学领域影响亦很有限。

　　七是职业资格鉴定制度的改革，企业成为国家职业鉴定的主体，而且鉴定的内容发生了很大的改变，从过去的"理论知识考试＋操作技能考试"的模式转变为"工作业绩＋职业能力＋职业道德＋理论知识"的模式。虽然是企业针对内部员工的职业资格鉴定，但是这种模式本身对当前的高职院校学生学业评价有借鉴意义，尤其应当注意学生学业评价与企业资格鉴定的接轨，探索在学业评价中如何引入职业道德评价的问题。有意思的是过去常提起的"职业技能鉴定"这样的词汇被"职业能力评价"一词所取代，也凸显了当前对职业能力认识的提高。但其对职业能力的评价形式和方式与过去的职业技能鉴定考试操作部分的差别不是很大。

　　我们在企业调研的时候，很多企业对职业院校的课程内容和学习方式及学生的学业成绩几乎不屑一顾，技术密集型的企业不愿意招收高职学生，认为学生的职业能力根本达不到要求；而人力密集型的企业则表示只要给人，什么都不会也没关系，只要有点职业道德就行。

　　反观我们的职业院校，对学生学业的考试是非常重视的，制定有严密系统的制度体系，近乎于标准化的考试实施过程。不仅如此，我们采用的大多是这些年教育部认定的所谓高职高专规划教材或什么优秀教材，而且各级各类评估无不以重视学生的质量为口号。应该说大部分的教师都是很敬业的，加之学校对教师对课程的管理日趋规范，教师在认认真真地教，学生也在认认真真地学，学校也在认认真真地加强考试管理。那以考试结果作为学生学习能力的体现为什么得不到社会认可呢？

　　在这样的不认可背后就是学校对学生进行学业考试的公信力正在丧失，公信力的丧失表现在学校考试内容割裂了知识与应用的关系，考试结果与职业成就没有什么关系，其评价结果在产业界得不到肯定，反而遭到怀疑和批评。福斯特早在1965年发表了著名的《职业学校谬误论》，在职业教育理论界引发了一场长达1/4世纪的论战。"学习成绩与职业成功之间的相关性差，对近27年出版的论文进行归纳，也可发现多数研究主张学业成绩与后来的在商业、教育和医学领域的专业成就之间并不存在什么关系。（Cavanaugh，1993）"公信力的丧失必然导致学校考试和学校证书的价值虚无。这不仅否定了学业评价的功能，而且使整个学校职业教育的合理性遭到挑战和质疑。学业评价，正是整个职业教育课程质量的一道硬伤。职业教育领域每一次的课程改革都呈现出一个奇怪的现象，那就是对课程开发的重视高于对学业评价的深入探索。

透过完整的课程开发和设计的过程来看待当前的职业教育学生学业评价，很多当前采用的学业评价设计理念与课程改革基于综合职业能力的培养目标的理念是相去甚远的，有的甚至是相悖的。学业评价的改革对于课程改革的贡献是非常有限的，某种程度上甚至起到了阻碍课程改革的作用，突出表现在综合职业能力取向的课程改革与技能化取向的学业评价的冲突，将两个冲突的事物进行调和本身就是一件不大可能完成的任务。很多冠以职业能力培养为目标的课程改革方案中，职业能力与职业技能看不出有什么区别，甚至在国家出台的一些职业教育文件中，也是如此，这也表明自上而下对能力和技能的认识普遍较为混乱。"当前，'职业能力'是职教研究和职教课程与教学改革中使用频率最高的概念之一，这说明人们更加关注社会和技术发展对劳动者素质的要求，关注受教育者的主体地位，同时也反映了我国职教事业和职教理论的发展与进步。然而，目前多数相关讨论和实践都是建立在朴素的主观感知基础之上的，很难取得高水平的研究成果和具有普遍价值的创新实践经验。对职业能力的不确切认识首先表现在无法对'能力'与'技能'做出区分。从对能力（技能）的描述可以看出，许多研究成果和教学文件（如课程标准）把职业能力和技能作为同义或近义词对待；此外，人们还采用多种概念如'核心能力'和'关键能力'等讨论跨职业的能力，并建立了多种能力模型。这些研究尽管有一定启发作用，但由于缺乏系统的理论基础和必要的实证依据，往往也带来很多困惑。（赵志群，2010）"

表3-10为宁夏某高职学院学生考试信息一览表。表3-11为职业精品课程学生学业考试信息一览表。

表3-10　宁夏某高职学院学生学业考试信息一览表

阅卷人	考试课程	考试班级	考试人数	及格人数	题型（分值）								成绩统计（%）					
					填空	选择	判断	名词	计算	简答	论述	其他	90分以上	80~90分	70~80分	60~70分	60分以下	平均分
董***	酒店财务管理	08酒店世博	29	27	22	20			40	18			0	45	28	20	7	76
董***	酒店财务管理	08酒店	67	62	22	20			40	18			1	40	33	18	8	74
董***	财务管理	08旅游	31	29	22	20			40	18			3	32	23	32	10	73
董***	人力资源与管理	10人力	35	34	35	35				23			20	43	20	14	3	81
石*	中国旅游地理	10旅游	41	34	30		12	15		30			4.9	29.3	36.6	12.2	17.1	51
李***	食品卫生与安全	09烹饪	39	35	40		20			20			5	41	36	8	10	76
叶*	旅游概论	10旅游	42	39	20	20	12			24	24		19.5	39	29.3	4.9	7.3	79.8
叶*	劳动经济学	09人力	48	44	20	20	20		20	20			17.8	46.7	20	6.7	8.9	79.8
叶*	政策与法规	09旅游	38	33	20	10	16			18		16	0	2.8	38.9	47	13.3	68
张*	酒店人力资源	08酒店	66	65	55	20				25			21	70	7.5	0	0	84.7
张*	酒店人力资源	08酒店世博	28	28	55	20				25			35.7	64	0	0	0	88.8
崔***	中国名菜	06烹饪（3+2）	11	11	20		30			16	14		0	45.4	45.4	9	0	77
崔***	餐饮管理	08烹饪	33	33	25	30	16			20	9		21	39	33	6	0	83
马*	导游业务	09旅游	36	34	13	20				25	12	30	8.3	36	33.3	16.7	5.6	77
杜***	烹饪化学	10烹饪	48	39	25	30	10			35			0	11	40	35	14.5	68
杜***	烹饪营养学	08烹饪	33	32	25	30	10		8	12		16	51	33	12	0	4	86.4
李***	餐饮服务与管理	09人力	25	25	20	20				24	16		2	64	30	4	0	80.8
李***	餐饮服务与管理	08旅游	31	30	20	20				24	16		17	58	19	3	3	82.6
张***	面点工艺学	09烹饪	41	38	15	15		15		30	25		0	38	33	23	5	76
张*	中国名点	06烹饪（3+2）	14	14	10	30				30		30	9	45	28	18	0	79
张*	管理信息系统	08酒店	66	47	30	20				32	18		9.1	24.2	25.8	1.5	28.8	68.8

表 3-11　职业教育精品课程学生学业考试信息一览表

高职院校精品课考试信息统计											
出卷人	学校名称	考试课程	课程性质	题型（分值）							
				填空	选择	判断	名词	计算	简答	论述	其他
陈**	唐山科技职业技术学院	计算机组装与维护	省级	20	10	10			30	30	
陈**	广州南洋理工职业学院	汽车故障诊断与维修技术	校级	20	15		12		15	24	14
王**	保定科技职业学院	汽车底盘	校级	40	10	10	15		25		
段**	广西城市职业学院	汽车发动机构造与维修	校级	20	30	10	20		20		
刘*	成都航空职业技术学院	汽车发动机电控系统故障诊断	省级	20	20	20			40		
黄*	上海中华职业技术学院	数控加工技术	校级	25		25					50
许**	湖北三峡职业技术学院	液压与气动技术基础	校级	30	10	10		10	15	15	10
赵**	兰州石化职业技术学院	液压与气压传动	校级	25				8	47		20
龚**	常州机电职业技术学院	数控机床故障诊断与维修	校级		20	10					70
董**	湖南工业职业技术学院	数控加工实训（理论）	国家级	20	20	10		10	20		20
谢**	成都电子机械高等专科学校	机床电气控制与PLC	校级	20	20			20			40
肖**	湖南工业大学	单片机应用技术	国家级	17		10			13		60
丁**	山东劳动职业技术学院	液压与气压传动	校级	23	18			21	28		10
陈*	苏州职业大学	电气控制与PLC	省级	20	12				18		50
马*	安徽机电职业技术学院	数控机床故障诊断与维修	省级	20	15	15			30		20
周**	四川机电职业技术学院	电力拖动及控制	省级	30		10		22	15		23
古**	四川机电职业技术学院	机械设计基础	省级		30	10		30			30
郑**	山东劳动职业技术学院	金属切削原理与刀具	校级		20	30	20		30		
张**	山东商业职业技术学院	电视机检测与维修	省级			70	30				
王*	九江职业大学	机械制造技术	省级			20			20		50
张*	长春职业技术学院	汽车电工电子与应用	省级	20	10	10		35	15		10

续表

高职院校精品课考试信息统计											
出卷人	学校名称	考试课程	课程性质	题型（分值）							
				填空	选择	判断	名词	计算	简答	论述	其他
杨**	九江职业技术学院	数控编程与加工	省级		40	20			20		20
张*	浙江机电职业技术学院	可编程序控制器技术	国家级	26					18		56
张**	吉林电子信息职业技术学院	电机拖动	省级	20	8	10			20		42
杨**	茂名职业技术学院	机械制图与公差	校级	20							80
陈**	兰州石化职业技术学院	化工制图	校级		60				24		16
胡**	广东轻工职业技术学院	精细化工设备	校级	44					40		16
李**	新余高等专科学校	机械制造基础	校级	25	15	15			15		30
何*	武汉交通职业学院	数控原理及应用	省级	20	25		15				40
何**	辽宁石化职业技术学院	化工设备维护与检修	省级	30	10				60		
张**	常州机电职业技术学院	模具制造技术	国家级	20	20	20			20		20
庞**	呼和浩特职业学院	生物化学	省级	30	10	10	10		20	20	
陈*	浙江商业职业技术学院	企业会计实务	国家级		30	10					60
侯**	黑龙江农业工程职业学院	基础会计	省级	15	30			10	35	10	
张**	成都职业技术学院	企业成本会计	省级		30	10		40			20
崔**	保定职业技术学院	财务会计	省级		40	20					40
陈*	廊坊职业技术学院	成本会计学	校级		36	10		54			
吴**	河北石油职业技术学院	管理会计	校级	10	30	20	8		8		24
聂*	河北旅游职业学院	财经法规与会计职业道德	校级		80	20					
迟**	哈尔滨金融高等专科学校	统计学基础	省级	20	20	10		50			

4 高等职业教育学生学业评价的国际比较

　　我国高等职业教育课程改革在不同的历史阶段分别学习和借鉴了国际上不同时期的职业教育课程模式，同样对课程改革的重视以及评价的相对独立性都使得对学生学业评价的研究滞后于对课程开发的研究。当前国外有代表性的职业教育学生学业评价究竟是一个什么样的状况，采用什么样的模式进行评价，我们从中应该汲取什么样的经验和做法自然成为一个非常重要的问题。高等职业教育学生学业评价的国际比较以"职业能力本位"背景下的德国职业教育考试和英国职业教育考试为例进行了对比分析。高等职业教育学生评价目前一直存在两条主线，一条是学校内部评价，另一条是以职业技能或职业资格考试的外部评价。为了更好地说明高等职业教育学生学业评价的有效性，本章在分析过程中将这两条主线进行了融合。

4.1 德国职业教育学生学业评价

　　德国双元制职业教育享誉世界，近些年来我国对德国双元制职业教育的研究已经从经验借鉴深入到了理性思想和理论体系的研究，突出表现在涉及"设计导向（Gestaltungsorientierung）"的教育思想、"职业能力开发（Berufliche Handlungskompetenz）"的理念、"学习领域（Lernfeld）"的课程方案、"行动导向（Handlungsorientierung）"的教学过程和"职业教育的专业教学论（Berufilche Fachdidaktik）"五方面的内容。这些对于德国职业教育学生学业评价的制度体系和操作模式形成产生了巨大的影响。

4.1.1 法律完备、行业实施——德国职业教育外部考试制度体系

外部考试评价是德国职业教育学生学业评价的最为主要的制度和操作模式。德国高等职业教育学生学业考试评价主要由各院校考试委员会来组织实施，德国政府于 2005 年 1 月 27 日通过了《职业教育改革法》（也被译作《德国联邦职业教育法》），该法案于 2005 年 4 月 1 日生效。《德国联邦职业教育法》允许全日制职业学校的毕业生可以像双元制职业教育的毕业生那样，参加由行业协会组织的职业资格考试，并取得相关证书，其前提是国家认可了全日制职业学校学生在校学习的时间，将这段时间折算为双元制职业教育的学习时间（冯琳娜，2010）。此外，作为欧盟的成员国，德国加入了欧盟的"职业资格及成绩认证体系"，从而实现了双元制职业培训的学历在欧盟成员国之间的互相认可。

《德国联邦职业教育法》是德国职业教育的最根本的法律文件，是德国职业教育发展的最有力的法律保证。《德国联邦职业教育法》从 37 条到 50 条对考试做了详细严格的规定，涉及考生参加结业考试的权益、考试内容、考试委员会的组成、考试成绩的评价、参加考试的许可条件、对《考试条例》的具体规定、中期考试及附加资格考试、职业资格的等值性等内容，为考试的组织实施提供了法律支持。《考试条例》由各个行业协会根据《联邦职业教育法》制定，是行业协会组织实施考试的具体指导性文件。《联邦职业教育法》规定：德国职业教育考试由代表企业利益的行业协会承担。具体实施体现在在行业协会中设立考试委员会，决定考试任务、计划考试流程、实施考试、评判考试成绩、签发考试成绩单及证书、反思考试流程等。

4.1.2　严格录取、外部接轨——德国高等职业教育招考及毕业考试

严格录取和严格的外部评价是德国高等职业教育考试的特点。为了保证高等职业教育的生源质量，各州规定了相应的高等职业学校的入学资格，高等职业教育（职业学院或高等专科等）层次入学条件则要求符合各州的具体规定。1968 年 10 月 31 日，联邦各州州长讨论通过了《联邦共和国各州统一专科学校协定》（简称《协定》）。《协定》第六条规定了高等专业学院的入学条件："① 已取得升入专科学校学习资格；② 能证明已取得升入高等学校资格并有某种实际训练者。"有多种途径可以升入高等专科学校，可以是中等专业学校、技术高中或高级职业学校的毕业生，也可以是函授学校的毕业生。严格的录取主要体现在高等专业学院对实践方面的要求。对于实科中学毕业生而言，虽然他们在 6 年中学期间已有一定的实践训练，但在进高等专业学院前，还需要再经过两年专门学校的学习，其中有一半时间用于动手能力的训练。对于完全中学毕业生而言，虽然他们有较好的理论知识，但联邦政府仍规定，进高等专业学院前必须补上一个与申请专业相一致的预实习（vorpraktikums）经历。此外，还有一些受过职业教育系列训练的学生或同等学力者，必须经过严格的理论知识和实践动手能力两大考试，方能被高等专业学院录取。如高等专业学院机械工程专业入学资格，除了 12 学年的中学学习外，还需要加上 3 个月以上的机械专业实践训练，训练内容包括铸造、成型技术、机械构造、焊接、工具制造、热处理、塑料加工、质量检验、工具检测等。即使文理中学毕业生已取得了上综合性大学的资格，这种实践经历也不可少。

《协定》第一条阐述了高等专业学院应"对学生进行一种建立在传统理论基础上的教育，最后使学生通过国家规定的毕业考试，能够从事独立的职业活动"。德国《高等教育总法》第 18 条第 1 款规定，"若在高等专业学院或在其他高等学校学习高等专业学院课程，进行高等学校毕业考试时，则应在学位证书上注明'高等专业学院'（'FH'）字样。……

州法可以规定，高等学校有权授予有就业资格的毕业生硕士学位证书，但这不适用于高等专业学院"。根据这一法令，德国普通大学毕业授予学士或硕士学位（DIPlom 或 Magister），教师、律师和药剂师授予"国家考试证书"，高专毕业则授予高等专业学院毕业文凭（DIPlom "FH"）。第8个学期的实习还必须结合毕业论文设计。8个学期专业考试都合格且毕业设计经考试委员会考核通过后，方能获得高等专业学院特许工程师学位（DIPlomingenieur—FH）。高等专业学院的毕业设计也在实践中完成，并要求解决实际生产问题。学生到企业中申请课题作为自己毕业设计的题目，经学校考试委员会审核批准后，与企业签订合同。毕业设计不仅要求学生独立设计图纸，而且要出样品，参与安装、加工与调试。

4.1.3 传统模式、新型模式——德国职业教育外部考试评价的内容转向

德国职业教育特色和质量享誉世界，其对学生学业进行考试评价以其职业资格考试最有代表性。德国职业教育考试当前大体可以分为两类，一类是在国家承认的93个职业大类的371个行业里，采取的传统的职业教育考试模式；另一类是一种创新形式，是在新兴职业和重构的金属加工业及电子行业采取新的"过程为导向"的考试模式。这两种考试模式为现阶段德国并存的两种职业教育考试模式，但新的"过程为导向"的考试模式凭借其不可替代的优势已经成为一种趋势。从1969年《职业教育教育法》颁布实施，德国职业教育考试采取的是与"双元制"相适应的考试模式。这种考试模式以"操作功能"为导向，重视学生的实践操作技能考核。在这种传统的职业教育考试模式下，学生必须经历两次相对关键的考试，即中间考试和结业考试。两次考试的形式差不多，都包括理论考核和实践操作两部分，但考的内容和深度不同，理论部分在学校考，实践操作部分在培训企业考。操作部分要求学生能按题目要求完成工作任务，如机械专业的考生要求用多种材料按要求加工零件并且进行装配。考试用时都是两天。

这种与"双元制"职业教育培训相适应的、以"操作功能为导向"的考试模式对促进德国职业教育与培训的发展及质量的提高发挥了积极的作用。

随着科学技术的不断发展，出现了一些新的职业，如 1997 年信息与通信领域新开设的四个所谓 IT 职业，即信息与通信系统电工、信息与通信系统商务员、专业电子信息处理员、电子信息处理商务员。各职业本身也在进行自我革新，如 2003 年电子行业职业进行了重构，2004 年金属加工业的职业进行了重构。此外，企业的工作和组织形式都发生了巨大的变化，技术工人的工作岗位也随之变得越来越复杂。当今企业的标志是实践任务集成化和工作组织独立化。这也就是说，不断重复的工作越来越少，而越来越多的工作要求技术工人独立完成。因此对于一个技术工人来说，专业能力固然重要，但仅仅具备专业能力是远远不够的，社会能力、方法能力、接待顾客的服务能力则显得更加重要。20 世纪 90 年代起，德国职业学校的课程模式发生了重大改革，"学习领域"课程模式取代了以分科课程为基础的课程模式。学习领域的最主要特征就是通过整体连续的行动过程来学习，课程内容来自企业的职业情境。行动导向是"学习领域"课程方案的教学实施原则，即针对与专业紧密相关的职业"行动领域"的工作过程，按照"资讯—计划—决策—实施—检查—评估"完整的行动方式来进行教学。

为了适应这些新出现的变化，根据联邦统一标准，一种新的考试模式——"过程导向"的考试模式被运用在国家统一组织的考试中。该考试模式加大了对考生职业能力考核的比重，是一种全面的、切实有效的考试模式。为了使考试内容和环节尽可能与实际工作实践接近，关注工作过程、工作情境、工作任务。同时，延伸式的结业考试结构，也在这种新的考试模式中应用。

（1）理论知识、操作技能——德国职业教育传统考试评价内容

早期德国对高等教育职业教育专业考试采取了程序考试，德国在 1973 年颁布了《高等教育职业教育专业培训及考试细则》，1974 年 3 月 1 日对采取程序考试试卷的编制提出了如下要求：① 试题的内容应当反映职业培训章程所规定的受职教者必须掌握的知识与技能；② 必须遵循公认的出题

原则：题目必须简单明了，应包括正确答案所必需的全部知识。多项选择题应安排 4～6 个选择答案，其中正确答案应比选择答案少 50%；③ 一个考试项目应由数个考题项目组成；④ 在考试要求上，试题总体上应有代表性，在难度上应具平衡性；⑤ 知识性和理解性试题的比例应适当，一个考题项目中知识性考题最多占 2/3，至少应有 1/3 的考题是属于考核考生在理解、问题解答和知识运用方面的情况；⑥ 在考题的编排上，相同考题其编号顺序应不同，不同考题项目要有难度相同的考题，相同考题其答案排列的次序应不同等。由此可以看出，对事实性知识的标准化设计和客观化评分是早期德国职业教育考试的主要特点。

"德国双元制初始职业教育的考试内容因考试的类型和方法而异。中间考试的内容包括上一阶段所传授的培训技能和知识以及职业学校开设的与培训大纲有关的学科内容。例如在钟表制造（修理）专业的中间考试中，考生须按照操作结果和设备应用方面的书面要求，在 8 个小时内演示制作一个简单测试部件的技能。考试的内容包括职业培训章程所规定的从事所学职业必须具备的知识和技能。为了全面检查考生对上述知识和技能的掌握情况，职业教育的结业考试采取实际操作、笔试和口试三种方法。其中实际操作考试要求考生在 16 个小时内制作三个构件。笔试和口试的目的是检查考生对工艺、工程数学、制图技术、商业管理和社会科学知识的掌握情况。笔试约 4.5 个小时，其中工艺 2 小时，工程数学和制图各 1 小时，商业管理与社会科学知识半小时；口试每个考生不超过半小时。（黄日强，1992）"

德国的《培训条例》和《考试条例》中对考试评价的内容进行了规定，理论知识和操作技能是传统考试的评价内容，以中期考试为例，传统考试中中期考试是在第二培训年结束时进行。中期考试作为摸底考试，不计成绩，只是确定学生的学习状态，对学生今后的职业前景也没有任何影响。但学生必须参加中期考试，这是其能够参加最后的结业考试的前提条件之一。中期考试的内容按照上述两个条例的规定，是从培训开始到中期考试（一般是 18 个月）的培训内容，包括一些从事职业所必需的技能、理论知识等。考试分为实践技能考试和理论考试两个部分。例如加工制造行业的考试由知识考试（包括专业理论、专业计算、专业制图和经济及社会学）和技能考试（包括制作工件及工作过程测试）组成。表4-1为飞机设备机械工的中期考试情况。培训企业支付培训学生的考试费用以及考试所需要的工具材料。中期考试没有证书，但是考生培训企业和职业学校最终能够得到一张关于考试的成绩证明，并根据这张成绩证明了解培训情况，比如哪些知识点的欠缺等，并针对培训状况对下一阶段的学习做出规划。学生也可以通过这张成绩证明了解自己学习中的不足。但是，中期考试由于不计入结业考试的总成绩，所以始终没有得到考生和培训企业的重视，大多数的学生在没有准备的情况下就去参加中期考试。

表4-1　飞机设备机械工的中期考试情况

中期考试		
考试总时间	10小时	
考试内容	理论基础知识	考试时间：5小时 目的：考察学生学习情况
	实际操作部分	考试时间：5小时 调试运行并测量：1小时
考试目的	了解学生前18个月的学习成果	
考试要求	对零部件有所了解，学会识图； 对机械加工设备了解并分析功能，会使用测量工具； 对安全生产、劳动保护、环境保护等知识有所掌握	

结业考试在培训结束时进行。它是学生在职业培训阶段唯一一次重要的考试。考生向行业协会提出书面考试申请，行会决定其考试资格。学生参加结业考试的前提条件：首先，学生必须参加过中期考试且必须按规定填写作为培训证明的报告手册（Berichtsheft）；另外学生与培训企业的培训关系必须登记到行业协会的培训目录中并且定期通过行业协会的检查；最后，考生在考试前要及时申请结业考试。考试内容是学生在培训企业接受的实践技能和在职业学校中所学的理论知识。《培训条例》和《考试条例》作为大纲规定了基本的考试内容。

以技术类考试为例，考试内容为技能考试（实践部分）：加工工件或工作试件；知识考试（笔试部分）：包括3到4个考试科目，经济社会学科考试为各专业笔试必考科目。表4-2为飞机设备机械工的结业考试情况。

表 4-2　飞机设备机械工（驱动机构技术方向）的结业考试基本情况

考试总时间		13 小时
考试结构	笔试部分	考试时间：5 小时 加工和维护 2 小时 飞机设备技术 2 小时 经济和社会学科 1 小时
	实际操作部分	考试时间：最多 8 小时 5 个实践任务最多 7 小时 1 个计划安排任务最多 1 小时
考试目的		考核学生在整个培训阶段（3.5 年）的培训内容 考核学生的专业能力（实践操作能力）
考试要求		会安装驱动系统组件，能够组装制造飞机设备，能够对系统进行维护

而营销管理类考试内容为知识考试（笔试）：不同专业考试内容不同；实践考试（口试）：考官问，考生答。

理论和实践操作都合格的学生才能毕业，考试结果只有通过和不通过两个等级。结业考试结果对考生关系重大，如考生没有通过考试，学生就不能从事相关职业，须来年再参加补考。考试不及格者给予两次补考机会。学生与培训企业的培训关系可以延长至下次考试通过。考试通过的学生可以获得国家行业协会颁发的职业资格证书。

（2）整体任务、职业能力——德国职业教育新考试评价内容

整体任务中的"任务"指企业中常见的任务，强调在行动情境中完成实际任务。"整体"是指由事物的各内在要素相互联系构成的有机统一体。整体任务并不一定复杂，是由不同的部分组成但不同部分之间又相互联系的任务的统一体。这种考试形式运用多种方法重点考核学生的专业能力，即从事职业所必须具备的综合技能与知识。

自 20 世纪 90 年代开始，德国对职业教育领域的课程模式进行了巨大的改革，原来的分科课程被所谓"学习领域"的课程方案所取代，新的课程方案追求课程与工作过程的一体化以及工作过程的系统化，而不是学科体系的系统化。与此相应的，在职业教育考试中，以前的按专业分科的科目考试形式如数学考试、工艺学考试也被取消，取而代之的是按能力要求划分的考试

领域（Prüfungsbereiche）。新的考试模式总共包括整体工作任务、变量任务、系统设计、系统功能分析、经济社会学科在内的5个考试领域，考核涵盖了职业能力的各个方面。整体工作任务和变量任务这两个考试为实践操作考试，考核考生独立完成完整工作任务的能力。经济社会学科、系统设计、系统功能分析以笔试形式进行，考生书面回答与职业实践活动有关的问题。

新的考试模式中考题不全是全国统一，变得更有灵活性。在结业考试第二部分的实践考试中有两个变量任务，一个是全国统一的标准化考题，另一个是按照培训企业自身条件提出的"企业任务"。培训企业有权利在两个变量考题中做出选择。

新的延伸式的考试结构分结业考试的第一部分和结业考试的第二部分。结业考试的第一部分考试内容涉及学生在前18个月所获得的能力，因为这段时间学生主要进行专业基础培训，因此第一部分的考试内容设计为对考生专业能力的考核。结业考试的第二部分包括在整个培训过程中获得从事职业活动有关的各种职业能力，包括专业能力、过程能力以及处理与客户关系的社会能力等。在结业考试第一部分中已经出现但对确定考生的职业能力又很有必要的考试内容在第二部分也将涉及。考试部分不再是按照1987年的考试条例中规定的考试工具（如考核试件、工作考验、考试科目）或按专业科目划分，而是直接按照能力要求划分。新的职业考试结构中，每一个考试部分都对应着职业能力的一个方面。

结业考试的第一部分——整体任务，考核的重点是学生的专业能力，即从事职业所必须具备的专业技能与知识。结业考试第二部分的实践部分——变量工作任务，重点是对考生过程能力的考核。在下面的内容中将对过程能力以及过程能力在新的考试模式中的应用以及变量工作任务加以介绍。结业考试的第二部分的笔试部分又被分成三块：系统设计和系统功能分析、经济社会学科考试。系统设计、系统功能分析重点考核考生对技术系统的划分和设计能力（Gestaltungskompetenz），属于专业能力的范畴。经济社会学科考试题包含了经济、社会甚至环境等与职业有关的方方面面（见图4-1）。

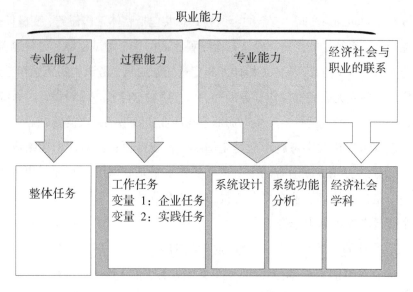

图 4-1　德国职业教育考试新模式

"过程导向"职业教育考试改变了以往"结果导向"的做法，将考试评价标准的重心从结果转移至过程，并强调与他人协调沟通的能力，强调工作过程。因为在质量管理体系中，合格的每一个行动过程才是高质量的最有效保证。

4.1.4　灵活多样、有机结合——德国职业教育考试评价方法

"德国双元制初始职业教育的考试方法主要有 3 种：①口试法。其特点是考生以口头表达的方式来回答教师的提问，教师则根据考生对提问回答的正确程度来进行评分。口试法的优点在于有利于对考生的口齿（伶俐程度）、言谈（格调）、反应（思维敏捷性）、外表（举止与风度）、应变能力和心理稳定性等做出准确的判断。口试法常用于服务性行业初始职业教育的结业考试中（如售货员、批发与外贸职业、经济与税务助理等）。为了确保口试法的正确运用，德国职业教育主管部门要求教师在运用口试法时须注意：第一，口试法应当用于检测那些最适宜于采用本法并且测试效果最佳的学习目标，如职业性的情景对话（售货对话、顾客对话、业务处理对话、咨询对话、申诉和辩护等）；第二，在评定成绩时，应根据考

生回答的正确性和完整性、言语的流畅程度和口头表达能力以及表现学习目标来评定考生的成绩。②笔试法：其特点是考生以文字表达的方式在试卷上解题，教师则根据考生试卷解答的正确程度来进行书面评分。笔试法的优点在于有利于对考生的书面表达能力做出准确的判断，可以对考生所学过的知识进行全面考核；全体考生解答同一种试卷，有助于对考生的知识与能力做出比较和鉴别。在德国，笔试法用于各门专业的考试中，尤以在文秘专业的结业考试中最为重要。目前在德国手工业和工商业初始职业教育的中间考试和结业考试中，正广泛地采用一种新的笔试法，即程序考试。程序考试的特点是考生以书面文字表达的方式在标准试卷上解题，教师则运用计算机对考生的试题答案进行评定。程序考试的优点在于：考题容量大，可在规定的时间内全面检查考生的知识掌握情况；全体考生的考题相同，评分标准统一，试题内容明确，考试不易偏题，有较强的公正性；考题排列从易到难，适合知识检索，易于考生回忆解题；标准化试卷与计算机阅卷，消除了各种主观因素的干扰，考试成绩评定更具客观性。③操作法：其特点是考生以实际操作的方式来解决各种实际问题，教师则根据考生在实际操作中的表现来评定考生的实际知识、动作技能和实际动手能力。操作法的优点在于能对考生的实际知识、动作技能和实际动手能力做出准确的判断。操作法在德国职业教育的各种类型的考试（如中间考试、结业考试、师傅考试、进修考试和改行考试等）和各种认可技术职业（如机动车修理工、电气安装工、机器安装工、煤气工、自来水安装工、面包师、厨师、牙医助理、钳工、工具制造工、细木工和泥水匠等）的考试中最为常见。（黄日强，1992）"

围绕职业能力这一目标，单一的纸笔测验和仅仅通过观察操作行为的方法已经无法适应这一目标要求，德国职业教育考试评价采取了灵活多样并且有机结合的方法：一是工作过程报告，重在对学习途径和行动结果的描述，包括：关于学习计划、时间安排、工作步骤和目标实现的情况以及关于困难、成果、估计、选择等内容，可通过反馈谈话、成果展示等方式进行评价；二是工作情境测试，重在对职业实践技能及其相关专业知识间结构关系的揭示以及相关实验实习的演示，涉及创造性、想象力、独到性和审美观的内容，可通过反馈问卷、展示阐述等方式进行评价；三是工作任务实施，采取独立、派对和小组的形式完成，重在对具体工作任务的计划、实施和评价的全过程考察，涵盖各个阶段的关联衔接和协作分工等内容，可通过工作过程再现、分工成果展示等方式进行评价。下面对新出现的三种具体的考试方法——文件编制、专业谈话、演讲分别予以详细介绍。

（1）文件编制

编制工艺文件作为专业人员必须掌握的一项职业技能也被列入新的考试模式中，成为一种很重要的新考试方法。结业考试第二部分的实践考试部分要求考生对工作过程编制文件。因此文件编制分两种，一种是在实施企业任务的过程中编制的文件，另一种是在实施典型实践任务过程中编制的文件。在实施任务过程中，考生需要编制一份关于任务实施过程的文件。最终编制的文件是考试委员会评定考生的"工作任务"的主要依据。考试委员会分别从经济性、组织性、技术性以及时间的把握等各方面评判考生的工作过程。考生在编制文件时可以借助各种专业资料。文件编制的作用是向考试委员会展示工作流程和工作方法。文件本身并不算作考试成绩，而是作为专业谈话的基础，也就是说通过该工艺文件考试委员会了解企业任务的完成过程，并通过该文件考试委员会准备专业谈话的内容。编制的工艺文件必须包含以下几个部分：任务分配、任务计划、工作计划、实施记录、质量控制、交付记录。针对典型实践任务的文件不是完全由考生自己编制的，而是由考试承办单位设计，考生只是填写相关内容，如汽车机电工的考试，要求考生填写各零部件的检测数据。文件编制作为考核内容，被记入考试成绩。

（2）演讲

通过演讲考生呈现工作结果，解释任务实施的过程。根据专业不同，演讲分为10到20分钟不等。考生借助媒体如幻灯片、白纸等介绍工作任务，展示其专业背景及交流能力等。

（3）专业谈话

专业谈话不同于传统意义上的口试，传统意义上的口试都有试题库并有标准答案。而专业谈话是在具体的工作情境中的考试方法。考生在专业谈话中的表现要记入最终考试结果。考试委员会根据考生编制的文件或演讲内容与考生谈论工作计划、工作的实施情况以及在实施工作任务的过程中为达到严格的产品质量而做的具体工作等。考生也能够通过专业谈话证明其与专业相关的解决问题的能力，展现与该企业任务相关的专业背景，以及表现出完成企业任务的操作步骤和方法。除此之外，专业谈话考察了学生与他人交流沟通的能力，这在现代职业中非常重要。

图 4-2 为德国职业教育考试评价方法案例。

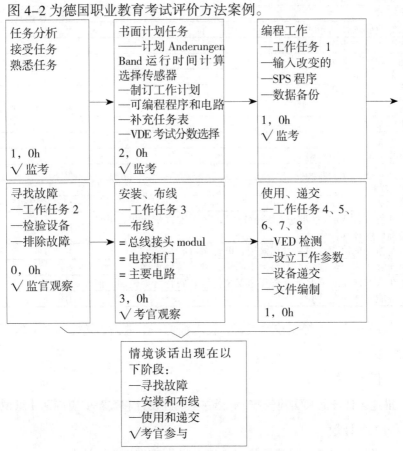

图 4-2　德国职业教育考试评价方法案例

4.1.5　过程导向、分级描述——德国职业教育考试的评价标准

考官最后根据考生书面编制文献结果、工作过程观察、情境谈话中的表现以及实践工作结果进行以标准为导向的成绩评价。评分标准如下：

表 4-3　德国职业教育考试具体评价标准案例

选用传感器（书面任务 2）		
评价标准	分数	实际得分
合理地选用传感器	5	
正确选用传感器	3	
选用无效	0	
安装布线（书面任务 4）		
评价标准	分数	实际得分
按照专业要求计划布线	5	
基本上能够专业地计划布线	4	
计划正确，但不实用	3	
计划不对，也无效	0	
安装和布线（实践过程）		
评价标准	分数	实际得分
专业地布线	5	
基本上能专业地布线	4	
可布线，但不方便实施	3	
不可以布线，也不能实施	0	
VED 检测		
评价标准	分数	实际得分
考生能够应用 VED 标准进行测量检验，客观地评价结果，并能够准确地解释其行为	10	
考生实施安全检验，但是过程繁琐，能够解释行为	8	
考生能够实施安全检验，但目标不明确，部分解释正确	5	
考生在得到帮助的情况下能够实施安全检验，解释行为模糊不清	3	
考生不能实施安全检验	0	

如果要求学生提交技术报告，技术报告一般遵循的结构如下（陈永芳，2007）：

·任务的提出

描述设计任务和实验任务，解释并说明在设计和实验中应特别注意说明。

·工作计划

列举工作步骤、时间安排、小组内工作的分工（如果可能）。

· 数据记录

① 画一张电路图并列出材料清单；描述功能应如何检验；描述已测试过的模式（如果可能）。

② 测量数据记录

画实验电路的草图；该图应与所用的元器件和测量仪表的规格以及测得的参数一起理解。

· 数据的分析

用电路描述所找到的解决任务的技术方案，描述错误并解释。

· 评价解决方案

描述本人的解决方案与所提任务目标的符合程度。

① 在设计报告中

举例说明自己所设计的电路如何合理应用，可用于何处。若可能，从经济、环保、消费者和工人等角度指出优缺点。

② 在实验报告中

指出自己所设计的电路的合理性；将结果与教科书的描述进行比较；解释已理解的技术概念；描述已理解的观察和测量，若可能，说明下一步应进行什么探讨。

表 4-4　技术报告评价标准

评价表

实验任务：　　　　　姓名：

	好 / 正确	可用	有缺点	错误 / 不正确
①任务的目标设定和所提问题的限制				
②要求的表达（功能描述）				
③工作计划（包括时间安排）				
④电路图（符合标准）				
⑤计算				
⑥基本特性参数的测量和记录				
⑦仪表使用				
⑧所选解决方案的理由				
⑨说明作用方式				
⑩新元器件的处理				
⑪解决方案的评价				

4.1.6　行业协会、企业资质——德国职业教育考试评价主体

行业协会中设立的考试委员会是职业教育考试外部评价的主体。德国《联邦职业教育法》中专设第五节共有 14 条明确规定了职业资格考试的程序和内容要求（"通过结业考试要确定应考者是否已获得职业行动能力"）、考试委员会的组成（"至少三名委员"，其中"资方和劳方代表数量相等""至少一名职校教师"）及其权限（"考试委员会就单科考试成绩、考试总成绩以及是否通过结业考试做出决定"），以及职业资格考试的效力（"国家认可的职业资格必须通过结业考试方可获得"）。为了保证职业教育考试的质量，德国职业教育考试体系在命题标准的制定、考核程序的设计以及考评技术的开发等方面，都有一整套严谨的程序。考试强调统一规范性，同一职业或不同职业的相同科目的考试在同一时间举行，并按照统一标准评分。考试结束后考试委员会统一阅卷，最后给考试合格者统一发证。

教师作为评价主体之一，合格的德国职教师资来源及其培养和发展经历值得探讨。德国《高等教育总法》第 44 条第三款规定，高等专业学院的教授以及在其他高等学校担任高专课程的教授必须具备四个聘任条件："① 高等学校毕业；② 具有从事教学工作的能力，通常由教学或培训中所获得的经验来证明；③ 具有从事科学工作的能力，通常由获取博士学位来证明；④ 至少从事过为期 5 年的职业实践，其中至少 3 年是在高等学校范围外进行，并在有关应用或开发科学知识和方法上取得特殊成就。"这四项条件中，前二项是普通高等学校教授的聘任条件，而高等专业学院聘任教授除需要普通大学教授任职资格外，还要加上丰富的实践经验。从这一任职条件看，说明高等专业学院在选择教师时严格把关，从而为教学质量的提高提供有力的保障。此外，高等专业学院的师资队伍中还包括了一定比例的兼职教授，这些兼职教授往往是企业中有丰富经验的高级技术人员，他们应学院各系的邀请担任教学工作或实习及毕业论文的指导工作。

中等职业学校教师必须拥有 12 个月的企业实习或工作经历，然后在

正规高校接受至少 9 个学期的课程学习，还要专门学习教育学知识，之后要求通过第一次国家考试，合格者进入教育实习阶段，两年实习结束后，通过第二次国家考试，当可正式从事职教教学工作。对于高校毕业生而言，则须学习至少 4 个学期的专业理论与教学法并参加学校实习，然后通过第一次国家考试，合格者进入研讨班学习并可独立开课，之后通过第二次国家考试，合格者才能正式开始职业教育工作（冯琳娜，2010）。德国职教师资的70% 都是实训教师，有以下三种身份方能成为培训企业的实训教师：其一为具备培训师证书；其二为具备师傅资格证；其三为具备企业一线丰富经验。上述的培训师证书和师傅资格证都须经过严格的培训与考试才能获得，不过学习形式灵活，可能通过脱产或函授等方式实现。除工业师傅和手工业师傅外，其余全部称为专业师傅。师傅资质的取得需要相当的努力与实力，严格的考试制度和一定比例的淘汰率，为这种实训师资的取得增加了难度，同时也保障了培训企业实训师资的质量。为了适应科技进步和技术更新，企业实训教师也必须通过不断进修来为自己充电。

4.2 英国职业教育学生学业评价

近 20 年来西方发达资本主义国家对职业教育的目标做出重大调整，从福特主义走向后福特主义。福特主义最主要的弊端是以胜任一种岗位要求为出发点，使工人被终身束缚于一种职业或某一职业内部一定工种的固定分工。但由于信息时代的来临，工作大转移成为一种趋势，工人的流动性增大，适应性必须增强。后福特主义着重强调培养交际能力和团队合作能力，以工人技能的灵活性为核心，避免刻板和僵化。这就意味着职业教育应培养不同类型的、具有较为全面的技术、对生产过程和原理有所了解、有较强适应能力、多方面发展的青年工人，以此来适应新的职业秩序和现代企业文化。

"新职业主义"是英国的职业教育学生学业评价改革的背景，"新"是针对旧职业主义的狭隘的、针对某一具体岗位进行训练和教育而言的。

英国的经济社会发展自"二战"以来发生了深刻的变化，狭隘的职业训练无法适应职业世界快速变动的要求，产业界、雇主不满之声日益高涨，新职业主义的产生有其深刻的社会背景，是社会发展和应对各种挑战的必然结果。在工业化国家过去 20 年中，新技术革命特别是信息技术在生产中的运用，使得产品的技术含量日益增高，工作范围逐步拓宽，经济的全球化、跨国公司出现，特别是在制造业，发达国家把产品的初加工转移到其他国家，导致国内非熟练、半熟练工作的减少，高技能工作增加。职业工作的结构与性质发生了深刻变化，英国即是如此（于婷，2007）。

"新职业主义"提出打破狭隘、封闭的传统职业训练的模式，培养可迁移的核心技能。"所谓核心技能，是指完成任务与解决问题的实际能力，而不是传统意义上的、高度专门化的、狭义的技能。它具有通用性、可迁移性和工具性。通常来说包括以下内容：共同的知识与理解（它是我们这个工业社会工作和学习的基础）；与民主社会相关的共同价值观（它们鼓励对工作负责和积极的态度）；可迁移的学习内容（它使青年在工作中有弹性）；共同的经验学习，包括正式教育中和工作环境中真实的和模拟的经验学习等。（于婷，2007）"后来又提出"通用能力"，和核心技能的含义差别不是很大，通用能力不是针对某一具体的职业，而是从事任何工作的任何人应掌握的基本技能，即跨职业的、可迁移的、有助于终身学习的、可发展独立性的能力。通用能力分为 7 个领域：自我管理和自我发展的能力、与他人合作共事的能力、交往和联系的能力、安排任务和解决问题的能力、运用数字的能力、应用科技的能力、设计和创新的能力。

4.2.1 国家主导、行业推行——英国职业教育学生学业评价制度

在英国实施职业继续教育机构包括多科技术学院、继续教育学院、工艺学院、技术学院、商学院和农学院。地方教育当局把课程分配给各种学院，在某种程度上，学院开设什么课程取决于所在地工商业的状况。学院

与工业的合作是经常的，雇主的代表通常在决定开设什么课程上起一定的作用。课程的排列从大学层次包括大多数的技术科目和相关的学术科目到为那些打算成为经理、技师和工匠的人开设的专门课程，课程计划有4种不同的方式：① 全日制；② 部分时间制，从几个星期到三个月，或一年中每周一天或两个半天；③ 六个月全日学习和六个月实习训练或在企业训练交替地进行；④ 夜校班。可以看出英国职业院校课程实施是非常灵活的。这些课程都多多少少地具有"三明治"课程的特点，对这些课程学习的学业评价由校企双方合作进行。此外，在多科技术学院和其他职业继续学院注册的多数学生所修科目都是为了准备国家资格考试。多科技术学院是应用性的实施特定的职业课程的机构，它们提供大学以外的一种选择和深造机会，不过它们仍然提供许多全日制课程，使学生取得学位或参加资格考试。国家职业资格考试是英国职业教育学生学业评价的最为重要的形式。

考试是英国职业教育管理的重要工具，英国在18世纪末、19世纪初便成立了向群众广泛普及技术知识、促进科学和工艺发展的各种协会和讲习所。从19世纪中期起，英国政府开始干预职业技术教育，先后成立了科学和艺术署（Science and Art Department）、皇家艺术学会（The Royal Society of Arts）、伦敦城市及行业学会（The City and Guild of London Institute），负责推进技术教育，对学生进行考试，并对考试合格者颁发证书（孙熠华，2008）。1852年英国政府就授权科学工艺部对各种教育机构的毕业生进行考试，以确定对教育机构进行资助的数额。1856年工艺协会专门负责考核高级工艺技术人员，后又授权伦敦同行业工会这种考试权。1902年教育法授予地方教育当局和地方协会以低级技术证书的考核权。这两种考试决定着技术教育的内容与程度，有较强的地方性。这些考试按专业分别由各种专业委员会具体组织实施。这种改革确立了英国职业教育考试的基础。为了解决英国众多的职业资格证书的性质和地位以及良莠不齐的证书质量，1986年10月英国国家职业资格委员会（NCVQ）应运而生。它代表政府具体负责在全国范围内推行国家职业资格。1988年推出国家职业资格证书（NVQ）制度，NVQ 框架共分五级水平，包括 11 个能力领域。这 11 个能力领域包括：动植物与土地；资源开发与提供；建筑行业；工程；制造业；交通；商品提供与服务；健康、卫生和保安服务；提供商业服务；知识与技能开发和传播。其宗旨是开发工作所需的技能、知识和能力，满足人们工作中的需要，促进终身学习，推行在工作现场进行的、能力本位的考核。为加强与皇家工艺学会、伦敦成人教育协会和商业与技术教育协会的密切合作，1993 年 NCVQ 推出了普通国家职业资格证书（GNVQ）。它最大的特点是，无论哪个领域、哪个级别的标准，都强制性地包含六种生存性的核心技能，即表达、演算、信息处理、与人合作、自修、解决问题。这六种核心能力被认为是未来从事一切职业必备的通用能力。其中，前五种标准已经开发完毕，可以用于授予证书。由于国家基础职业资格体系（GNVQ）的这些特点，它被认为是学历教育与职业教育之间的纽带，同时也是职前教育与职后教育之间的纽带。

英国职业教育考试评价制度设立始自 1981 年，当时英国陆续出台了一系列的白皮书：《新的培训试点》（New Training Initiative，1981）白皮书；《青年人的教育和培训》（Education and Training for Young People，1985）白皮书；《共同工作：教育和培训》（Working Together：Education and Training，1986）白皮书；《20 世纪 90 年代的就业》（Employment for the 1990s，1988）白皮书；《面向 21 世纪的教育和培训》（Education and Training for the 21st Century，1991）白皮书。1986 年 10 月英国成立国家职业资格委员会（NCVQ），1991 年英国政府教育白皮书《面向 21 世纪的教育和培训》首次提出设立普通国家职业资格证书并做出详细说明。由英国国家职业资格委员会承担国家职业资格证书质量保证的全部责任。该委员会主持制定的《证书机构共同协议》和《国家资格证书规则和指导》，对各种证书机构的组织管理、执行国家职业资格证书制度标准的原则和方法、考评和监考工作程序、考评和监考人员任职资格和培训等，都做出了严格的规定。《证书机构共同协议》统一了所有证书机构的职业标准和技能考核方法，同时，还将考试中心的内、外部监督制度引入第三方监督机制。《证书机构共同协议》不仅加强了社会对企业的监督，同时也促进了企业或培训机构内部人事考核的制度化和考评人员的职业化，从根本上保证了国家职业资格标准得到落实，保证了国家职业资格证书的质量及国家职业资格证书制度的权威性和科学性（郭伟萍，2005）。

英国的职业教育考试以职业资格证书为载体形成了一个从中央到地方的管理体系。首先是国家职业资格和标准认定委员会，由就业部、教育部、北爱尔兰事务部和威尔士事务部共同管理，以就业为主，是制定职业资格、标准、政策，监督检查职业资格认定和发证工作的最高机构。委员会主席由就业大臣代表政府任命，委员会由十三名来自工商企业和教育界的代表组成。

其次是行业标准委员会。其功能是逐步确定和建立职业标准，逐步达到全国的职业资格，委员会有三大类：一是建筑行业标准委员会、农业标准委员会、肉类加工业标准委员会；二是混合型标准委员会，即把几个不同的委员会混合在一起，使一些近似的行业减少重复。目前，已经建立11大类537种标准；按标准已颁发354005份证书。此外还有考核证书委员会。由行业专家组成，任务是负责考核和发证工作和审核，每三年对发证机构重新认定资格。目前，全国共有20～30个发证机构，其中大的发证机构有4～5个。（见表4-5和图4-4）

表4-5　英国职业资格证书机构

发证机构	行业职业资格认定
皇家技艺协会	负责各种秘书类和商业类专业的考试和资格认定，包括：会计、簿记、键入、速记、办公室和秘书工作
伦敦城市产业协会	负责工业和公用事业的所有行业、工艺和职业的考试及资格认定，包括从职前教育到高级岗位和研究管理层次
农业园艺及相关工业的国家考试委员会	负责农业、园艺及相关的工业的考试和资格认定
技术员教育委员会及苏格兰技术教育委员会	负责工艺层次的专业包括工程、建筑、农业、家具制造、酒店娱乐、摄影、印刷、纺织等行业的考试及资格认定
商业教育委员会及苏格兰商业教育委员会	负责办公室、商业及管理类专业的考试及资格认定

英国已获准的发证机构中，绝大多数都是专业性很强的小型机构。三家最大的授予机构为"皇家技术协会""伦敦城市行业协会"和"商业教育委员会及苏格兰商业教育委员会"。约90%的职业资格证书是由这三大发证机构颁发的。

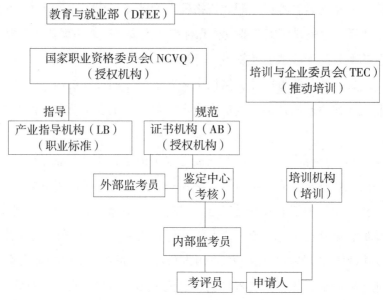

图4-4　英国职业教育考试评价组织机构

4.2.2　课业任务、技能导向——英国职业教育考试评价的内容

以 BTEC（Business & Technology Education Council，商业与技术教育委员会）为例，BTEC 涵盖英国教育体系的 1～7 级，从 BTEC 预备初级到工商管理研究生文凭。其中，HND（国家高等教育文凭证书）属于 BTEC 的第五层级，即大专、准学士的层次。该课程强调以培养学生的综合职业能力为核心，课业作为评价学生"成果"的主要手段，在 HND 课程教学中具有十分重要的地位。BTEC-HND 的课业由一项或一系列有实际应用背景的任务所组成。每一个课业要求学生必须完成部分专业能力和通用能力的考核。一般确定考核 3～5 项通用能力，对每一项能力进行定义（宋春燕，2009），其应获得 2～3 项成果，在评估学生课业时最终以成果定等级。

除此之外，BTEC-HND 的课业还包括如下主要内容：课程名称及课业课题；
介绍课业背景，交代任务产生的原因、条件，明确学生在完成任务过程中
所扮演的角色；规定课业的具体任务及要求、完成课业的形式和期限；明
确课业评价具体的等级划分标准；另外还附有对完成课业的一些建议与注
意事项。课业务必要为学生提供发展通用能力的机会；课业内容应恰当覆
盖大纲中的专业能力；鼓励多元化的课业活动与形式；课题具有真实性和
现实性。课题设计必须联系行业和雇主的实际，通过以学生为主角的模拟
实践以帮助雇主解决企业在经营中可能遇到的问题。课业都是以欧洲商业
环境作为背景，提供的企业或要求提供的解决方案都具有明显的欧洲特色，
对实践性课业制定了相关的评价标准以保证课业设计的质量，见表4-7～表
4-9（王辉、李保昌，2009）。

表4-7　课业设计标准

序号	课业特征	有无	建议
1	课业设计有没有体现课程的学习目标和评估标准		
2	真实性（例如：使用可信的和现在或将来的工作有联系的材料）		
3	实践多种通用能力的机会		
4	使用通信交流的各种方法		
5	为学生提供自己做决定和表现自我的机会		
6	适当的水平和难度（例如：在任务的复杂程度和要求上）		
7	学习活动的多样性（例如：团队工作和个人任务）		
8	紧密联系教学大纲		
9	整体上反映出教学大纲的要求		
10	优先培养和发展技能		
11	学生任务是具体明确的		
12	教学主题明确（与相关的知识技能对应）		
13	企业或公司参与课业的设计和评估		
14	课业的可行性（例如：学生可担任店员或顾问的角色）		
15	评估的方法预先告知		
16	课业的要求和标准反映学习的目标		
17	预先确定评分标准		
18	使用各种不同的评估方法（包括考试）		
19	为完成课业合理地安排分配时间		
20	课业的有效性（至少三年）		
21	对所有的课业没有歧视，给每个人平等的机会		

表 4-8　通用能力定义

1.管理和发展自我	4.完成任务和解决问题
①管理自己的角色和职责	①运用信息途径
②管理自己的时间	
③进行个人和职业的发展规划	②综合处理常规和非常规任务
④获得适应新的或变化的形势和环境的可迁移技能	
2.与人共事相处	③确定和解决常规和非常规任务
①尊重别人的信仰或意见	5.运用数字
②与他人或集体有效互动	运用数字技能和技术
③在团体中能够有效工作	6.运用技术
3.沟通	运用一系列的技术设备和系统
①接收和回应大量的信息	7.创新与设计
②以直观的图表形式来展现信息	①运用一系列的技能和技巧在创造/修正产品、服务或形式的过程中形成自己的思想观点
③书面沟通	
④参与口头言语沟通	②进行一系列的思考过程

表 4-9　对评价标准的描述

"通过"等级的 outcome 评价标准	为了完成每个 outcome，学习者还必须展示以下能力
评价在招募和选拔合适雇员过程中的程序和做法	·分析人力资源管理规划的需要、所需信息以及人力资源规划过程中的几个阶段 ·比较两个组织招募的结构性程序和评价所使用的方法和媒介 ·评价作为选拔技术的面试，讨论其他的选拔方法。 ·评估两个组织的选拔活动和程序，并将其与理想选拔活动做比较

在英国国家职业资格体系中，能力标准大体上由能力单元（Unit）、能力要素（Elements）和操作标准（Performance Criteria）构成。细分为单元（Unit）——GNVQ 的单元一般是功能性的，完成每个单元就可以取得相应的资格；核心技能（Core skills）——GNVQ 还培养学生在任何工作领域都使用的一般技能，如人际交往能力、运用数字的能力、运用信息技术的能力等。在每一因素的完成过程中都包含了核心技能的训练；成就因素（Elements of achievement）——单元的下位概念，若干成就因素组成一个单元，它表明个体在工作中具有的某方面的技能；操作标准（Performance Criteria）——对每一个评价的单元和因素的成功所下的规范性定义；范

围（Range）——描述因素或单元成就的情境范围；测试说明书（Test specification）——表征测试的情境、环境等情况。

一个国家资格通常由 14～25 个能力单元组成，每个能力单元由 2～5 个能力要素组成。操作标准是关于操作具体要求的说明，评估者据此判断操作者是否完成根据能力标准而确定的具体工作任务。能力要素和操作标准具体确定了评估的内容和标准。

首先，训练目的不同。传统的作业，其训练目的只是掌握该门课程的专业技术能力和应试能力，而 BTEC 模式的课业的训练目的是在完成教学大纲规定的教学目标的同时，培养和锻炼通用能力，使学生在实践中得到锻炼，并通过课业了解自己专业技能和通用能力两方面的潜力以及发展促进其自我提高的需要。

然后，完成的过程不同。传统的作业体现的是教师如何教，要求教师围绕讲课或教材内容为学生提供思考题和练习题，学生只要对照教材或课上例题或者再参考少量参考书就可以完成。而课业体现的是学生如何学，教师给学生提供自主学习的机会，选题真实，真题真做。课业一般都有选题背景，有课业目标，有明确的任务和考核标准。学生需要使用多种交流手段（如社会调查、上网、去图书馆、走访、实验等）收集大量的信息并进行归纳、分析才能完成课业。

最后，效果不同。传统的作业是对一章或一节的内容的重复和模仿，其作用是巩固课堂讲授效果。课业是对一门课程的阶段性训练，一般一门课程要安排 3 个以上的课业，其作用是培养学生的专业技能和通用能力。

4.2.3 多样组合、注重证据——英国职业教育考试评价的方法

英国职业教育考试有两种形式：一种是一般考试，有三个组成部分：① 多项选择 50～70 道题包括较多的专业和相关知识；② 简短问答；③ 结构性（综合性）考试。另一种是现场考试，即到企业进行现场考试。最常见的考试评价方法包括三类：

第一，观察法。这是最普遍、最常用的一种方法。在受评者身边进行持续观察，或者当特殊行为发生时安排定期拜访等。观察法被认为是最有效、最可靠的考评方法。

第二，作品评价法。这种方法主要对受评者在工作过程中做出的产品进行评价。一般用于技能性较强的考评，如以技术成果作品作为考评的职业资格，包括信函、备忘录、报告等。

第三，提问法。提问是检验受评者隐藏在行为背后的知识和理解能力。是探究受评者实施某一特定行为原因，以及环境变化时会做出何种行为的有用工具。

考评员观察被鉴定者实际操作（大部分在实际工作现场）并提出问题，收集能反映其工作能力的证据。证据的来源主要是工作现场的观察、模拟工作现场的技能测试、从前本人完成的工作项目或工件、质量记录、生产记录、检验报告、工作记录和档案、知识考试成绩和对已经学习的知识和经验的认定（APL）等。内部督考员对考评结果进行检验，确认考核结果。

在 GNVQ 的评价体系中运用最多的也是最具特色的是项目评价的方法——档案袋评价。档案袋评价是 20 世纪 80 年代中叶在美国教育界新兴的一种学业成就的评价方式，后被英国的 NVQ 和 GNVQ 采用。概括而言，档案袋评价就是收集学生在某一课程学习过程中的作品，以描述学生的现实表现来判定学生学习质量的评价方法。

档案袋评价有不同的类型。美国南卡罗来纳大学教育学院教育心理学教授格莱德勒（Margaret E.Gredler）按使用目的、提交对象和帮助学生方面的不同，将档案袋评价分为：理想型（Ideal）、展示型（Showcase）、文件型（Documentation）、评价型（Evaluation）和课堂型（Class）五种。NVQ 和 GNVQ 常用的是理想型的档案袋评价。理想型档案袋由三部分构成：产生过程的说明、系列作品和学生的反思。储存于档案袋的内容可以是多种形式的：如记录文字的文本、进行说明的图示与表格、录制的音像作品或影像制品等。其中最有特色也是值得一提的是学生的反思记录，它对于学生的成长极其重要。在学期的不同阶段，教师可让学生充当专门的批评家或传记作家的角色，让学生描述自己作品的特征、自己在完成作品过程中所获得的进步、已经实现的目标等。这种反思为学生提供了重要的成长契机，同时也培养了学生自我反思的能力。此外，按照档案袋呈现的内容又可分为：最佳成果型、精选型和过程型。最佳成果型的档案袋的内容以社会研究为例，可包括：学生写的最佳历史研究论文；学生参与的一定量的最佳争议和讨论；学生提出的最佳原创历史理论；关于历史问题的最佳议论短文；关于当前事件的最佳评论；对学生所读历史传记的最佳评论。精选型档案袋展示了学生更广泛的成果，它要求学生提交他们感到最困难的成果事例，其时间往往要持续一年以上，它能较为深刻地反映学生成长的情况，成为准确反映学生一般成绩的证据。过程型档案袋则是寻求发展性成就的依据，它要求学生一步一步地检查他们在一定领域取得进步的成果，并且负责收集必要的成果，最重要的是学生成为自己成果的积极评价者。由此可见，档案袋评价具有非常优越的灵活性，并且主要从质的方面进行评价。它其中包含的内容因使用目的、服务对象和学生具体情况的不同而异，能较好地做到因材施教、因材施评。当然，在使用时还必须注意要有一定的目的并根据一定课程和教学理念、评价观念等精心设计，不能流于将材料简单堆砌的形式，要以过程评估为手段、证据收集为方式。

BTEC 模式对学生的每一项成果都要给出成绩等级，而等级的评定要有可靠的证据，每位学生在学习过程中都有一个档案袋（证据夹），收集学习过程中的各种数据。收集的证据既是学生用来证实成果的手段，又必须与专业学习紧密联系。一般来说，证据通过以下渠道获得：①学习过程的表现；②来自社会、学校等方面的反映；③学习总结、自我评价、笔记等。证据汇编由学生自己收集整理。内容包括：个人总结、学习心得、成绩测验单、教师和指导教师的书面反馈意见、课堂笔记、实验或实习报告、问卷调查、工作记录、图表、照片、计划、流程图、日程表、草稿、数据库、计算机文档及软件等。建立汇编的意义在于为学生申报成果提供基础证据，为教师评估专业技能和通用能力等级提供基础证据。此外，还可以向用人单位展示学生的成就及潜能。对证据的重视，从另一方面反映了 BTEC 教学检查和评价学生学习注重过程的特点。

以实习阶段的评价为例，英国职业院校实施的是"三明治"课程，对于实习阶段的学生学业评价非常重视，基本构建了一个实习期间学生学业评价体系，主要包括企业评估结果、指导老师评价结果和学生自评结果。企业评估结果：学生长时间在企业工作，其实习行为主要由企业经理或主管直接指导和培训，因此企业评估结果是评估考核体系中最重要的部分。指导老师评估结果，每个实习学生都有一个实习指导老师。实习指导教师在实习开始时指导督促学生制订"个人实习发展规划"，在实习过程中通过电话和邮件等形式跟踪学生的实习进程并随时和学生探讨实习过程中的疑惑。最后，实习老师要有一个"plaeement visit"。这个 visit 由学生安排，必须有企业的经理、学生和老师参加。在这个 visit 期间，指导教师要检查学生所制订的"个人实习发展规划"完成的进度，学生的实习日志、企业的反馈等。学生工作日记：学生工作日记由个人发展计划、工作日志和反馈三部分组成。它是证明学生工作期间表现的核心文档。学生要记录在工作期间的表现、承担的工作内容、个人发展计划的完成进度、掌握的技能以及在此期间取得的其他成绩。

4.2.4 细化分解、等级评定——英国职业教育考试评价的标准

英国自 1986 年以来，在 150 个行业和专业设置了数千个职业标准。英国国家职业资格标准主要采用职业功能分析法来制定。所有国家职业资格标准都有一个共同的结构。英国职业资格标准采用模块式结构，由六部分组成：单元、要素、操作规范、适应范围、知识要求及考核证据要求（见图 4-5）。

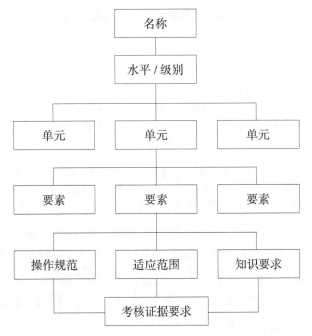

图 4-5　英国职业教育考试评价标准构成

单元由能力要素以及与它们相关的操作规范和范围说明组成。在每一单元中，标准的详细描述以分级方式进行。

——能力要素：一个人在工作中应该能做的事；

——操作规范：根据所需要的标准提供有价值的操作指示；

——范围说明：指明能力运用的条件范围和可转换性。

每个国家职业资格证书的等级标准都按工作岗位的职责划分为能力单元，由若干能力单元组成一个等级标准。每个能力单元又划分为若干元素，它具体描述了岗位职责，确定了个人应该能达到的能力和知识水平。每个元素包括适用范围、知识和理解、证据要求和考评指导。行为规范明确规定了完成某一项具体任务所包括的各种操作规程和行为要求。

表 4-10 英国 NVQ 评估标准案例。

单元 4：确定和选择工程材料。

任务 1：确定普通的工程材料。

表 4-10 英国 NVQ 评估标准案例

你必须确保： 1. 理解工程材料的分类方法； 2. 通过材料的物理表现来确定普通的工程材料； 3. 识别工程材料可能获得的形式； 4. 理解你的工作和工程中普遍使用的材料标记／编码组织的系统； 5. 从工程图纸和相关规范提供的信息中，确定材料的种类形式和尺寸
这意味着你需要掌握： 1. 黑色金属材料和合金（如铸铁、低碳钢、高碳钢、不锈钢），有色金属材料（如铝、铜、黄铜、青铜、铅），非金属材料（如硬木材、软木材、复合材料、聚氯乙烯、尼龙、玻璃、陶瓷、云母、硅），加强材料（如玻璃纤维、碳纤维）； 2. 通过材料的密度、重量、色调、外观（如光泽、粗糙、平滑、木材的晶体结构）来确定材料； 3. 光亮和黑色钢筋（如平面、圆形、方形、六角形），粗糙刨木材（如木板、装饰销子），板材料（如锡板、钢板、板、铜包电路板、纤维板、层压板、片板），轧制钢型材（如角、渠道、三通、托梁），管和管件，锻件，模具，型材； 4. 彩色编码：欧洲标准、英国标准、自己的组织系统； 5. 部分材料用符号和缩写代替（如实体园、管道、管、光亮的低碳钢、铜涂层的电路板、导线测量仪）
这意味着你必须证明你可以做的事： 可以识别许多普通工程材料，你可以通过以下方式做到这一点： 1. 描述黑色金属、有色金属和非金属材料的含义和给每一个类型一个典型的例子 □□□ 2. 能够从下列每一种类型中正确识别一系列材料： □□□ 黑色金属 有色金属 非金属 3. 描述各种材料普遍使用的形式 □□□ 4. 给予全面叙述的 ISO ／ BSI 的材料编码系统和用于你工作的单位的编码系统 □□□ 5. 从工程图纸或规范提供的资料中选择正确的材料 □□□
反馈／评论： 被评估人员满足了评估者的要求，部分已经实现："你必须确保……""这就意味着你需要掌握……""这意味着你必须证明你能做……""你必须证明你了解和理解……"   评估人签名：_____ 日 期：_____ 被评估人签名：_____ 日 期：_____

BTEC-HND 课业按优（Distinction）、良（Merit）、合格（Pass）和重做（Referral）四个等级进行整体性评定。对学生的评价是公开的，教师需要在评语中明确肯定课业中反映出来的优点、指出其不足之处，并提出改进意见。如果学生对教师的评价结果有异议，可以向任课教师提出自己的申请意见，也可以向课业内审组提出重新评定申请。

英国爱德思（Edexcel）考试认证机构的 BTEC 课程的评估方法具有典型特点，从根本上改变了以分散为主、以试卷定成绩的传统考试方法。BTEC 的成绩考核采用等级制，分为"优秀""良好""通过""不通过"四等（见表 4-11）。学生成绩的确定是以课业为主要形式。

表 4-11　评价结果及等级描述

通过	满足所有的学习任务要求
良好	确定和运用能够有效解决问题的策略 选择 / 设计和运用适当的方法或技术 陈述和表达适当的成果
优秀	通过认真地反思来评价自己的工作和论证有效的结论 承担管理和组织活动的职责 表现出集中 / 发散 / 创造性思维

在英国职业教育体系中，评估证据对于学员和学生能力资格的评估与鉴定具有举足轻重的作用，因此对于评估证据客观、公正、严格地审核与把握成为评估人员必须掌握的技能。证书颁发机构的考评人员在对评估证据评估鉴定时主要考虑以下五个方面：

第一，有效性。这是指所采集和提供的证据与所考评职业资格能力的直接关联性。以外语能力评估为例，传统上评估一个学生的外语能力仅仅是通过完成一套笔试来检测，而不是根据他是否能用外语流利地进行口头和书面表达，并使他人理解，显然这种评估是缺乏有效性的。

第二，真实性。这是指所采集或提供的证据中包含的虚假性程度。工作现场的事实证据比书面证据就要真实得多。

第三，客观性。这是指采集与提供证据的确凿性。证据的客观性要求所采集或提供的证据可以被考评员重新观察体验到，其表述要求明确、严谨，尽量用事实表述。

第四，时效性。这里指采集与提供的证据取证时间和证明职业资格能力时间间隔的有效性。

第五，充分性。这是指采集与提供的证据所具备的对职业资格能力的支持程度。支持程度主要指证据支持职业资格能力的广度和深度，即证据的数量和质量方面。

4.2.5　持证上岗、评督结合——英国职业教育考试评价的主体

国家职业资格（NVQ）制度中建立了一支考评队伍和一支督查队伍，由考评员和督考员对鉴定过程进行监控，同时规定考评员和督考员实行持证上岗制度，以保证鉴定的质量。考评员分为一线考评员和二线考评员，督考员分为内部督考员和外部督考员，其资格标准均由英国培训与开发指导机构制定，并严格按照资格标准的要求进行培训和鉴定，考评员培训与鉴定所花经费比培训一个教师还要多。

在英国作为评价主体的组织机构主要有鉴定站和各级考评员及督考员。考评员和督考员作为评价主体要非常清楚评价的内容和标准，能收集反映受评者能力或行为的证据，对照NVQ的评价标准对证据进行判断、做出评价结论。评价主体的职责主要包括以下几点：确保受评者了解评价要求、内容及方式；确保考评现场和考评材料到位；观察和记录受评者做出的行为及行为证明的结果；判断证据；确认受评者能力的差距并反馈给受评者等。

职业资格鉴定评价工作具体由鉴定站（Appproved Centres）执行，设在企业的鉴定站占了大多数，另外在大学、学院或单独成立的培训中心也有设立。设立鉴定站需要规模（考生）达到一定要求并经过严格的审核后才能获得证书机构的批准。企业设立的鉴定站主要负责本企业职工的职业资格鉴定工作。为了提高学校的声誉，更好地培养适应市场需求的人才，不少院校也积极申请成为鉴定站。

对于鉴定站而言，必须拥有一定数量的考评员（Assessors）和内部督考员（Internal V-erifies）。考评员负责对考生进行考评，内部督考员则负

责对考评员的工作进行审核。国家职业资格的标准是他们工作的主要依据。一般说来，只有那些对一定职业情况相当熟悉的人员，才能获得该职业的考评资格。在很多情况下，考评员往往由那些第一线的管理人员担任，因此，考评员经常是考生的直接上级。

考评员由中心聘任和培训对某方面资格熟悉的人，通常考评结果是不能推翻的，只有考评员决定申请人是否具备某种职业资格能力。考评员资格又分为 D32、D33 两种。D32 是一线考评员，只负责工作现场的操作，进行观察和提问；D33 是二线考评员，负责一线考评员职责以外的工作，对工作和以前考核结果进行确认。

内部督考员资格标准为 D34，它基本涵盖了 D32、D33 资格。是由中心聘任和培训业务精通的人，负责检查考评员考核结果，保证不同考评员按照国家标准进行考核。工作时通常与考评员密切协商，内部督考员不能阻止已经形成的错误，但可以避免以后产生错误的现象，内部督考员检查确认结果和证据后签字，中心再向证书机构申请证书。

外部督考员资格标准为 D35，由证书机构雇佣，非常熟悉职业资格标准和培训，具有丰富的产业工作经验，通常是产业界的专家来担任。其主要责任是对鉴定中心资格的确认和控制鉴定中心质量，保证不同的鉴定中心按照国家标准进行考核，每年定期或不定期地到中心检查工作，可以建议证书机构是否允许鉴定中心继续工作。

4.3 对国外职业教育考试的比较与反思

4.3.1 对国外职业教育考试制度的比较与反思

当前的德国职业教育考试体系主要由法律制度体系和组织实施体系两个层次组成，法律制度体系规定了德国职业教育考试的总体要求、具体的考核内容及其方式；组织实施体系则充分体现了以行业协会为主、由代表各方面利益的人员组成的命题、考核专家组为具体执行人的组织机制。德国行业协会在德国职业教育及其考试中的广泛和深入参与有着悠久的历史，德国职业教育的法律更为行业协会深度参与职业教育奠定了坚实的基础和法律地位。其立法和执法层面不仅有完备的法律，而且相互配套，这样完备配套的法律极大地增强了德国职业教育考试的严肃性和公信力。

依据《联邦职业教育法》在行业协会中专门设立考试委员会，对考试委员会运作都有严格的规定，考试委员会的人员构成和遴选办法以及实施方式能够有效地促进职业院校和行业企业在考试目标、考试内容和方式方法等方面的交流沟通，最大限度地体现对学生发展性和企业功利性要求的结合。不仅如此，行业协会作为考试评价的主体有利于调动行业企业参与的积极性以及对职业资格证书的重视。没有资格证书在德国是很难在专业领域就业的。我国 1996 年 9 月 1 日实行的《职业教育法》对职业教育考试没有直接地规定，只有第二十五条，"接受职业学校教育的学生，经学校考核合格，按照国家有关规定，发给学历证书。接受职业培训的学生，经培训的职业学校或者职业培训机构考核合格，按照国家有关规定，发给培训证书。学历证书、培训证书按照国家有关规定，作为职业学校、职业培训机构的毕业生、结业生从业的凭证"。对学生学业评价的主体确立为职业学校及培训机构，将职业学校学生学籍交由地方教育主管部门管理，由学校自主制定学生学业考查的细则或具体的实施办法。职业教育培训机构在我国的发展并不完善，对学生学业进行评价的制度设计中并没有将行业企业等纳入，缺少行业企业的参与，显然这样的制度设计是有缺陷的。我国对职业资格的要求不如德国那样普及，也没有把职业资格（比如护士资格）的考试与职业教育直接结合起来。1996年颁布的《职业教育法》还主要是规范职业教育的举办和组织，而没有更多地涉及教学过程及其质量控制；也没有规定把职业资格考核作为衡量职业教育成效的手段，而是要求提供职业教育或培训的机构组织考核、颁发相应的学历证书或培训证书。

在德国，高等职业教育院校有专门的考试委员会这样的专门组织机构对学生学业进行评价，而在我国高等职业院校组织架构中，尚未有专门的机构，对考试的组织和管理一般都归入教务部门，考试制度的功能发挥对原本就无意升学的学生难以形成激励学习的作用，考试虽然在形式上是检查学生的学习成果，而实际上却成为控制和督促教师的手段。

4.3.2 对国外职业教育考试评价内容的比较与反思

德国职业教育考试评价内容自 20 世纪 70 年代至今从"知识 + 技能"的二元模式逐渐转变为企业典型工作任务的"工作过程"模式，英国 BTEC-HND 的课业由一项或一系列有实际应用背景的任务所组成。通过英国的"课业"设计的标准能够看出，这样的任务必须达到一定的标准才能作为课业。当初由德国经济部公布的国家承认的 93 个职业大类的 371 个行业，都是采取中间考试加结业考试的形式。书面考试考的是理论知识。在产业和技术行业里，实践考试的内容是技能操作，在商业贸易行业里，实践考试测试的是应用能力。并根据培训条例和培训企业的特点建立了特定的实践基地，所有的实践考试都是在特定实践基地中进行。由于对学生职业能力的评价并没有引起职业教育培训决策者足够的重视，其考试形式仍局限于传统的理论知识与操作技能的固定模式。大量地采用所谓程序化试题，程序化试题与常规化主观试题两者共同组成理论知识考试的主要内容。一些职业教育培训专家对此提出质疑。他们认为，传统的程序化试题忽略了很多复杂的步骤与程序，在考核学生掌握知识的系统性方面具有局限性。对实践操作技能的考核部分，专家们认为，它与现实的职业活动联系得不够紧密，特别是与技术产业部门的职业技能联系较少。主要表现在考试的问题设计及操作技能，都是由培训机构预先有计划、有系统拟定好的，缺乏直接参与现实职业活动过程的考核机制。传统的考试模式分理论知识部分和实践操作技能部分，有各自相对独立的考试大纲与要求，理论考试与实践考核有所脱节（汪晓莺，2006）。与这种转变相对应的是德国职业教育"学习领域"课程改革，课程内容从"学科体系"转向为"典型工作任务"，确立了以综合职业能力培养为目的的职业教育总目标，考试内容更接近企业的职业实践，更真实地反映了职业领域中实际职业实践的要求。考试的任务有可能直接来自企业，是典型的反映日常生产实践的企业任务。

（1）变量1——企业任务

学生经过第一个培训学年的专业基础培训，从第二个培训学年开始就接受针对职业的专门培训，如压力管道企业的焊接工将学习只针对压力管道的焊接培训。这导致了学生的过程能力限制在各自不同的专门领域中。因此，为了测评考生与企业的经营过程有关的过程能力，考试委员会制定了企业工作任务这种考试形式，考核学生实施具体工作任务的过程能力。

（2）变量2——典型实践任务

典型实践任务是过程能力的另外一种考核形式，但与企业任务不同，它不针对某个具体的企业工作任务。实践任务考试由考试任务制定委员会（PAL）全国统一命题，具有标准性，命题每年可以随着科学技术的变化灵活改变，是当今职业教育考试结业考试第二部分的实践考试的主要形式。培训企业可以根据企业自身情况为培训学生从两个变量中选择考试任务，两个考试变量具有等值性。两个变量的共同点是考核考生与企业经营过程和质量管理相联系的工作过程能力，这也是它们的最本质目的。

取消了传统的中期考试，实行延伸式的考试。延伸式的考试模式将结业考试延伸为时间上分开的两个部分，即结业考试的第一部分和结业考试的第二部分。结业考试的第一部分考试时间与传统的中期考试时间相同，也就是第二个培训学年结束时进行，考试内容为前18个月的培训内容，考试成绩占总成绩的40%。结业考试的第二部分在整个培训结束时进行，考试成绩占总成绩的60%。

总之，职业能力的培养是现代职业教育的目标，检验受教育者是否具备合格的满足现代社会需求的职业能力是职业教育考试的最主要功能也是新的职业教育考试设计的根本理念。

新考试模式的结构设计和形式设计都是围绕职业能力。职业能力必须在实际工作过程中体现，因此新的考试模式将企业实际的工作任务设计为考试任务，考生完成考试任务的整个过程（包括资讯、计划、决策、实施、检查、评价），成为考官评价考生的对象，考生在完成考试任务过程中的"过程能力"成为考试考察的重要能力。在新的考试模式中，考试题目不单单是专业理论知识或某一操作技能，而是具体的工作任务。新考试模式要求考生在完成每个考试任务的过程中完成一个完整的行动模式。因为一个完整的行动模式包括至少三个阶段（计划、实施、检验反馈），所以新的考试模式不仅重视行动的实施阶段（操作），更强调学生能独立地对工作进行计划、分析和反馈（见图 4-6）。

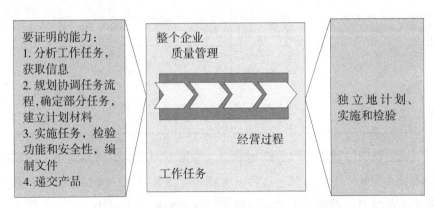

图 4-6　德国职业教育考试评价的设计理念

4.3.3　对国外职业教育考试评价方法的比较与反思

随着过程导向的转向，各职业领域内相应出现了一些新的考试形式和考试方法，不同的培训职业所采用的考试形式和考试方法不同。表 4-12是不同培训职业所对应的新的考试形式和方法。

表 4-12　德国职业教育考试评价方法所涉及的职业及职业群

考试方法	考试形式							
	工件考试	企业任务				整体任务		
	Praktisches Arbeitsergebnis 实际工作结果	Betriebliche Aufgabe 企业任务	Schriftliche Ausarbeitung 企业任务的书面任务	Fachgesprch 专业谈话	Prsentation 演讲	Praktischer Arbeitsprozess 实践工作过程	Schriftliche Aufgabe 笔试	Gesprchssimulation 情境模拟对话
Gewerblichtechnisch 技术	技术制图人员	现实中还没有被应用	举办技术专业人员，机械电子工，飞行器机械电子工	金属电子职业，机械电子工	机械电子工	大量的技术职业	几乎所有培训职业	
Kaufmannisch 贸易营销	商务管理人员			商务管理人员，工业销售，运输销售	全部	全部		银行营业员，保险营销员，保险行业职员
IT-Berufe 信息通信			全部	全部	全部			
Gastronomie 餐饮业	所有					全部		餐饮行业，旅馆饮食行业专业人员
Sonstige 其他	手工业							

（左侧纵向标题：应用的职业群）

从上表中，我们可以清晰地看出，根据不同的职业特点应用了不同的考试形式，像"工件考试"这种只考核最终工作结果的考试形式仍然被应用在技术制图、商务、手工业和所有餐饮业的职业考试中，"企业任务"这种考试形式主要应用在 IT 和工业电子行业职业的考试中。"整体任务"这种考试形式主要应被餐饮业和贸易营销行业使用。

（1）信息通信职业的考试形式——企业项目工作

新兴的领域与传统的技术领域不同，在传统的技术领域中，产品是工人工作的重点，而在信息通信领域中对工人的要求不是加工一个好的产品，而是能够完整地完成一个项目，即从计划、实施最后到项目的检验。因此，像典型的"工件加工考试"等传统的考试形式已经不能满足检验职业能力的要求，因此 IT 领域新的考试形式——企业项目工作出现。

要求考生在规定的时间内实施一个企业中能用得上的真实的项目，如建立一个计算机实验室。考生必须按照专业要求完成计算机房内所有计算机的连接、外围设备安装以及网络连接。

企业项目工作包括以下三部分内容：实施项目工作、项目文件编制和演讲。在实施项目期间考生要对项目编制一个文件，这个项目文件要交给考试委员会评判。考生最后要对项目进行一个演讲，来呈现项目建立的过程、解决问题的思路方法和相关的专业背景。考试委员会评价的不是项目工作的结果，例如程序是否可以运行，而是工作过程。

（2）保险营销职业的考试形式——客户咨询谈话

保险业营销人员工作当然离不开客户，为客户提供咨询服务是他们的基本工作，以客户为导向是他们工作的特点。因此针对保险营销员的考试设计了新的考试形式——客户咨询谈话。

客户咨询谈话考试在一个模拟的情境中进行。在该情境中考生扮演保险营销员，考官扮演客户。对话题目为考生重点培训领域内（如人寿保险、事故保险）的某一方面工作内容，如为消费者宣传保险知识、解释保险条款、点评产品、分析个人财务需要、为客户设计保险方案、制订保险计划等。客户咨询谈话时间大约20分钟，考生可以在两个情境中选择一个，在正式谈话之前有最多20分钟的准备时间。考生可携带并使用保险企业中常见的材料，如宣传保险知识的小册子、保险条款等。这样整个谈话情境从内容到流程上都更接近保险业的工作现实。考生在谈话中展示其能够胜任与客户交流的情境，能够清晰地与客户交流，并根据客户实际条件为其提供最合适的产品。在客户咨询谈话中重点考察考生的专业能力和方法能力，如精通保险专业知识、了解保险行业的运作规律、说服沟通客户的能力。没有参与情景扮演的考官有一张评价单，评价单上有按各种能力划分的考核标准。考官根据考生在谈话中的表现对考生评分。

客户咨询谈话作为保险营销考试的一部分，被证明是适合保险营销职业的考试方法，它在最接近实际职业情境中考察了考生的职业能力。银行职员考试也采用了这种考试方法。除此之外，酒店业以客户咨询谈话这种考试形式为基础采用以客户为导向的考试形式。

总之，无论是 IT 领域的企业项目工作还是保险营销行业的客户咨询谈话或是其他职业的考试形式，这些有一个共同点就是考试都是以企业实践为导向，考试和企业实践紧密相联（见表 4-13）。

表 4-13　德国职业教育考试形式、考试方法及考试对象

	考试形式					
	工件考核	工作任务			整体任务	
考试方法	实践工作结果	企业任务或典型的实践任务	书面任务	专业谈话	实践工作过程	书面任务	谈话模拟
考核对象	借助提前给定的技术资料、原材料加工"考核工件"，加工结果按照职业要求被评定	题目是真实的生产任务，考核任务的实施过程	编制的工艺文件或任务实施计划、专业文章或报告	关于专业问题的谈话，内容包括业务流程、工作过程	按照职业标准和行为规范考核考生的实践工作过程。相关的口头表达（情境谈话）和绘图也包括在此范围内	与任务相关的笔头问题回答	考核的是考生的交流能力，如与客户的谈话，作为业务代表的谈话，以及各种角色扮演

按照现代教育理论，学生只有有机会论证并评价解题方案和解题方案的多种可能性，才能发展职业能力，理解自己的职业行为并对自己的行为负责。按照这一观点，论证解题方案也是职业能力水平的一个重要体现，前提是该解决方案可以自圆其说，而且评分者也能理解该方案。实践证明，如果在测评中要求被试者不仅要描述每个试题的解决方案，而且还要论证该方案，那么可以提供测评结果的信度。当评分者无法理解被试者为何要这样解决问题，或者了解哪些标准在解题过程中发挥了重要决定作用时，需要有适当的手段、在合适的范围对答案进行思考。要求被试者详细地论证问题解决方案，被试者的注意力也就转移到了答案中所包含的"解释行动的知识"方面，使工作过程知识的测量成为可能。

经验表明，在职业能力诊断中使用开放式的测试题目，对测试的组织安排提出了很高的要求。开放式题目反映了真实的职业工作世界，因为在实际的工作中，职业活动通常都针对具体的工作任务。在此，除了考虑技

术标准、美学标准和其他质量标准外，还必须考虑费用、效益、安全和环保等方面的要求。由于这些标准之间经常互相冲突，因此，在制订计划和实施过程中，必然要考虑职业能力表现如何兼顾不同的利益，如何合理权衡这些要求。在完成工作任务时，也会出现狭义上的"错误"。事实上，针对"正确"和"错误"的标准也是一个评价标准，而且只是众多标准中的一个。

4.3.4 对国外职业教育考试评价标准的比较与反思

在德国的教学与学习目标中没有"掌握（熟练掌握）""熟悉""了解（理解）"等模糊性的动词，而采用了"制作""制定""计算出""说出""画出""实施""描述""评价""检查"等与实践和操作密切相关的动词。无疑，"行动"在这里构建成一个框架：在这样一个框架内，"知识系统"不是从外部"输入"的，而是在学生个体内有机生成的。因而在具体的行动情境中，其内化于个体大脑中的有机成分将能很快地从内部"输出"，迅速转换为实用而有效的行动。职业学校的目标是在专业能力、社会能力和人格能力的维度上对职业行动能力的无限发展。"行动能力"是一个结构，也即是说它揭示了一种难以直接测量的联系。德国学者的研究表明，能力的表述提出了学习者的一种确定的结构图像。"个体行为的表层结构（外在可观察到的行动、对事实确切真相的语言表达及态度）与个体行为的深层结构（经验上不能直接观察到的层面，如行动模式、思维模式和态度模式）是不同的，而这些模式正是上述表层结构的基础。"旨在能力开发的学习，其目标指向是：在个体与环境互动中，有条件及可持续而渐进地改变这一深层结构。这正是以人为本、全面发展的职业能力本位所要实现的目标。

英国职业教育的评估观点：职业能力包含多种维度，仅仅对学生进行纸笔测验或考察学生的部分操作水平是不能充分证明学生能力的。能力大多隐藏在多种外部表现的背后，故必须由不同的评价人员参照对应的评价标准，利用多种途径和方法，在不同时段对学员或学生进行多次观察、评估与测试分析，找出足够的证据，收集、整理和评估全面的、合乎逻辑的证据才可能对职业能力进行多维度的准确评价。

英国的 NVQ 是目前国际上规模最大的以能力本位评价为基础的职业资格证书制度，为了追求能力本位评价的这一方法论要求而使其结构十分复杂，甚至由于琐碎而不堪重负，这在英语文化圈国家普遍存在。以澳大利亚 TAFE 学院 ICT02 通信领域培训包为例，"它由两部分六卷共计 1636 个标准页构成。第一卷：简介、资格标准、评估指引及能力单元清单（128 页）；第二卷：接触顾客技能标准（164 页）；第三卷：通信技术技能标准（608 页）；第四卷：技能和知识细目（214 页）；第五卷：顾客接洽流程评价记录（124 页）；第六卷：技术流程评价记录（398 页）。所有这些内容包括了 18 个不同等级的职业资格证书、资格证书之下的 198 个能力标准单元、能力标准单元之下的 6 组共计 517 项技能和知识细目说明，再外加一套评价指导方案。除此之外，该培训包还包含有每个 TAFE 培训包中通用的、各分作三个等级要求的核心能力。"（黄日强、赵函，2008）其实，越是严格地追求被评领域的具体化，越将失去包含我们所要的全部信息，且模糊将继续存在。为了避免这一问题，国际上倾向于对"能力"做宽泛的理解。但是这样，评价者在评价过程中将不得不做出许多解释，从而有降低评价的信度的危险，使能力本位评价丧失它的优越性；再次，在对行为领域细化的过程中，到底细化到何种程度，在具体操作中往往很难把握，从而很容易陷入到永无休止的"具体化"旋涡中去；最后，有些岗位中，特别是第三产业的工作岗位中，不存在明显的、独立的能力单元，这就给职业成就的具体化带来困难。如何有效地解决这一矛盾，应成为能力本位评价今后的研究方向之一（徐国庆，2004）。

4.3.5 对国外职业教育考试评价主体的比较与反思

行业协会深度参与职业教育在德国与英国都有着悠久的历史传统，同样，行业协会在德国职业教育考试中发挥着独特的作用，行业协会则是德国职业教育考试的具体的组织实施者，行业协会中的考试委员会负责考试的具体组织监督等工作。在德国，行业协会是以地区划分的，依照德国法律规定，本区域内的所有企业都必须在行业协会登记，是行业协会的成员。德国最大的行业协会是工商行业协会，全国共有 83 个，其次是手工业行业协会，全国有 59 个，此外，还有农业、律师、医生等行业协会。《联邦职业教育法》规定：德国职业教育考试由代表企业利益的行业协会承担。具体实施体现在在行业协会中设立考试委员会，决定考试任务、计划考试流程、实施考试、评判考试成绩、签发考试成绩单及证书、反思考试流程等。为了保证职业教育考试的质量，德国职业教育考试体系在命题标准的制定、考核程序的设计以及考评技术的开发等方面，都有着一整套严谨的程序。考试强调统一规范性，同一职业或不同职业的相同科目的考试在同一时间举行，并按照统一标准评分。考试结束后考试委员会统一阅卷，最后给考试合格者统一发证。

从前述的考试委员会的人员构成可以看出，这样的主体组成模式不仅仅是为了考试话语权的平衡以及评价结果的公平，同时也体现了对学生职业能力评价的多元视角，资方体现了客户和企业作为中间客户的视角，劳方体现了专业人士的视角，教师则体现教育性的视角。不同的视角也代表着不同的价值导向和判断取向，对学生考试过程和结果的评价同样是需要评价主体之间协商共同做出决定。

基于综合职业能力的评价对评价主体的评价能力也同样提出了很高的要求，作为评价主体必须对跨职业、跨领域的典型工作任务非常熟悉，对"工作过程"的合理性有着非常理性的认识，同时要熟悉对评价任务的设计和评价标准的尺度把握，即在定性与定量之间的考量。

5 高等职业教育学生学业评价的理论基础

技能化取向的能力本位评价在职业资格制定和职业技能鉴定考试中曾经发挥了巨大的作用，现在的鉴定模式虽然有所改革，但依然秉持传统的能力本位评价的思想。相对于常模参照评价和学术性标准参照评价而言，技能化取向的能力本位评价是更适合职业教育的一种评价模式，但在经济社会飞速发展和以人为本的今天，这样的评价思想是否真的适合职业教育尤其是学校职业教育是需要再度追问的。典型工作任务、完整工作过程和综合职业能力的提出表达了一幅完全不同于传统基于工作岗位和工作任务的工作图景，学业评价如果还依据传统的能力本位理论显然是无法适应这样的要求的，理论基础已经发生了改变，需要建构新的理论依据和平台。

5.1 理性主义哲学

德国著名哲学家笛卡儿建立的理性主义认为"知识的最终源泉是对清晰明确的观念的理智直觉"。在他看来，只有理性思考的产物才能被称为知识，理性是知识的唯一来源。之后虽然许多德国哲学家对知识标准提出了不同的看法，但理性始终是德国哲学研究的核心问题。如哈贝马斯在其交往行为理论中认为"意见和行为的合理性是哲学研究的传统主题。甚至可以说，哲学思想就是源自对体现在认知、语言和行为当中的理性反思。理性构成了哲学的基本论题。哲学所使用的原理必须到理性中去寻找。"理性主义哲学对德国各领域学术研究的影响是深层次的，被视为德国职业能力开发思想的第一块基石。19世纪末20世纪初，受德国理性主义哲学传统的思想影响，由德国现代职业教育开创者施普朗格等建立的文化教育学提出了"陶冶""理解"和"唤醒"等重要范畴，形成了关于全面生成人的总体教育的哲学，追求通过陶冶协调地发展人的各种能力。德国教育家凯兴斯泰纳倡导的劳作学校不仅要把职业训练当作谋生手段，同时也要把它视为培养学生道德品质的途径。

德国格式塔心理学的基础就是理性主义，它首次提出了人类学习的顿悟说，认为人的学习不是一个盲目摸索、在刺激与反应间建立机械的连接的过程，而是一个需要理解、智慧参与的过程。与行为主义心理学不同，德国格式塔心理学用有机的、深层的和整体的，而非机械的、表层的和原子的观点来看待人类的心理现象，并在理论上支持了杜威所领导的进步主义教育运动。

由于现代生产模式中工作活动的整体性特征，要求从业者独立完成包括咨询、设计、决策、实施、检查和评价六环节的完整的工作步骤，因此职业教育教学和评价就应为学生提供独立经历完整工作过程的机会。

5.1.1 能力本位的反思

首先技能化取向的能力本位评价是否有利于相对客观、准确地对被评价者的职业能力做出评价？当前以综合职业能力（职业行动能力）取向来进行的课程开发其背景为职业工作的丰富性、复杂性（跨职业、跨岗位）和对工作的主动性和规划性的凸显以及能力的整体性和发展性预设，技能取向的能力本位评价更适合工业社会的岗位分工明确、职责明确、任务明确（单一岗位、具体工种）。

技能化取向的职业能力标准又是由雇主、行会、劳动部门等共同参与开发的,这对于国家的职业资格制定是必须的。职业资格属于"职业范畴",而职业教育则属于"教育范畴",它们是两个不完全相同的领域。教育必须关注人的发展,关注人的职业能力发展,对职业教育学生职业能力的评价应当有不完全相同的设计。

技能化取向的能力本位评价在测验方法上采取工作样本测验,这一点应当为职业教育学生学业评价的方法设计所借鉴,根据典型工种任务设计具有职业效度的学习性工作任务或开放性问题。

在评价方法上,采取标准参照而不是常模参照,符合职业教育评价的目的,但是这里的标准应当有符合整体性综合职业能力模型的指标和标准体系,这一点和技能取向的能力本位评价有根本不同。

技能化取向的能力本位评价必须有具体、精确的职业能力标准为参照,而这样的职业能力标准是通过对职业成就的不断分解、细化来实现的。这一过程不仅使得评价十分复杂而且使得被评领域越来越狭窄,由于评价标准的琐碎和过细使得评价过程是十分机械的,近似于标准化测验(选择题)。技能取向的能力本位评价本来是为了解决传统考试的去情境化的弊端,但在它的实施中也不可避免地滑向了这一怪圈。因为在实际应用过程中,必然受到政治、社会动机、工作组织、经费、评价者先前的经验与理念的影响,从而使评价偏离技术要求,而在综合能力取向的能力评价中则是要凸显这一矛盾情境,充分体现被评价者的决断和平衡乃至妥协的能力,因为技术本身就是一个社会过程。

高等职业教育的快速发展不仅伴随着学校、学生数量等指标的规模增加,同时也伴随着高等职业教育目的、课程改革等为表征的理念快节奏刷新。的确,高等职业教育需要从外延式的扩张转向为内涵式的提升,但是如何提升内涵?内涵的本质是什么?什么能构成这样的内涵?从国家百所示范性高职院校建设项目到国家百所骨干高职院校建设项目的内容中可以看出,涉及专业人才培养模式改革、课程体系改革、教师队伍建设、实验实训条件建设、专业群建设、社会服务能力建设、信息化建设、教学质量保障体系建设乃至职业教育体制机制创新建设等,这些都构成了高等职业教育的内涵。可见，高职教育的内涵是非常丰富的，通过这些建设项目的实施和推进来提升内涵，所有这一切都是建立在教育可以促进或成就人的发展这一前提假设基础上的，基础就是本位。因而对教育的目的和路径具有决定性作用。对于职业教育而言，可以从这个教育的总假设中演绎出职业教育的本位，那就是职业教育促进或成就什么样的人来建立这个本位。在宏观层面上曾有研究者提出高职教育的发展正在经历从能力本位到素质本位、从素质本位到人格本位的范式转换。这样的提法似乎很新鲜，但是仔细剖析发现能力、素质、人格这些人内在的心理结构并不具有太大的区别性。而且对这些内在特征可以从任意角度进行无穷定位、分割和剖析，以至于让人无法把握无法操作。素质和人格在职业教育领域尚缺乏有效的理论体系和操作模式。真正对高等职业教育影响深远的就是能力本位思想，以其理论和可操作的模式直接体现在课程开发和实施过程中，因此，高等职业教育的发展是不能不对这个基础进行审视和反思的。

　　本位意味着基础、根基，同时也意味着失去或者抛弃这个根基会导致构筑其上的其他都会不复存在。高等职业教育传统的根基就是构筑在"能力"这样的基础上，这样的说法也不完全准确，因为"能力本位"的思想源于北美产业界对学校职业教育的不满而提出的。但是职业教育的发展在某种程度上是遵循这样的思想并在实践上进行了诸多的尝试和改革，CBE、MES 等的引进和局部试点就是例子，高等职业教育后期的发展更是如此，提高实践课程比例、改善实验实训条件、校企合作实习基地建设等都可以看出职业教育在构筑这样的根基。"能力本位"这个词在职业教育领域是个舶来品，将这个外来的东西纳入自己内在的认知结构是比较困难的，到底什么是能力？什么是能力本位？众说纷纭，莫衷一是。以中国职业教育课程改革来说，经历了北美、英国、澳大利亚、德国以及诸多的国内探索的 "能力本位"模式洗礼。什么是能力？从理论研究的刊物和各个高职院校的具体实践中可以看出，能力即技能，技能即操作，操作即实践，实践即为职业教育之特色。盎格鲁撒克逊英语文化圈的技能化取向的能力本位依然是很多院校和理论研究者秉持的观念，也有人认为能力非技能，能力为整合体，此为德语文化圈莱茵模式的理解。国内高等职业院校的课程改革大体上可以区分为这样的两种解读模式。

技能取向的极端化的思想者甚至提出课程考证化，即以职业资格证书课程或职业技能鉴定课程来置换学校课程体系。无疑资格类或鉴定类课程是指向技能的，虽然目前的资格类和技能鉴定考试模式也在改革，增加了职业能力模块，但对于学校学生而言，这样的考试主体内容依然是技能。技能对于职业教育而言无疑是重要的，没有技能遑论职业教育，技能的获得是完全实践出来的，大量地、长时间地、刻苦地训练无疑会将技能提高到一定的水平。经过一定的训练正常人可以从一分钟打30个字提高到150个字，会很熟练地使用某个工具软件等都是技能的表征。但是我们不禁又要追问，如果学校职业教育仅仅培养学生的技能，还不如用人单位自己培养，国家对学校的投入完全可以转向那里，制定一系列有效的制度加以监管，没有必要来办个学校。学校职业教育存在的合理性和合法性在哪里？如果不能回答这个问题，学校职业教育无法构建自身存在的合理性和合法性，整个学校职业教育的意义面临价值虚无。

对这一问题的回答仍然要回到职业教育的基础即本位上来，职业教育的本位究竟是什么？在哪里？职业教育的本位是内生的，不是外在于职业教育而要去寻找的，也不是外界给职业教育预设的等着职业教育搬迁到场。看来我们必须剖析技能这一概念，在行为主义理论下，技能首先是可以被观察到的行为，比如身体动作；其次这种行为是人经过训练后可以达到熟练或自动化的，其程度可以用工具加以准确测量；再次，这种行为是经过对某个工作任务加以层层分解到操作执行的行为可以被精确观察到为止。所有这些原子式的动作集合就是技能。对技能的判断需要外部的法官来客观无偏地予以量化后准确裁量，行为主义是不关心人的思想和情感世界的，在他们看来这里都是黑暗世界，同时分解式的科学原则也使得技能需要割裂与其背后的真实情境的关联，所以在技能的世界里，训练、培训、操作、动手能力等这样的词汇充斥在对人教育的观念中。杜威对这种训练机器人的职业教育提出了强烈的批评，技能取向的能力本位的职业教育是"目中

无人"的教育。在一度被广泛倡导的职业教育目的培养中"高技能""强
技能""动手""操作""实践"等词汇无不透露出职业教育就是"会做"
的教育，徐国庆曾撰文指出，对于职业教育而言，学生被训练得仅仅会做
是远远不够的。

技能化取向的能力本位的职业教育最大的功绩就是职业标准及职业技
能鉴定体系的建立以及 DACUM 职业教育课程开发的模式，这种标准体系
如今几乎遍及世界各地，DACUM 依然是某些高职院校的课程开发模式。
如今双证融合（毕业证书、职业资格证书）、课程融合也是学校职业教育
的普遍做法。学校职业教育对学生学业评价采取的形式基本是纸笔考试和
操作技能考试。"技能"为本构筑前述的专业、课程、评价、实训条件等。

从历史的角度看，技能化的能力本位的职业教育为了顺应当时社会
的要求无疑是有积极意义的。在工业社会的初期，福特主义意即产业界
的企业层级化的管理模式和流水线的生产方式、明确的岗位或工种职责
范围、单一的工作任务和形式。可观察、可分割、可量化的技能是非常
适合福特主义的，会操作、能快速操作就是好工人。技术和设备的单一、
职业的单一和垂直流动的局限无需这样的工人对工作本身进行设计和规
划，学校职业教育的使命就是仿照企业的生产模式源源不断地为产业界
提供这样的技能型员工。技能化趋向的能力本位职业教育的内涵就是在
其上构筑一整套的制度、课程、实训、教师体系来确保技能的培养和训
练符合企业的要求，对于职业教育而言，教育就是训练，以训练来促进
人的技能获得。

5.1.2 能力本位的重构

如果说技能化取向的能力本位的职业教育在当时具有积极的意义，那
么在技术飞速发展、新职业主义兴起、人本主义的当今社会则日益暴露出
其无法克服的缺陷。首先是自动化技术的广泛使用在很大程度上取代了肢
体劳动，同时也将过去被分割的工作进行了整合，职业工种间的界限日益

消融，工作任务的复杂性和不确定性大大增强，对工作的主动规划，提前规划，有效规划，多技能，复合型人才，团队合作的重要性则被提升到了非常重要的地位。教育要关注人的发展，职业教育要促进学生的职业生涯可持续发展和职业能力的发展，高等职业教育要同时实现人的发展需求和社会的功利性需要的统一。显然，这些越来越多的要求和不断出现的新问题，技能化取向的职业教育是无法解决的。高等职业教育只是将这些问题简约为一个一个的技能从而纳入技能的概念体系来加以解决是困难的，因为这些能力已经直逼人的内在，也就是行为主义所言的"黑箱"，是技能无法触及的。

高等职业教育的本位需要重构。如果前述的内容主要论述为什么需要重构，那么接着的问题就是如何重构。如何重构需要在肤浅的行为主义背后或者更深处来探索这一基础。显然，被重构的本位需要新的话语及其实践，但我们仍然需要从职业教育建构自身基础的那个前提假设开始。即前面提及教育可以促进或形成人的发展，高等职业教育同样促进人的形成和发展，但职业教育的特殊性在于形成符合职业要求和人的自身发展需求的具体的人，技能化取向的能力本位的职业教育无疑在形成一个会操作的人的方面具有相当的功效，但其适应无效或低效的复杂性职业要求和人的职业生涯可持续发展方面需要深刻、深厚的根基——综合职业能力本位。

综合职业能力从字面意思来解读就是将那些分割得七零八落的技能化的"能力"整合到一起，除此外，综合职业能力力图将人内在的态度、价值观这些观念层面的东西一并纳入，似乎具有某种程度调和的意味。其实在技能训练及相应的课程开发中，也会有诸如遵守制度、职业态度等要求，但这些并未成为行为主义理论下的有机部分。综合职业能力在德国被称为"职业行动能力"。行动和行为有什么不同？德国的职业教育的水平和质量享誉世界，这也与德国对职业能力的本位有独特的诠释有关。德国流派的格式塔心理学认为能力是一个整体化的观念团，是不能分割的，被分割的部分因其与其他部分的割裂和去背景化而无法成为一个完整的能力。人的行动是有目的的，是自主规划的过程，在这个过程中是人的精神层面的内容高度参与的过程，并在行动的过程中显现出完整的能力。而人的行动作为自主规划的过程，可以一般化为"明确任务、计划、决策、实施、控制和评价"（劳耐尔、赵志群、吉利，2010）这几个阶段，而基于典型工作任务的课程开发让工作规划与发展性的工作任务结合使得人的职业能力可持续发展具有了可能，技能化的职业教育仅仅是一个"实施"中的行为表现而已。对于行为化的技能可以观察、测量而进行评价。但对于在完整的行动过程中表现的整体性的综合职业能力是无法测量的，仅仅借助于观察是远远不够的，对这样的职业能力只能"诊断"，意味着必须引入过去被极力排除的"主观性"作为诊断的工具，将质性化评价引入综合职业能力的诊断中。

如此，我们在技能化取向的能力本位表现后面探触了一个建立在新的假设上的基础——综合职业能力本位。基于不同的假设所形成的基础也是不同的，这也使得职业能力的本位从表象化、行为化、行为化的技能向度指向了更深的、更厚重的、新的可以立足的基础，也消解了能力本位职业教育中的技能为本的假象。正如德国职业教育的解读那样，真正的能力是无法被客观化的，而人的技能在当今的技术发展中随时面临着被取代、被客观化的风险，而且这一过程正在加快。只有无法被机器和自动化技术取代的人的行动能力为表征的综合职业能力才能让人具有职业生涯的可持续发展，由此也让学校职业教育具有毋庸置疑的合理性和合法性，以及由此具有的与企业培训的"等值性"甚至是增值性的存在。

重构了综合职业能力为本的这个根基，在这个本位之上的存在也许首先是开发以培养学生的综合职业能力为目的专业课程体系。这样的课程体系必须具有职业效度，即以界定一个职业的若干典型工作任务来重构专业的课程内容，在课程的开发和实施的整个过程制定相应的制度以及支撑这一过程的资源体系，比如师资队伍培养、实训基地建设等。但传统技能化的能力本位已经形成了一整套的制度体系，以职业资格和鉴定为表征与学校的课程化的学业考试相结合形成了学校的评价体系，这些体系在新的综合能力本位的上层建筑中应当居于什么样的位置？这个问题的探讨当从职业教育倡导的校企合作开始，职业教育为什么要倡导校企合作？因为职业教育的校企缺乏合作，缺乏课程层面的真正合作，对职业的理解以及职业课程的开设和实施加之结构性的职业师资的失调，学校职业教育的课程内容距离职业本身的差距是非常大的，学校在一个相对封闭的系统内想象着职业是什么。大量的技术理论课程设置也说明学校对于职业的理解，即对理论知识的学习可以构造一个真实的工作过程，期望以对知识结构的前置来实现有效的职业"实践"。现实再一次证明，职业本身的复杂性远远超出了人们的想象。没有完整工作过程的支撑和典型工作任务的引领，没有关于工作过程知识这样的隐性知识生成，仅有显性的知识、仅有技能是无法适应职业本身的要求的，更无从谈起职业生涯的可持续发展。

"一般人对企业的真实面目了解得不够。今天的企业活动不但内容高度复杂而且无处不在；今日企业更可说是各种人类活动的大集合。过去一百年来，企业发展的速度之快远远超过其他的人类活动。今日企业活动机会是带领并指引其他人类活动进行的方向。"（沙门，2003）校企合作对于破除课程想象，开发真正的职业课程具有决定性的意义，建立政行企校四方联动的理事会，引企入校的"校中厂"项目抑或是在企业建立教师流动中心的"厂中校"项目来提升校企合作的水平，使得专业课程体系开发建立在明确的职业效度上，而且为这样的课程实施创建良好的环境。

但是学校职业教育决不能仅仅止步于校企合作，而是要在校企合作中成为推动企业、社会引领学生职业能力发展的独立变量。这就意味着在综合职业能力为本位的职业教育，必须有超越一般知识和职业技能传授和考试的体系设计。那就是将基于典型工作任务的课程开发和过程性导向的教学实施以及综合能力的诊断、评价确立为专业建设以及具体课程设计的原则，将典型工作任务作为能力发展的载体，将过程性的教学实施作为彰显学习者的主体的平台，将综合能力的诊断和评价作为学生学业评价的根本手段。至此，传统的知识课程、训练课程和证书课程只是典型工作任务蕴含的一个基础性任务，是过程性导向的教学过程中的一个必要的资源，是综合职业能力评价所需的一个基本证据。所以技能化取向的能力本位上的这些体系只是其背后更为深刻和宽厚的"本位"的外在之极为有限的构成部分。在这个意义上，技能化取向的职业能力的"本位"只是真正"本位"的一种表象。在综合职业能力的这个真正本位上要构筑的可能是一个真正的宏大体系，从职业教育自身的制度体系到职业教育内外部环境的体制机制变革，这些都必须在综合职业能力的这个内核中寻求适宜于其生长和发展的制度体系的基因。

5.2　建构主义理论

5.2.1　建构主义学习论

学习就是社会性交往中，由于内在认知结构与外来客观结构之间相互作用所造成的认知结构不断增加或改变的过程。该理论提出了关于学习三个关键论断：一是学习是学习者对新知识的主动建构。学生的意志自决和行为自主是接近、选择和解释外来客观结构的前提条件。二是学习是学习者对新知识有意义的建构，学习过程就是学生已有认知结构与外来客观结构有机整合的过程。三是学习是学习者在社会性活动中自主地、有意义地建构外来客观结构的过程。认知结构都具有一定的文化特征和历史特征。要形成社会性知识的基础，就要在社会交往和协作学习的过程中求同存异。

在行动导向的教学中，应从职业活动对行动调节的客观要求及学习者现有经验水平和全面发展的需要出发，设计学习活动和情境。通过对客观结构和认知结构的双重开发，促进职业能力和学习者个性的协调发展。

对于建构主义学习理论和行动导向的学习理论，多数学者特别是德国职业教育界认为两者本质上是相同的，其基本观点认为，知识不是通过教师传授而是学生通过建构意义的方式获得的；认为"情境""协作""会话"和"意义建构"是学习环境中的四大要素；强调教学设计的学生中心、学为中心、情境作用、协作学习、意义建构等原则。

我国高等职业教育"工学做一体化"课程改革充分借鉴了德国职业教育学习领域课程的指导思想，那就是职业教育的自身价值追求不应当仅仅附属在对"客观"的技术掌握和学习中，也不应当成为企业功利性追求的工具，而是具有教育自身的价值追求和功能，那就是"设计导向"。所谓设计导向的职业教育思想，其基本含义在于：职业教育培养的人才不仅要有技术适应能力，而且更重要的是有能力本着对社会、经济和环境负责的态度，参与设计和创造未来的技术和劳动世界。这意味着，职业教育的内容不能简单地适应技术的发展及职业工作任务一时的要求，必须更多关注工作、技术和教育之间的相互关系及相互作用。但职业工作的变化、技术的发展与职业教育设计这三者却是相对独立的三极，其某一极的存在形式并不完全由其他两极决定。这意味着，观察的视野将从教育的效果转向工作和技术的设计，需要关注的是职业教育的过程和结果对工作和技术的设计所蕴含的重大意义。

新技术的设计就要有意识地关注劳动者的能力。而职业教育则应成为技术、劳动和教育复杂的三极关系中的独立变量。有意识地促进职业教育对于劳动组织、工作内容和生产技术的影响，就成为职业教育思想的重要内涵。所以，职业教育不应把学生仅仅视为未来的劳动者，而应视为技术设计的潜在参与者。追求技术实现的可能与社会需求之间的平衡发展，是辩证统一的。通过预先推定使用价值和多元文化取向，技术的发展趋势更多地取决于其在社会上被寄予厚望的愿景。显然，在确定技术发展的能力时，不同的利益集团（如资方和劳方）的权利起着决定性的作用。所以，技术的设计实际上是一项重要的政治任务。这就为一般意义上的技术教育，即职业的技术教育，拓展了广阔空间。人们不仅会更现实地去关注职业教育功利性的任务，而且会更理想地去追求职业教育中的教育性要求（姜大源，2007）。

典型工作任务这一当代职业教育课程开发核心概念的提出有其深刻的经济社会发展背景以及学校职业教育对自身存在合理性的不懈探寻。20世纪 80 年代以来，日益复杂的社会劳动对劳动者素质和智能的要求不断提高，人本主义和建构主义心理学逐渐兴起，促使新职业主义的产生，"按照新职业主义的观点，职业能力开发不是训练人的机械性技艺，而是为个体未来的工作生活做准备；职业能力不是针对某一项具体工作进行的培训，而是'工作过程导向'的教育，其任务是在个体和他未来的工作世界之间搭起一座桥梁。职业能力开发的核心是让学习者获得他们未来职业世界中所需要的、重要的能力，即职业综合能力。（劳耐尔、赵志群、吉利，2010）"

同时职业教育的教学模式也在发生着变化，从训练模式转向了行动导向模式，这种变化不仅仅由职业领域工作内涵和方式的变化所引起，也同时体现了教育对于人的发展性、主动性的关注。"所谓行动导向的学习，是指由师生共同确定的行动产品来引导教学组织过程，通过主动和整体的学习达到脑力劳动和体力劳动统一的学习方式。这里，行动的基本特征是：学生可从多种可能的行动方式中选择自己的方式；学生在行动前可对行动可能产生的后果做出预测并通过有计划的行动，有意识有目的地去影响行动的后果。"

"行动导向以人为本，认为人是主动、不断优化和自我负责的，能在实现既定目标的过程中进行批判性的自我反省。学习不再是一个外部控制的'黑箱'过程，而是一个学习者自我控制的过程。这意味着，职业教育的目标已从传统的胜任现有职业活动中的任务发展到现代的职业行动能力的培养，涵盖对专业工作任务的咨询、计划、决策、实施、检查、评价等内容。行动导向的教学模式已经成为现代职业教育的主导模式。"

系统相关主要指的是按照人的职业成长过程设计具有正对性的工作任务，而且这样的工作任务对应着不同关联性的知识和工作体系。本耐和德莱福斯等人研究发现：人的职业成长具有较为清晰的路径，即遵循"从初学者到专家"的逻辑发展规律，其发展过程分为初学者、高级初学者、有能力者、熟练者和专家五个阶段。每个阶段向更高级的阶段跃迁需不同的任务载体，对应着不同的知识形态。此后，劳耐尔等发现和确认了各发展阶段对应的知识形态，这不仅为职业教育课程开发中按照职业能力发展规律科学设计学习任务提供了重要的工具，同样也为评价任务的设计奠定了基础。据此，职业教育的课程分为四个层次，其内容和特点分别如下：

第一层次：目的是提供职业入门教育，核心是让学生学习本职业（专业）的基本工作内容，了解职业轮廓，完成从职业选择向职业工作世界的过渡并初步建立职业认同感。该层次的学习内容是日常或周期性的工作、设备装配制造和简单修理技术等，目的是帮助学生了解本职业的基本概念、标准化要求和典型工作过程。学生完成该任务须遵循特定的规则和标准，能逐步建立质量意识并有学习反思的机会。

第二层次：目的是提供职业关联性教育，其核心是让学生对工作系统、综合性任务和复杂设备建立整体性的认识，掌握与职业相关联的知识，了解生产流程和设备运作，思考人与人之间的关系以及技术与劳动组织间的关系，获取初步的工作经验并开始建立职业责任感。该层次典型的学习内容有设备检修、流程或系统调整等，其特征是：在职业情境中完成有一定难度的专业任务，利用专业规律系统化地解决问题。针对部分任务和环节独立制订计划、选择工艺和工具并进行质量控制，在此过程中注意与他人合作，体验任务的系统性并发展相应的合作能力，养成反思的习惯。

第三层次：目的是提供职业功能性的教育，其核心是让学生掌握与复杂工作任务相对应的功能性知识，完成非规律性的任务（如故障诊断）并促进合作能力的进一步发展，成长为初步的专业人员并形成较高的职业责任感。完成这一层次的学习任务，学生无法简单按照现有规则或程序进行，需要学习课本之外的拓展知识，并综合运用理论知识和工作经验，需要按照自己确定的标准、流程和进度独立或合作完成任务，具备一定的质量和效益意识以及反思能力。本层次典型的学习任务有功能分析、单件产品制造和投诉处理等。

第四层次：目的是提供知识系统化的专业教育，其核心是培养学生完成结果不可预见的工作任务的能力、建立学科知识与工作实践的联系，并发展组织能力和研究性学习的能力，即培养"实践专家"。从第三层次到实践专家的过程是漫长的，需要不断实践和高度的敬业精神。本层次典型的学习任务有复杂故障诊断和排除、技术系统优化和营销方案策划，其特征是：在一般技术文献中没有记录、相关信息不全面，学生需要自己确定问题情境和设计工作方法，甚至制作部分工具（如软件等），对完成任务的过程全面负责、具备高度的质量意识并关注环保和产品成本，具备较强的反思和革新能力。

职业教育的任务是通过科学的方法，把学习者从较低发展阶段顺利带入到更高级的阶段，其过程是"从完成简单任务到完成复杂任务"的能力发展，而不仅是"从不知道到知道"的知识学习和积累；必须找到合适的载体（如学习情境和学习任务）才可能有序、高效地实现这一发展过程（赵志群，2008）。

职业教育的目的是发展学生的综合职业能力，而综合职业能力发展与职业道德的养成有着紧密的联系。职业道德是从事一定职业的人在工作和劳动过程中应遵循的特定的职业行为规范。职业道德教育有独特的规律，遵循这些规律需要熟知一些相关概念，如工作道德、职业认同感（identity）、职业忠诚度（engagement）和职业承诺（commitment）等。如一个会计按照领导的要求加班加点做假账，其工作道德好，却缺乏职业道德。职业认同感是个体对所从事职业的目标、社会价值及其他因素的看法。如教师的职业认同感是教师对其职业的积极看法和情感，以及决定其积极的职业行为倾向的心理状态。职业认同感是职业素养的重要组成部分，职业认同感的形成与职业能力的发展紧密联系并相互作用。教育家布兰凯茨（Blankertz）指出："职业能力的发展要求学生能够进行思维方式的转换：学生必须接受一个特定的职业角色，并且认同这个角色，否则就不可能获得职业能力。"这一已被大量实证研究证明的观点说明，职业道德教育的重要任务之一是建立和发展职业认同感。

职业承诺是指由于个体对职业的认同和情感依赖、对职业的投入和对社会规范的内化而导致的不愿变更职业的程度，它是与组织承诺有关的但高于组织承诺的情感和态度。职业承诺高的员工认为组织为其提供的职业发展路径比简单的加薪更有意义，职业忠诚度也高于对具体企业的忠诚。

职业道德教育需要有效的载体，让学习者在做和反思中逐渐建立和发展职业认同感，从而建立职业忠诚度和职业承诺。职业学习的过程是职业能力和职业认同感的共同发展过程。职业能力发展遵循职业成长的逻辑规律。有效的职业教育，只能按照"从初学者到实践专家"的逻辑规律，通过完成系统化的典型工作任务实现。学生在完成这些任务的过程中，不断熟悉和适应职业的"实践共同体"（Communities of practice），逐渐形成职业认同感，并发展职业能力。有效的职业道德教育只能通过做事和反思实现，需要也必须通过完成系统化的典型工作任务，即在完整的工作过程中，学习者把职业工作的质量标准逐渐内化为职业行动与职业决策的指导原则，并在"实践共同体"的标准下发挥主体作用。心理学家赫威斯（Havighurst）的"发展性任务"（Developmental Task）理论指出，应当按照从初学者到实践专家的逻辑，寻找难度不同的典型工作任务并组织教学，在促进职业能力发展的同时，将低层次的职业认识发展成高层次的职业认同感。这四个难度不同的典型工作任务不但反映了职业的特征，而且表明了职业能力形成与职业认同感发展之间的关系，成为帮助学习者建构职业认同感的"阶梯"（见图 5-1）：

第一阶段：职业定向性任务，如常规服务和安装装配工作。在职业教育初始阶段，学习者了解本职业的基本工作内容，接触并完成能够促进对职业角色进行整体化认识的定向性任务，为建立职业认同感奠定基础。

第二阶段：程序性任务，如设备调整和按照专门程序提供的综合性服务。通过程序性任务，学习者开始思考技术与劳动组织之间的关系并获得初步的工作经验，将第一阶段形成的职业整体认识逐步发展成为反思性的职业认同感，把生产流程、工作过程与工作世界作为学习潜力来开发。

第三阶段：蕴含问题的特殊任务，如故障诊断与修理复杂（特殊）产品的生产。由此，学习者的职业认同感发展成为职业责任感和质量意识，职业责任感是职业承诺（内在动机）的先决条件，而质量意识则是在复杂工作情境中完成完整工作行动的必要条件。

第四阶段：无法预测结果的任务，如优化技术系统或建立服务体系。通过完成这些任务，学习者不仅关注狭义的职业特点，而且不断增强对职业的自我理解，并将其逐渐发展成跨职业的关键能力，开始规划自己未来的职业生涯。现代工业社会学研究表明，步入后工业化时代，人的职业角色发展的重点正从"承担传统社会角色的社会化"逐步过渡到"实现个性发展的个体化"。这意味着，在职业教育中，"工作规范的内化"不再唯一重要，而学习者对学习内容的主观化要求越来越高。有效的职业道德教育，必须帮助学习者对职业生涯进行积极主动的建构，建立和发展职业认同感，从而使职业承诺成为可能（赵志群，2009）。

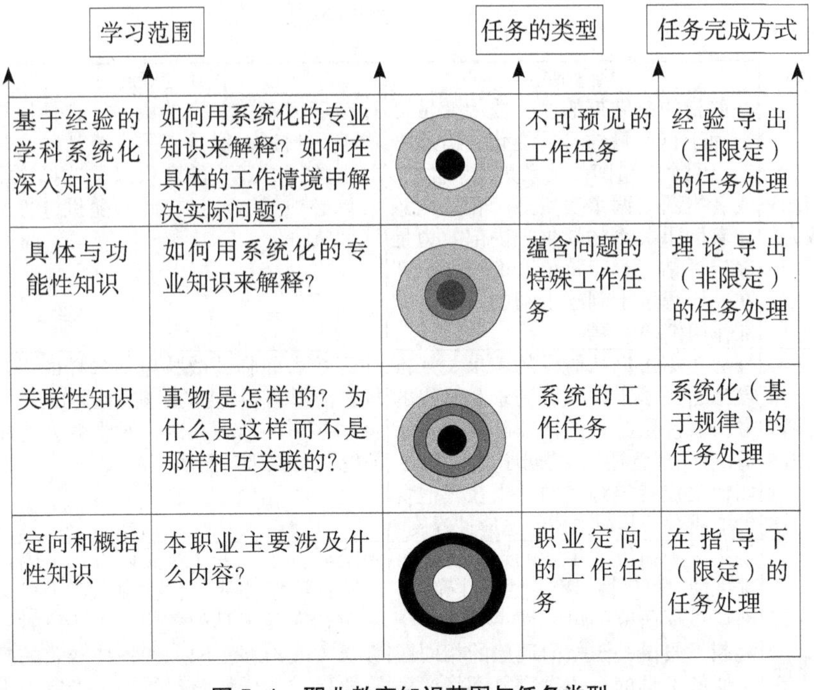

学习范围		任务的类型	任务完成方式
基于经验的学科系统化深入知识	如何用系统化的专业知识来解释？如何在具体的工作情境中解决实际问题？	不可预见的工作任务	经验导出（非限定）的任务处理
具体与功能性知识	如何用系统化的专业知识来解释？	蕴含问题的特殊工作任务	理论导出（非限定）的任务处理
关联性知识	事物是怎样的？为什么是这样而不是那样相互关联的？	系统的工作任务	系统化（基于规律）的任务处理
定向和概括性知识	本职业主要涉及什么内容？	职业定向的工作任务	在指导下（限定）的任务处理

图 5-1 职业教育知识范围与任务类型

5.2.2　建构主义评价论

在建构主义视角下，能力是一种个人与环境的建构，综合职业能力也是以典型工作任务为载体的学生与社会企业文化环境的建构，评价不是一种价值中立、纯粹的科学过程，评价不能忽略社会、政治、价值取向。对评价本身也视为一个过程具有持续性、回归性和多样性。要求评估者的角色要从纯粹的技术人员、描述者或者判断者转变为合作者和协调者。秉持这样的认识，Guba 和 Lincoln（2008）提出了基于建构主义的第四代评估，第四代评估的假设前提是：事实并非客观显然地摆在那里，而是依据人为的建构而存在的。这是第四代评估的核心理论观点。秉持第四代评估的学者认为传统评估追求内部效力、外部效力、可靠性和客观性，并将其作为标准。第四代评估对传统评估的标准进行了深入的剖析，表 5-1 是传统评估的标准及其存在的威胁。

表 5-1　传统评估的标准

标准	概念界定	存在的威胁
内部效力	一般指的是结果的变化或因变量可归因于自变量的可控变化；借此推断出两个变量间的关系是因果性的，或者推断出两个变量互不相关则意味着因果关系的缺失，内部效力是确定评估"真正价值"的核心，即在一定程度上判断事情的来龙去脉和作用机理	存在着大量的假定的威胁，包括历史、成熟、测试、仪器使用、统计的衰退、差别选择、经验的衰亡以及选择，调查设计必须能够通过控制和随机过程消除这种威胁
外部效力	被界定为可以从假设的因果关系推导出适用于不同人、场景和时代的方法。按照其目的，外部效力对于适应性(或普适性)的问题的回答是如何决定特定调查的结果在其他背景中或对于其他主体的适应性程度	外部效力面临的威胁包括选择的影响、场景的影响、历史的影响和结构的影响。将这些影响考虑在内，对少数人适用的研究就可以推广至大多数人
可靠性	是指一项研究或手段的连贯性、可预见性、可信性、稳定性或准确性；确认一项研究的可靠性主要取决于复制，假设关于相同现象的相同或相似的工具的每一次重复都将产生近似的测定方法	传统调查中，可靠性受以下几个因素的威胁：测定和评价过程中由于手段落后（包括人类工具的落后）、评价时间不够长（或不够集中）、各种概念的模糊等所导致的任何疏忽行为。确定连贯性就是回答"调查者怎样决定，包括调查在相同（或近似）的场景中可以复制，调查结果是否也可以重复"

续表

标准	概念界定	存在的威胁
客观性	是对实证主义的中立性要求的回答，它要求给定调查不怀有任何偏见、价值观，纲领性的问题是："仅仅通过调查的题目和条件来决定一项给定调查的结果，而不是通过调查者的偏好、动机、兴趣、价值观、偏见或观点来决定，调查者怎样来确定给定调查结果受决定因素影响的程度？"一般地，一项研究通过以下两种方式免受价值观和偏好的玷污：主体间协议，方法论和一套不受人类偏好影响的方法的运用	威胁来自允许调查者的价值观来反映或歪曲"中立的"数据、采用公开的意识形态调查或一个"主观的"观察者所得出的数据与信息的合法化等

第四代评估所追求的"标准"如下：

（1）可信性

可信性标准的含义与内部效力相同，原因在于研究结果与客观现实之间的同构被回应者所建构的现实与现实的重构之间的同构所替代。注意力不是放在假设的"真正的"现实，而是已转移到建立回应者所构造的现实与评估者所描述的并为各种投资者所提出的现实之间的匹配。

① 长时间地投入：深入调查现场，可以克服信息误导、歪曲或伪装叙述的影响，从而建立联系和揭示建构所必需的信任，有利于完全投入和理解背景文化。

② 持久地观察：充分地观察能够使评估者"认清形势中与所要研究的问题有关的详细特征和要素"，持久地观察的目的是延伸长时间投入的视野。

③ 同人讨论：与没有利害关系的同人，广泛讨论某个评估结果、结论、试验性分析，偶尔还有评估领域的压力。参与这样一个过程的目的是：与没有任何合同利益约束的人一起来检验评估结果，提出评估者所掌握的默许的和含蓄的一些建议。与没有利害关系的同人寻找问题是为了帮助评估者理解他们自己在调查中的立场、价值观和所起的作用；促进脱离背景对假设的检验；给评估者提供一个在现有设计中寻找和尝试下一个方法步骤的机会；给评估者提供一个在保密和职业关系的环境中宣泄的方法，减轻

他们的心理压力。

④ 消极个案研究：对一个给定的假设要用一种发展和更新的眼光，根据后知之明，修订指导性的假设直到它能够很好地诠释所有已知的案例。消极案例分析被认为与定量材料的统计测试形同或类似，因此应当同等对待。没有人能在知识苍白的基础上认识统计的重要性，正因为如此，不是所有的定性材料都能够正确归类。当积累到一定数量，消极个案分析能够让评估者有信心来尝试摒弃对抗的假设——适宜的假设除外。

⑤ 递增的主观性：监督评估者构思的过程。很显然，没有一个调查者在调查时脑子里一片空白，干干净净。也正是因为他们脑子里不是一片空白，他们才能够胜任调查研究。同样也很明显，任何符合建构主义原则的通过调查得出的建构必须是连接性的。不能给予调查者的建构任何优于他人建构的特权（除非他能够比其他单一回答者引入更广泛的信息或更高的复杂程度）。递增的主观性技巧的设计意图就是检查这种特权的程度。

⑥ 成员核对：收集利益相关者的原始建构，并与他们进行检验假设、数据分析、初步分类和解释的过程。这是确立可信度的最关键的技巧。如果评估者想证明他所提倡的多重现实早已为利益相关者提供，最可靠的测试是证实那些提供给他们的建构的正确性。这一过程在资料收集和分析阶段连续发生，也发生于叙述性案例研究的准备阶段。成员核对可以是正式或非正式的，个人（例如采访之后，为了证实他所记录的正是他想要交流的东西）或群体（例如正如个案研究所写的，利益相关者群体的成员须对他们的建构做出反应）的。

成员核对的作用如下：

可以使评估者对给定行为的意图做出评价——回答者通过某种行为或提供一定的信息所反映的意图；

提供给回答者纠正事实或解释错误的机会；

提供被访问者（信息提供者、回答者）补充信息的机会，尤其是允许他们从陌生人的立场来"理解"形式；这将大大刺激回答者对信息做出思考，并将进一步验证特定的建构，并且如果没有复核采访内容的机会则可以提出一些可能被遗漏的信息；

将回答者所说的和与会见者意见一致的地方进行记录；

给调查者提供总结的机会，这不仅是回答而且也是分析特定采访的第一步骤；

给回答者提供判断采访的总体适当性和确认个人资料的机会。

（2）可转移性

可转移性含义与外部效力或普适性相同。严格地说，实证主义要求发送和接收的背景至少是来自相同人口的随机抽样。建构主义范式中，对所传送与接收的背景的相似程度的检查这种经验过程代替了外部效力。进一步证明普适性的责任在于调查者，证明可转移性的责任在于接收者。

（3）可靠性

可靠性与传统的依赖性规则类似：它关心的是数据在较长时间内的稳定性。通常因为调查者厌烦、精疲力尽或者面临强大的心理压力，而发生这样的不稳定性。但是，可靠性特别是将那些因为评估者所做的明显的方法决定或由于成熟的重构引起的变化排除在外。当然，在传统的调查中，在研究方法（设计）上的改变如果不是完全无意义的（不稳定的），那它将给可靠性带来巨大的质疑，同样，认为假设、构想的转变或类似的东西将使研究面临不可靠性。但是，方法的变化、建构的转变正是致力于逐渐复杂化建构的应急设计的预期结果。远非威胁到可靠性，这些变化和转变是成熟的、成功的调查的里程碑。但是这样的变化和转变既要被跟踪，又要可跟踪（通常意义上讲是可检验的），以至于对该评估的外界评论员探究整个过程，判断所做的决定，理解在环境中导致评估者做出如此解释和决定的突出的因素。证明过程的逻辑和方法决策的技术就是可靠性稽核。

（4）确实性

确实性可以被看作与客观性的传统准则是类似的。像客观性一样，确实性关系到确保数据、解释和调查结果扎根于环境和评估者以外的人，而不是评估者想象的虚构物。传统的范式将其对于客观性的确认扎根于方法，也就是说，正确地跟随过程将有脱离调查者的价值、动机、偏见或政治诱导的发现——建构主义范式对发现的完整性的确认扎根于数据本身。这就意味着通过数据（建构、主张、事实等）能追溯到它们的根源，并且，在案例研究的过程中，用来将各种解释汇集成结构上连贯的整体的逻辑既是明确的又是含蓄的。这样，"原材料"和"用来压缩它们的过程"可以被研究的外界评论员检验并确认。通常，用来确认某项研究的数据和解释的技术是确认性稽核。

（5）真实性

方法仅仅是建构者在调整或第四代评估过程中的一个考虑方法。结果、产品和谈判标准在一个给定的调查时是同等重要的。仅仅依靠说明方法的标准及类似的标准，引发调查对于是否授权于投资者的质疑。将这一点说得更坦率些，延长结合时间和永久性的观察（或者人们选择的任何其他的方法）都不能使投资者建构能被收集和诚实地表达。因此，单纯地依赖于质朴的方法还不足以保证调查的目标可以实现。

真实性标准包含如下内容：公平性。公平性是指在评估过程中，对不同的构思以及它们潜在的价值体系征求及尊敬的程度。获得公平性有两种方法。第一种包括确认投资者和组内构想的征集。确认所有潜在的投资者和找出他们的过程应当变成为每种评估研究的永久稽核踪迹的一部分。第二种是对建议和随后的行动日程进行开放性的谈判。① 谈判必须在全面考虑所有团体或团体代表的意见的过程中开放地进行；封闭的讨论会和秘密的手稿或者类似的东西是不被允许的。② 谈判必须是在同等技巧的谈判者之间进行。当不可能使所有投资者成为同等技巧谈判者时，各方都应当有机会成为熟练谈判人。必要情况下，评估者充当不熟练谈判者的教练。③ 不仅在理论上，而且在实践中，谈判都必须由来自近似同等权利位置的人来执行。④ 谈判应该在所有团体拥有同样水平信息的条件下进行；在一些情况下，这也意味着，在理解信息对他们的利益意味着什么时，投资者也许需要帮助，但是，提供这些帮助也是评估者的一个合理角色。⑤谈判本身必须以相关的事物为中心。⑥谈判必须按照投资者本身设计的并都同意的规则来实行。

（6）实体真实性

这个标准谈到了单个个体自己的构想改善、成熟、扩张和证明从而拥有更多信息并更复杂地加以运用的程度。字面上，就是"在个人或团体对世界的意识实践中的改善"。有两种方法可以证明已经获得了实体真实性。第一，有选定回答人的证词。当单个投资者能证明他们现在了解更宽范围的问题，或者说他们能欣赏（了解、理解）他们以前不能理解的问题时，那是实体真实性的根据。第二，在评估过程中，对情况研究的稽核轨迹应该以不同点的形式记录单个构想的条款。那些条款也应当包括评估者的——为了证明"进度客观性"。

（7）教育真实性

教育真实性提出单个回答人的理解和欣赏的程度，因为在他们的投资团体之外的其他人的构想被提升。有两种不同的方法去检查是否获得教育真实性。第一，在过程中选定参与者的证词将证明他们已经理解不同于他们自己构想的构想。在谈判过程中将常常涌现这样的证词，这些不但可被记录，而且可被公开。第二，在过程末尾，稽核轨迹应当包含与发展中的理解或在解释过程中通过交换看到的欣赏。

（8）接触反应的真实性

这个标准可以被定义为评估过程激励和便利的程度。第一，应当有来自所有投资团体的参与者的可利用的口供，不仅包括他们自己对感兴趣的评估口供，而且包括他们愿意介入的证词。第二，我们可以依赖于从谈判本身发出的决策。当联合谈判时，应当遵守信度是被参与者拥有，并且，正如研究所表明的，是他们乐意执行的。第三，当然，应该在给定的时间段内系统并持续地评估行动并随着对评估努力的考量而变化。

（9）战略真实性

战略真实性涉及投资者和参与者被赋予权利做事的程度。第一，得到来自所有团体的投资者或参与者的证词。第二，为了决定哪个团体参加和他们参加的方式，必须做一些后续工作。第三，在评估过程中，参与者和类似的评估者必须对赋权做一些判断。

6 高等职业教育学生学业评价的体系改革

高等职业教育学生学业评价的体系改革首先要建立具有自己特色和内涵的制度。制度的沿袭和模仿其实质是对特色和内涵的不明，高等职业教育学生学业评价的制度设计，我国《职业教育法》有关学生考试与评价的规定条款与内容都非常少，省一级的教育主管部门制定了诸如高等职业院校学生学籍管理规定，对学生学业评价的体系进行了框定，各个院校根据这一规定制定了详细的学生学业评价办法。但这些规定和办法的制定更多的是对中等职业教育和普通高等教育考试制度的一种沿袭与调和，除了增加职业技能或职业资格考试要求外，基本不具有基于典型工作任务对学生综合职业能力进行评价的针对性和有效性。基于某一具体工作岗位和某一水平等级的职业资格鉴定考试对职业教育而言，是其课程开发和实施所应当达到的结果之一，但是职业教育学生学业考试评价促进学生综合职业能力发展的根本目的则需要超越仅仅局限于某一具体工作岗位和某一水平等级的职业资格鉴定考试的狭隘视角，这需要重新构建学生学业考试评价制度。

制度的设计首先要破除仅仅是出于有利于管理的目的，或是只从管理者的视角出发来制定的心理倾向，有利于管理必然使得教学管理机构和人员成为教师和学生之上的"官僚"，教师要通过考试获取管理所需要的数据和信息。此外制度的执行更为重要，不能为了便于管理，提高效率，减轻数据信息采集和录入的工作量。教师也出于便捷的心理需要，在实践过程中大量采用客观化、简单化试题。对于适合于综合职业能力为测评目的、体现完整工作过程的基于典型工作任务的评价任务的制度体系建设要在设计和执行中并重才能最大限度地发挥作用。

在整个的评价内容、评价方法、评价标准设计和评价主体构成中，始终贯穿着一条主线就是"被评价者"与"典型工作任务"的关系。作为"被评价者"的学生不仅仅是具体工作任务的执行者，更是对基于典型工作任务的具体评价任务的宏观整体设计者和规划者。"完整工作过程"就是其设计与规划的体现。而完整工作过程本身就是需要进行自我以及团队评价，所以"被评价者"本身并不意味着话语的缺失，成为一个传统评价中的被裁判的对象。他和不同层面的评价主体集成在评价任务中，他们的关系应当是对话性质的。但是这些不同层面的评价主体的话语的方式又是有所不同的，他们和"被评价者"的观察距离是有差别的。这种观察的距离受制于交往关系的亲疏，这从对职业教育学生学业评价的历史中不难发现。

6.1　四方联动、分层规划——高等职业教育学生学业评价制度设计

前述我国高等职业教育的学生学业评价制度基本依据是教育法或者职业教育法的相关规定及各省各院校制定相应的学籍管理规定和配套的实施细则，应该说，这样的制度体系是过去其他历史时期无法比拟的，但这些刚性的制度体系仅仅是一些表面的规定，这些表面的规定无法解决当前存在的问题，这也反映了制度本身的设计就有缺陷。当前职业教育领域一些技工学校和技师学院关于学生学业评价制度设计的探索对高等职业教育学生学业评价制度设计有启发意义。这些评价制度的探索重视校企合作，在不同的层面形成了不同的合作形式（见表6-1）。

表 6-1 当前职业教育领域一些技工学校和技师学院关于学生学业评价制度的探索

合作形式	实例介绍
基本合作形式 **学校为企业参与考核评价创造条件** 合作要义：学校结合教学过程的推进，利用实习教学、培训考核等与企业联系紧密的机会，请企业相关人员对学生的实习表现、操作技能等内容进行考核，对教学质量进行评价。 必要条件：校企双方要把企业参与考核评价作为校企合作的一项重要内容列入合作协议，作为校企合作培养高技能人才的一项制度来对待。双方要建立稳定的企业参与考核评价的机制和渠道，如校企共同制定相关制度、企业应确定相对稳定的考评工作人员、校企之间经常互通相关信息等。	无锡宏源高级技工学校在与企业共同确定培养目标、共同制订培训计划、共同组织实施的基础上，结合教学环节请企业相关人员参与对学生的考核。比如，在学生实习上，学校坚持按企业的规章管理学生，请企业的师傅参与对实习学生进行道德品质、实习表现和日常生活的管理考核；在对学生进行技能考核评价上，请用人企业的高技能人才参与，并经常运用技能竞赛的形式，由学校搭擂台，请企业有关技术人员做裁判；在企业全员培训上，学校坚持培训需求由企业开列，培训手段由企业提供，培训考核由企业负责，培训评估由相对独立的企业专家组负责。企业多环节、多形式参与考核，对提高学生的操作技能、增强职业意识和企业意识起到了积极的促进作用。 0—二基地高级技工学校坚持高技能人才培训质量由企业评价。基本做法是：学员的毕业设计结合企业生产的产品提出选题；对学员的考核鉴定，以企业评审专家为主。这种做法进一步密切了培训与生产、学校与企业的关系，培训质量得到了企业的认可。
学校开展用人单位满意度调查 合作要义：学校对招用毕业生的用人单位进行满意度调查。调查的内容包括毕业生的岗位技能适应能力、职业道德等综合表现。通过调查，发现亮点，找准问题提出进一步改进技能人才培养培训的措施。调查可采用派人当面征求意见、发放调查表等方式。 必要条件：学校建立调查制度，包括设计调查方案、制作调查表、组织调查组等。对调查情况及时分析整理，以改进教学工作，提高教学水平。用人单位积极配合，及时提供相关情况，反馈调查表。调查一般每年不少于一次。	大庆技师学院与合作企业建立了正式沟通与非正式沟通渠道。正式沟通渠道有定期见面会、定期电话回访等，非正式沟通渠道有网上信息交流、即时电话联系等。沟通的内容有企业对毕业生的满意度、对课程设置的意见和建议、对职工素质和技能的新要求等。多种形式的经常性沟通，进一步密切了校企双方的合作关系。 深圳高级技工学校开展教学质量和校企合作成果的"三满意度"调查。结果显示，2006届毕业生的满意率为93.81%，毕业生家长满意率为94%，用人单位满意率为98.05%，2006届毕业生一次就业率达96.8%。学校领导班子认为，校企合作是否有效，学生是亲身体验者，家长是耳闻目睹者，用人单位是直接检验者，这三方最有发言权。所以，他们把"三满意度"调查作为提高校企合作实效的一条必要措施。
学校对毕业生就业进行跟踪调查 合作要义：学校派有关专业教师，到企业当面了解毕业生的适应情况、技能提升情况，倾听毕业生的意见和建议，以改进教学，更好地为企业提供技能人才。 必要条件：学校建立跟踪走访制度，一般每年不少于1次。企业积极配合。	江苏盐城技师学院积极实施毕业生就业后的跟踪管理。具体做法是，学校派教师到企业了解毕业生岗位技能适应情况和综合表现，与企业专业技术人员和高技能人才共同对毕业生进行技能提升指导和职业道德、团队精神等内容的综合素质指导。学校的跟踪管理不仅促进了毕业生的稳定就业，而且为改进教学掌握了第一手资料，还赢得了企业的信赖，进一步密切了校企合作关系，延伸了校企合作链。

续表

合作形式	实例介绍
延伸合作形式	大庆技师学院建立了校企合作质量监控体系，不断完善监督机制。学院规定，必须由企业参与课程评价标准的制定和质量监控；课程评价标准必须与教育标准、企业标准和行业标准统一起来；必须坚持教学质量评估和考核，对教师教学活动的环节进行督查和评价。
校企共同建立教学评价制度 合作要义：校企根据培养目标要求，共同建立教学质量监控体系和监督机制，包括共同制定课程评价标准、教学质量评估与考核制度、教学活动督查制度等。 必要条件：校企共同制定课程评价标准、教学质量评估与考核实施办法、教学督查措施，并与企业标准和行业标准统一起来。	
拓展合作形式	北京市应用职业技术学校与中韩合资的北京天海工业总公司建立由企业评价学生职业能力的制度。第四学期，学生在进入企业实习之前，由企业参与考评，主要考查学生的专业理论知识和基本技能水平是否符合企业的基本要求。第六学期，学生在企业实习期满时，企业再对学生进行考核，并对学生的职业能力、职业品质、综合素质做出评价，以此作为实习学生继续培训或签订劳动合同的依据。
建立企业评价学生职业能力制度 合作要义：企业对学生的职业能力进行评价，是校企合作培养技能人才的一项重要内容。评价通常抓住两个时机：一个是学生在校学完专业理论知识和参加校内实训之后、进入企业实习前。评价的内容和目的主要是看学生对所学专业理论知识是否熟练掌握，技能水平达到什么程度，以便进入企业实习后有针对性地指导和辅导；另一个是学生在企业实习结束之后。评价的内容和目的主要是看学生掌握生产操作技能的情况和职业道德等综合表现，并作为学校推荐就业和企业招用的依据。 必要条件：企业参与学校对学生的专业理论知识和基本技能的考核，考核办法由校企共同制定；对学生实习后操作技能、职业道德等综合表现的考核，以企业为主，考核办法由企业制定，学校积极配合。	

但是我们不能回避这样的问题，这些校企合作制度的设立都是职业院校积极主动努力的结果，这样的结果并没有外部强有力的更大的制度平台支撑，因而这样的结果又是不稳定的。这样的支撑性平台的建立必须要有政府和行业介入。从这些案例中我们还能看出职业教育课程开发与评价的

有机结合依然没有深入探索，尤其是根据职业的典型工作任务如何寻求在评价机制上的突破。

与课程开发实施的重要性和学生综合职业能力评价的紧迫性形成鲜明对照的是在外部支撑制度和组织层面均存在着严重的缺失。高等职业教育应当服务于区域经济社会发展毋庸置疑，但是尚未建立区域性的职业教育课程开发实施的统筹性协作性制度，制度的缺失也必然伴随着没有专门的组织机构对此负责。当前国家骨干高职学院建设明确提出要以体制机制创新贯穿整个建设项目，政府、行业、企业、学校四方合作被提升到空前的高度。职业教育课程与学生学业评价的历史经验和当前国外的做法都表明，政府的主导作用、行业的有效参与、学校与企业的密切合作，通过立法来确立四者的法律地位和参与方式，是规范课程开发实施和学生学业评价的一条基本规律。基于典型工作任务的课程开发实施与学生综合职业能力评价是当前高等职业教育领域的新生事物，这样的新生事物在其发展过程中亟需新的制度环境和组织保障。

在中观层面上，高职院校尤其是骨干院校在体制机制的探索中要尝试建立课程与评价委员会这样的组织，在校企合作理事会框架下制定相关制度，保障其在课程开发实施以及学生综合职业能力评价中的地位和作用。当前骨干院校建设中课程开发实施在规划阶段基本上是学校与教育部的单线联系，学校组织力量编制方案和任务书，教育部组织专家进行审议，然后将审议意见反馈给建设院校，由建设院校根据意见进行修改。课程开发除了邀请课程专家有限地参与外，没有专门的制度和组织机构来协调、内部审议和长期负责这样重要的工作，课程开发被短期化、功利化。这不仅是当前骨干院校建设的局部现象而是整个职业教育面临的共同问题。学生综合职业能力评价制度和组织机构的缺失也使得对课程开发的质量无从反馈，对实施的问题无从把握，对传统考试的有效解构和职业资格考试的合理定位无从入手。

在微观层面上，课程改革的推进需要教师根据课程开发的逻辑演进路径设计基于典型工作任务的学习性工作任务，这一工作任务基于不同的专业特点有很多形式，比如项目或订单等。这些在教学活动中实施的微观课程是培养学生综合职业能力的载体，传统的教学管理部门很难对这样的课程和评价实施有效的管理，需要学校和企业在课程与评价委员会进行专业化的管理和评价。

制度的设计和制定是保证评价活动顺利开展的基础性工作，以学生综合职业能力为目标的学生学业评价的制度设计和制定也是如此，其基础性体现在这样的制度设计要从基于典型工作任务的规范性的课程开发开始。在本书的前面章节中我们介绍了基于典型工作任务课程开发的基本流程，对这样的课程开发有了一个概括性的认识。但是在现实的课程开发过程中，教师对什么是典型工作任务的认识依然不清，除了相关的理论研读不够外，更重要的是在整个的课程开发过程中，教师的有效和深入参与是非常有限的。比如在前期的行业企业调查到底需要调查哪些内容，要获取哪些信息才能为后来的实践专家研讨会上的第二个环节的对话和信息整理紧密关联；再比如为了对实践专家研讨会所归纳的典型工作任务进行清晰的描述，需要教师深入企业采用多种办法根据引导问题获取需要的信息等。但这些因为缺乏有效的制度设计往往流于形式，而这样的表面化工作不仅严重影响了课程开发的实效，而且使得后面的评价设计变成了无源之水。

在高职院校基于综合职业的评价制度和严格规范的课程开发是同步的，第一个需要设计的制度就是涉及校企合作的《校企合作课程开发规范》，这样的规范对课程开发的基本流程和流程的质量控制提出要求和办法，明确每个环节具体的责任部门以及相应的责权利。保证所有基于典型工作任务的专业课程开发建立在明确的规范基础上，并有明确的质量标准和监督机构。

在这样的规范下，同样要制定《典型工作任务描述认定管理办法》，典型工作任务的描述是整个课程开发的关键，这样的认定需要结合前面有针对性的行业企业调研报告、实践专家研讨会的完整资料以及后续的深入企业的完整资料，对典型工作任务的引导问题和分析框架中的"工作对象""工作方法""工作组织"以及"工作要求"进行清晰的阐述。在实际的课程过程中，外请专家是采用较多的办法，对典型工作任务描述的认定可以由专家或专门的研究机构执行。

因为学习性工作任务与典型工作任务密切相关，并且是教学过程中实施的内容载体，所以对学习性工作任务的设计有必要专门制定管理办法，这里的标准主要是设计的程序标准。《学习性工作任务设计标准及管理办法》明确了这样的设计必须要教师及其团队与企业紧密协作，以及学习性工作任务设计的论证程序和认定办法。

《关于学生综合职业能力评价的程序和管理办法》明确学生综合职业能力在学生学业评价中的地位、实施方式，涉及的人员、设备、场地、资金、程序等。管理办法还要明确这样的评价与典型工作任务以及学习性工作任务的关系，评价的主体、学生在评价中的地位和权利，对评价主体的培训，开放性试题以及实践性过程的要求，评价标准的制定，结论的形式，要求提供的材料等。

当前在企业技能人才评价的组织机构中，设立了专门的组织如考核委员会和专业考评组。考核委员会主要由企业主管领导和人力资源、技术、生产、质检、纪检、工会等部门负责同志，高级考评员和专业技术人员代表组成。其主要职责包括：制定企业技能人才培养、评价、使用和激励等制度，制订企业技能人才评价实施方案和工作细则，审定专业考评组成员；审定合格人选等。专业考评组应与企业开展考评的职业（工种）相对应，原则上一个职业（工种）成立一个专业考评组。专业考评组组长由考核委员会中具有高级专业技术职称或技师以上职业资格的人员担任。成员由两部分组成，一部分是企业中具有中级以上专业技术职称或高级工以上职业资格的人员，另一部分是职业技能鉴定（指导）中心委派的专家或考评人员。专业考评组成员资质由省级或行业职业技能鉴定（指导）中心授予，成员一般不少于5人。评价技师、高级技师的考评组成员必须具有高级技师职称或技师资格。专业考评组的主要职责是：按规定标准和程序实施考评；及时处理考评中的重大问题；接受考核委员会、办公室、考评对象等各方的监督。

在当前高等职业教育课程改革以及体制机制创新中，有必要借鉴德国高等职业教育院校内设的考试委员会这样的组织架构，同时也要借鉴企业人才评价中的组织设计。在我国高等职业教育院校中尝试设立课程与学生学业评价委员会，其成员除了前述的实践专家外，特别要将用人单位的人力资源部门和专业人士纳入。基于典型工作任务的课程开发和质量控制，以及设计基于典型工作任务的评价任务设计是委员会的主要职责。同时教务管理部门对过去考试及成绩的管理相应要转变为对"基于课业（学习性工作任务）的形成性评价"的信息管理以及配合课程与学生学业评价委员会组织并实施终结性评价。

6.2 职业效度、典型任务——高等职业教育学生学业评价内容设计

高等职业教育学生学业评价内容的设计无疑与当前课程改革紧密结合起来，具有职业效度的典型工作任务序列构成了专业的课程体系。典型工作任务的职业效度体现为职业活动的代表性，是区分不同职业专业性的依据，不同职业的典型工作任务是不同的。典型工作任务和具体岗位的工作任务的定义是不同的，典型工作任务蕴含着"多部门协同、跨岗位合作、过程完整性、结果体现丰富性"的宏观工作哲学，而不是具体的封闭性的岗位具体工作任务。依据典型工作任务所提炼或者设计出来的开放性的学习性工作任务成为高等职业教育教学评价的内容。这样的内容设计经验在职业技能大赛以及企业高技能人才评价中亦有部分体现。

6.2.1 职业技能大赛内容的启示

2002 年举办了第一届全国职业教育技能竞赛，2004 年当时的劳动和社会保障部举办首次全国技工学校技能竞赛。2008 年 6 月 28 日，教育部正式提出建立职业教育技能竞赛制度和"校校有比赛，层层有选拔，全国

有大赛"的职业院校技能竞赛序列，形成"普通教育有高考，职业教育有技能大赛"的局面，我国的职业教育技能竞赛活动进入了综合发展阶段（史文生，2010）。职业技能大赛企业以不同形式参与，如参与竞赛项目设计、把现代企业对员工的要求融入竞赛、企业技术人员担任竞赛评委等，使得职业技能大赛成为职业院校尤其是高职院校学生学业评价的风向标，对高等职业教育教育学生学业评价内容的探索起到了一定的先导作用。2009年举行的"亚龙杯"全国高职院校"自动线安装与调试"技能大赛，大赛的目的是"通过此项比赛检验参赛队的团队协作能力、计划组织能力、自动线安装与调试能力、工程实施能力、职业素养、效率、成本和安全意识"。这样的目标导向无疑和当前职业教育"工学做一体化"课程改革的评价目标非常接近。

竞赛装置采用亚龙科技集团YL-335B自动生产线实训考核装置，该装置是教育部等11部委在天津成功举办的"2008年全国职业院校技能大赛"高职组"自动线安装与调试"项目指定竞赛设备亚龙YL-335A的完善升级产品，具有极强的设备型号兼容性。在工艺生产流程方面，YL-335B向下兼容YL-335A，同样由供料、加工、装配、输送及分拣5个工作单元组成。亚龙YL-335B在设备的可扩展性、单站实施教学的独立性、组态的灵活性和设备运行的可靠性等方面做了相应改进；"相关知识点、技能点做了适度增加，基本涵盖了高职高专自动化技术类专业的核心技术内容，利于高职院校机电类专业综合实训课程的教学设计和实施，为基于工作过程的课程改革提供了适宜的载体。"供料、加工、装配、输送及分拣5个工作单元也大大增加了工作任务的复杂性和难度，与课程改革谋求工作在更大的体系内相关的思想是一致的。这些都给高等职业教育学生学业评价的内容设计提供了有益的参考。

参赛队在规定时间内，根据任务书的要求，以现场操作"亚龙YL-335B自动生产线实训考核装置"的方式，完成自动生产线设备部分工作单元的机械安装和调整，气动回路的安装、连接和调整，电气控制电路的设计、安装和布线，传感器安装与调整，PLC编程，人机界面组态，电机驱动（含变频器及对应电机、伺服驱动器及伺服电机）参数设定，以及系统统调、运行等工作。考核选手对自动线系统设计、安装、接线、编程、调试、运行、维护等的工程能力。

（1）按任务书的要求，完成亚龙 YL-335B 自动线系统部分工作单元的机械安装和调试。

（2）根据任务书的要求，完成对各系统中气动元件的管路连接及传感器的位置调整。

（3）按任务书中的生产流程和控制要求，设计自动线系统的电气控制线路图，按控制线路图连接相应控制系统电路。

（4）设备编程和调试。针对供料、加工、装配、输送及分拣单元工艺流程、功能要求，组建和编制人机界面组态，编制可编程控制器的控制程序，设置驱动设备控制参数。整体调试自动生产线的设备和控制程序，达到任务书中的功能和技术要求。

（5）根据任务书的具体要求将相关运行记录保存到指定存储区域。

来自全国职业技能大赛的启示：

6月27日上午8点，天津国展中心的"高职电子产品设计及制作"技能比赛现场。"大赛内容完全是按照企业工艺要求设计的，需要3名选手分工合作，做出一个小电子产品——激光绘图仪。"宁夏职业技术学院的指导教师刘玉霞说，要完成整套设计和制作工艺流程，3名选手得整整操作两天。"加起来要工作十五六个小时，这是对技能水平、团队合作精神、体力和意志力的多重考验。"刘玉霞说。

"哎呀，那个激光显示器我都没见过，教学里面就更没涉及了。"刚从现场出来，哈尔滨职业技术学院指导教师李晓媛就连声说，30分钟只够给学生做基本的提示和指导，剩下的就要学生自己查资料、学接线，全看平时训练的功底扎不扎实了。

不仅是李晓媛，来自黑龙江和宁夏的另外几位指导教师也反映，比赛中用到的激光器他们从来没有见过。"这种软件制版技术是近几年的新技术，很多电子企业都在用，职业院校引入教学才两三年。但现在国家还没出台统一的工艺标准，所以我们只能到企业调研，自己总结和培训学生。"刘玉霞说，大赛选用企业最新的技术和工艺，突出生产过程，这对教育教学是一种明确导向，必须向实际应用靠拢，让学生在校期间就掌握企业的生产要求。

"电子信息类有 20 多个相关专业，比赛是对专业应用能力的一个集合。" "职业技能大赛考验的不仅仅是选手的技能，还有他们的团队协作能力和职业道德素养，技能大部分可以通过比赛成绩体现，而团队协作能力和职业道德素养则往往通过这样的细节体现出来。"

通过对职业技能大赛内容的设计可以看出，对工作任务内涵的复杂化和系统化设计是大赛内容的一个特点。复杂化和系统化的工作任务拓展了工作流程，使得工作作为一个整体的系统得到了相当的扩充，工作者对工作任务的考虑要更加全面，对其工作能力要求也更高，同时融入了更多的素质、综合能力、态度等元素，这些都对高等职业教育学生学业评价内容的设计提供了很好的借鉴。但是我们也应该看到，职业技能大赛不是职业能力大赛，对职业技能更多是从它组织的角度出发来进行的，而且评价标准大多有可以量化或者可以测量的工具。另外，职业技能大赛所体现的工作过程更多意味着"工作流程"，和我们前述的对工作的规划的逻辑结构是不同的。这样的任务的封闭性和对技能要求的表面性是非常突出的，与综合职业能力的典型工作任务的"开放性"和"主观设计"有差别。

6.2.2　企业人才评价内容的探索

以行为为导向法开发考题方法（以下简称"行为导向法"）已在企业职工培训的各种考试中开始应用，并且越来越受到企业界的欢迎和赞誉。"行为导向法"开发考题的具体步骤是：①选择一个典型职业行为；②把行为分解成工作步骤；③依据工作步骤确定行为要素；④设计典型职业行为的情景和工作任务的描述；⑤针对各个工作步骤以及行为要素、关键技能和内容方面制定问题；⑥准备相关信息和分配材料；⑦制定标准答案、评分标准和给出最高分数；⑧按"好考题标准"对考题进行检查；⑨考题汇总。

企业需要的典型职业行为就是开发考题的依据。各类不同的企业、各类不同的职业，它们的职业行为是不同的。因此，开发考题必须按照本企业、本职业的实际要求去做。

应用"行为导向法"的实效性表现在，通过用此法命题考试，员工完成一个大的工作任务。"行为导向法"也要付出成本，但应用此法不仅让员工完成了考试，更重要的是完成了一项有价值的工作任务。"行为导向法"改变了以往的一题一答的考试方式，改变了以往的考题与考题间联系不紧密的形式，改变了以往只凭书面考察员工的知识和能力。它以新的观念——企业"用什么，考什么"；新的形式——企业典型职业行为；新的方法——考察员工完成一个典型职业行为的综合能力；新的效益——考试工作不仅仅是"稍耗"，而且能带来效益。

"行为导向法"具有良好的操作性；"行为导向法"的效率和效益均超过传统意义上的考试。虽然成本（投入的人力、时间、资金）可能会高于传统意义上的考试，但是作为新型的、有效的了解企业员工的培训效果的命题考试方法能创造出符合企业目标，追求岗位（职业）需要，实现员工良好的职业行为，将产生不可估计的经济效益和社会效益。（刘艳春，2001）

国家职业技能鉴定考试的一个重大转变就是确立企业作为高技能人才评价的主体。《中共中央办公厅国务院办公厅关于进一步加强高技能人才工作的意见》（中办发〔2006〕15号）、《国家中长期人才发展规划纲要（2010—2020年）》和《推进企业技能人才评价工作指导意见》（人社厅发〔2008〕39号）中提出要加快评价机制改革，推进以企业为主体的高技能人才队伍建设。企业技能人才评价以职业能力考核和工作业绩考核为重点，同时注重职业道德评价和理论知识考试。职业能力作为一个组成部分被纳入企业技能人才评价中，职业能力考核的主要内容为"重点考核考评对象执行操作规程、解决生产问题和完成工作任务等方面的实际工作能力"。而职业能力考核的主要形式为"典型工件加工、作业项目评定、现场答辩、情景模拟"等，并且对具备条件的企业，"可以结合生产（经营）实际，在工作现场、生产过程中进行职业能力考核。由参加考核人员在本工作岗位上，利用现有设备、原材料、工艺等进行现场操作，考评人员根据其操作情况进行考核评定"。

"职业典型行为"与企业高技能人才评价形式"典型工件加工、作业项目评定、现场答辩、情景模拟"其实质都是围绕着工作任务。工作任务作为职业活动的载体，离开了工作任务的评价内容设计，其职业效度是令人质疑的。单纯事实性知识的纸笔考试因其去除了职业工作情境因而不具有职业效度，以工作任务来设计具有职业效度的评价是职业领域评价的一个基本原则。但是行为导向法的内容设计和企业高技能人才评价中关于职业能力的评价内容设计都是以任务的分解对应的行为分解为基本原则，并没有脱离原子式的传统能力本位的理解和操作模式。

6.2.3　高职学习性工作任务探索

伴随着职业技能大赛和课程改革以及企业人才评价内容的改革，高职教育学生学业评价内容逐步走向以真实或虚拟的企业工作任务作为评价内容的载体，以任务或项目作为内容的学习与评价内容的设计。同时我国借鉴德国职业教育学习领域基于"工作过程系统化"（国内对这样的基于什么什么课程模式的称谓并不相同，但实质一样都是指职业领域的典型工作任务作为课程内容的来源）课程模式，对学习性工作任务设计进行了较为深入的尝试。20 世纪 90 年代，德国不来梅大学技术与教育研究所（ITB）在所长劳耐尔教授带领下与德国大众汽车公司合作，提出了基于工作过程的职业教育课程理念和设计方法，称为以工作过程为导向的整体化工作任务分析法（BAG），并于 21 世纪初在德国职业教育中推广。

2004 年，教育部与人社部联合颁发了《职业院校技能型紧缺人才培养培训指导方案》，重点提出"职教课程开发要在一定程度上与工作过程相联系"的课程设计理念，要求高等职业院校课程设置要遵循企业实际工作任务，开发"工作过程系统化"的课程模式。同年，欧盟亚洲联系（Asia-link）项目"关于课程开发的课程设计（DCCD）"课题将这一职业教育思想和课程设计方法引入中国。

基于工作过程的典型工作任务分析法（BAG）是注重综合职业能力培养和工作过程性知识学习的先进职业教育理念，和以其思路为基础形成的一套完整课程开发方法，与现行我国高等职业教育培养高素质技能型人才的目标相近或相吻合。为此，自 2007 年 6 月起，教育部多次组织示范校教师赴德国学习培训，结合示范校的课程改革开始了基于工作过程开发的研究与实践（高林、鲍洁，2009）。

表 6-2 为当前高职教育课程开发的基本步骤。

表 6-2　当前高等职业教育"工学做一体化"课程开发的基本步骤表

工作步骤	任务要点	主要参加人员	工作方法	工作成果
行业情况分析	收集行业企业经济技术发展的基础数据，对该专业（视不同情况可能对应一个职业或职业小类）的职业工作和职业教育状况进行分析，从宏观上把握行业企业的人才需求和职业教育现状	参与课程开发的专业教师	二次文献分析、访谈、问卷调查等	调查报告
工作分析	对该专业（对应职业或职业小类）各岗位工作的性质、任务、责任、相互关系以及任职工作人员的知识、技能和条件进行全面和系统的调查分析，物色下一步参加实践专家研讨会的实践专家	专业教师	二次文献分析、访谈、问卷调查等	收集的相关文件；分析记录
典型工作任务分析	召开实践专家研讨会，确定本专业（常针对一个职业小类）的典型工作任务的名称及其基本内涵（工作过程、对象、方法、工具、劳动组织方式、工作要求等）	实践专家、课程开发主持人、专业教师	实践专家研讨会（利用头脑风暴、张贴板等思维工具）	典型工作任务列表；典型工作任务简单描述
典型工作任务描述	详细描述典型工作任务	专业教师、高层次的企业专家	专家访谈、观察	典型工作任务的详细描述
将典型工作任务转换为学习领域，确定课程体系	召开课程分析研讨会，完成以下任务：将典型工作任务转化为相应的学习领域，形成专业课程方案和课程标准；以典型工作任务描述为基础，描述学习领域	课程专家、有实践工作经历的专业教师、实践专家，必要时包括高层次的企业专家	研讨、归纳等	专业课程方案，学习领域描述表

续表

工作步骤	任务要点	主要参加人员	工作方法	工作成果
（1）论证及修订	确认学习领域与所含的职业（含岗位）工作生产实际的符合程度，提出专业课程方案和课程标准的修改意见；修订专业课程方案和课程标准	实践专家、专业教师，必要时包括高层次的企业专家	论证会、信函调查等	专家评价意见；专业课程；方案和课程标准
学习情境设计	小组讨论选择设计合适的学习情境(含教学项目)并排序；小组对学习情境进行描述	专业教师，必要时包括高层次的企业专家	研讨、归纳等	学习情境列表
（2）论证及修订	小组在研讨会上对学习情境进行陈述；通过集体讨论分析学习情境与生产实际的符合度，提出修改建议，进行修改；确定学习情境；必要时修订课程标准	实践专家、专业教师	论证会、信函调查等	专家评价意见表；课业列表；课程标准定稿
课业文本设计	分析完成学习情境中学习任务的工作过程的相关要素，分析各学习情境之间的联系，确定学习目标；必要时编写课业设计方案；编写学习材料，包括工作页和评价表	专业教师、教学设计专家，必要时要求企业专家参与	研讨	学习情境设计方案；学习材料
教学试验	小组确定试点班级及试点工作的相关内容（如时间和组织安排等）；建立相应的教学环境，进行教师培训；开展教学试验；对教学过程进行观察、控制和评价	专业教师、教学研究人员、教学管理人员	问卷、教学观察、访谈	实验报告；课程实施和管理建议

基于典型工作任务的课程改革也使得学习情境（学习性工作任务）作为教学做评结合的载体，表6-3是一些高职院校依据典型工作任务所设计的学习情境。

表6-3 部分高职院校依据典型工作任务所设计的学习情境

高职院校	典型工作任务举例	学习领域	学习情境
浙江机电职业技术学院	小型智能电子产品开发	小型智能电子产品开发	小型智能电子产品硬件电路的分析、制作与调试
			小型智能电子产品的软件分析、编程与调试
			小型智能电子产品的综合开发
金华职业技术学院	电子电路调试与应用	电子电路调试与应用	便携式喊话器制作与调试
			50W 音频功率放大器制作与调试
			调频发射与接收机分析与调试
			电子琴制作与调试
			对讲机的设计与调试
吉林工业职业技术学院		数字温度控制仪开发计划与实施	技术合同签订
			总体方案制订与分工
			硬件电路设计
			软件设计
			整机调试与装配
			综合测试
			技术文件编制
			项目验收
十堰职业技术学院	电子产品印制电路板设计与制作		单片机学习仪电源电路印制电路板设计与制作
			单片机学习仪小系统电路印制电路板设计与制作
			单片机学习仪简化版电路印制电路板设计与制作
			单片机学习仪完整版电路印制电路板设计与制作
北京联合大学应用科技学院	电子政务系统	电子政务系统制作	电子政务系统立项
			电子政务系统需求分析与设计
			电子政务系统实施与测试
			电子政务系统试运行
			电子政务系统项目提交
北京北大方正软件技术学院	电子商务网站开发	电子商务网站开发	需求分析
			总体设计
			详细设计
			数据库设计
			网页制作
			编码与单元测试
			系统测试和文档编写
			发布
浙江工业职业技术学院	电气设备控制的计划与实施	电气设备控制的计划与实施	控制方案的初步设计
			交流电机的 PLC 变频控制
			分检系统的 PLC 控制
			机械手的 PLC 控制
			系统的综合与调试

续表

高职院校	典型工作任务举例	学习领域	学习情境
北京信息职业技术学院	网络安全产品的配置管理	网络安全产品的配置管理	防火墙的配置与管理
			IPS 的配置与管理
			桌面和服务器安全防护
			安全网关的配置与管理
			VPN 的配置与管理
			攻防实验
东营职业学院	网络设备的安装与调试		网站的规划与设计
			网络综合布线
			交换机的安装与配置
			路由器的安装与配置
浙江工业职业技术学院	网络设备的安全配置与管理		企业网络实施方案的初步设计
			交换机的安全配置和管理
			路由器的安全配置和管理
			防火墙的安全配置和管理
			企业网络综合调试
高职院校	典型工作任务举例	学习领域	学习情境
河北工业职业技术学院	装配生产线自动控制系统的编程与实现	PLC 控制系统的编程与实践	可编程序控制器实现对电动机的简单控制
			连续运转电机控制方案
			电动机 Y/△降压启动控制方案
			传送带 PLC 控制方案
			十字路口交通灯控制方案
			模拟喷泉系统控制方案
			抢答器设计
			液体混合装置控制方案设计
			恒定液位控制方案设计
			高速指令的使用
			PLC 的通信
十堰职业技术学院	电子产品软硬件设计与制作		交通控制系统设计
			信号处理系统设计
			智能仪表显示系统设计

应该说，自觉以工作任务作为学习与评价内容的载体，是高等职业教育领域学生学业评价的重大突破，但对工作任务的过度细化和分解，对应的则是对职业能力的原子式的分解，在评价原则和价值导向上无法体现能力评价的整体性，同样也表现在评价标准的制定中。

6.2.4 基于信息技术的企业任务

信息化技术对于高等职业教育的重大意义还在于学校和企业的关系。有学者认为通过构架管理平台，"把学校看成虚拟企业的一部分，让学生在这个平台上学本事。这个平台也可以是走出的，即在企业内为企业培养人"（马树超、郭扬，2009）。虽然这样的观点不是从信息化技术来探讨校企关系，也不是从学业评价角度来分析，但基于"虚拟企业"对高等职业教育学生学业评价任务设计将带来革新性的变化，同时也催生对学校和企业的关系的新的认识和思考。"模拟测验也可通过使用计算机来完成，这种测验呈现给被试的问题比通常在纸笔测验中出现的问题更真实、更有针对性。医学教育和对医生的资格认证已经使用了一段时间的计算机测验。这说明计算机模拟测验变得越来越普遍了。这种测验首先呈现给被试者的是一些病人的信息，比如病人初次就诊时对症状的言语描绘。被试者必须做出各种选择，如获取病史、安排实验室测试或决定治疗过程。计算机能够提供他们所需要的信息，而他们必须进行新的选择，直到做出诊断，开出治疗方案。在计算机测验中，模拟问题在许多内容领域比当今的纸笔测验具有更多的潜在优势。它们提供了一种超出事实性回忆的方法，而这种事实性回忆有时在纸笔测验中被过度强调了。计算机测验能集中使用信息解决现实性的问题。它们不仅有助于评价学生思考的结果，还有助于评价解决问题的过程，包括问题是如何解决的、效率如何以及总共需要多少提示线索。"（Lin、Gronlund，2003）

信息技术的发展也使得基于信息技术的虚拟企业任务评价成为可能，而且这样的技术会使得评价的成本大大降低。图6-1简要显示了虚拟企业的目标和内容，先建构导航。

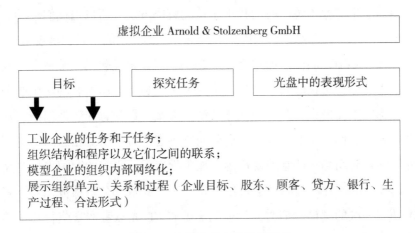

图 6-1 虚拟企业任务及子任务

为了通过虚拟企业建构导航，学徒必须解决"探究任务"。第一步是摸索一定数量的工业链条的最早发货日期。该任务的下达是通过展示一个录像片来实现的，在该录像中学徒接到了含有相应问题的电话。

课堂里的每个学徒不得不在虚拟企业中到处寻找、搜集所有必要的信息。通过图片、图表、视频、文字以及模拟计算机终端，学徒得到回答问题所需信息。所有搜寻步骤、顺序以及用于屏幕搜索的时间都被正式记录下来。

在找到正确的解决方案之后，学生看到一个结束第一个探究任务的视频，展示了如何回答客户的问题。如图 6-2 所示。

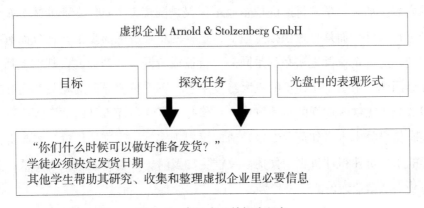

图 6-2 虚拟企业的探究任务

因为学生需要不等的时间找出正确的解决方法，所以当他们成功完成第一个任务之后马上给他们分配新的任务（采用其他的形式和呈现模式）。第二个任务必须在同一堂课中完成。第一个课堂单元包括三节课，可几乎没有学生能够在学校时间内将这两个任务都完成。然而所有的学生必须在下一个课堂单元内提出第二个任务的解决方案，那就意味着他们必须在家或者在公司工作（我们得到了他们公司管理者的批准）。在这一情况下，额外的学习时间是在课堂外使用的。如果学生需要更多的时间来搜寻完成其他的任务，同样的过程就会发生。每一次的失败都会自动被记录下来，并推动下一次的尝试。那时，学徒们需要将 CD 光盘带回家或者公司继续工作，以便在下一次把正确的解决方案带过来。

通过第二个大型任务的探究任务（顾客电话询问：你们为什么不发货？），整个搜寻过程不得不又重复了一遍——根据真实企业里全面质量管理的概念。接下来，第三个探究任务出现了：学徒需要在他们自己真正接受培训的公司里解决一些由计算机驱动的任务，从而找出关于产品和商业程序所有必要的信息——这些与虚拟公司中的情况是完全不同的。在他们的培训者出席的情况下，学徒们需要向全班展示自己的成果以及自己公司和产品等方面的信息。（阿赫腾哈根，2011）

从高等职业教育课程改革的指导思想基于典型工作任务以综合职业能力为目的来看，定义一个职业的典型工作任务本身就具有跨职业、跨岗位的内涵。那么，学校打造虚拟企业不仅仅是围绕某个具体专业的某个企业来进行设计，而是打造虚拟企业群，这样的企业群因典型工作任务而有机勾连，这些企业群也未必都是同一个行业或者同一个产业的，甚至包括了社会团体、组织。从评价的三大维度来看，不同价值导向的相关部门和组织都应当被纳入这样的企业群中，更像是为了学习而设计的"资源库"。同时信息技术本身如远程专家交流、虚拟现实、工作现场传输、视频会议等的采用都使得评价更为便捷、反馈更加及时，评价的成本大大降低，这将是未来学业评价的发展趋势。

6.2.5 学业评价内容设计的方法

基于典型工作任务的课程将职业教育课程内容带入了一个"半科学化"时代，以往理论与实践分离的课程分别有"客观性"的技术理论知识和"确定性"的工具、材料、给定的工作任务和确定的操作程序的实践性知识。某某学、某某工艺学、某某技术等这样名字的课程组成了一个专业的课程。技术理论知识有严格的概念和逻辑体系，实践操作有明确的任务边界和操作程序，对个人"工作过程知识"并无考查的必要性，严格地说是不需要这样的考查，对知识的考试和操作考试完全可以"证实"一个人的"职业能力"。

而基于典型工作任务的职业教育课程是基于实践专家团队的个人经验归纳，这和传统上的具有"真理性"、客观性的技术理论知识是完全不同的，而且这样的典型工作任务并不是一个具体的工作任务。对典型工作任务的分析的框架"工作对象""工具""工作方法、劳动组织方式"和"工作要求"则完全超越了传统上"给定任务"和"操作程序"。这样的分析框架中涉及工具及工作对象的部分具有某种程度的客观性，而其他部分则具有很大的不确定性和随机性。典型工作任务意味着完成工作任务的解决方案具有多样性和开放性；意味着必须对这样的工作任务进行个人主观的"规划"进而实施；意味着传统上单一学科性的知识和确定性的工作任务和程序已经无法重构"工作过程"，而这样的工作过程意味着人的综合职业能力。显然对综合职业能力的评价是无法采取传统的考试方式的，综合职业能力的个人建构性需要新的理论基础和评价模式；还需要对传统上已经形成的考试体系重构，对纸笔考试和技能考试进行合理的解构。这样，高等职业教育学生学业评价必须围绕着综合职业能力为目标进行重新定义。

对个人或团队"工作过程知识"即为综合职业能力的定义，对综合职业能力评价的内容即为个人或团队的"工作过程知识"，工作过程知识包括规划能力和实施能力。而这样的评价内容必须有具体的工作任务作为载体，由个人或团队来对其进行规划和实施。对这样的工作任务的评价和传统的工作任务是不同的，技能型的任务是给定的，边界是确定的，通过操作行为和成果可以进行评价；而对综合职业能力进行评价的任务必须反映典型工作任务的特征，即要参照典型工作任务描述。这样具体的工作任务同样是开放性的才可以被用来作为对综合职业能力进行评价的任务载体。通常这样的任务都是企业真实的"项目"或客户的"订单"。

作为评价内容的"工作过程"在逻辑上可以被抽象为"明确任务—制订计划—组织实施—评价"这样几个阶段，也有不同的认识，比如六阶段或七阶段等，我们将其称为完整工作过程。在不同的任务和实施环境中，个人或团队的工作过程具有很大的不同，而这样的不同将个人的综合能力加以体现。很多人以为完整工作过程是一个客观事物，往往将完整工作过程视同为企业的工作流程，应该说企业的工作流程是一个客观事物。"对工作过程的讨论至少应当涉及三个方面，即工作过程结构的完整性（获取信息、制订计划、实施计划和评价反馈）、工作要素的全面性（工作任务、工作对象、工具、工作方法、劳动组织、工作人员与工作成果）和包含工作过程知识。"（赵志群，2009）

个人职业能力是个人对工作过程的规划和实施在任务和要求上的"投影"。显然随着任务难度和复杂性的提升，个人对工作过程的规划和实施的复杂性将随之提升，这样可以表征不同水平的职业能力。

将个人职业综合能力界定为对工作过程的规划和实施建构可以避免对能力的分解，如将综合职业能力分为能力一、能力二等这样的随意性和不现实性。同时也避免了依据企业人力资源甄选中基于某个岗位能力测评的单一性。

将个人关于工作过程建构作为综合职业能力评价的对象似乎仍然不具有可操作性。因为我们在现实中观察到的现象就是一些外显的行为或活动，作为行为或活动结果的有一些资料信息和产品信息，这些无法自动组织形成清晰的逻辑。这就需要对评价方法的探究。

如下是德国关于综合职业能力评价设计的内容维度以及开放性试题的开发指导方针：

初学者——职业定向工作任务（定向与概括性知识）；

提高者——系统的工作任务（关联性知识）；

能手——蕴含问题的特殊工作任务（具体与功能性知识）；

专家——不可预见的工作任务（基于经验的学科系统化深入知识）。

对职业能力丰富内涵的解读以及围绕职业能力进行的课程与教学实践乃至职业能力的建模与职业能力测评模型的提出，这一切都对基于职业能力的职业教育学生学业评价的命题提出了开放式的全新要求。"命题作为充满技术性与专业性的评价环节，则是学业成就的核心部分。"（张雨强、冯翠典，2009）

开发测试题目的指导方针（劳耐尔、赵志群、吉利，2010）：涵盖了职业和企业工作实践中的某个现实问题。包含了该职业的典型工作任务以及与之相关的职业教育培养目标，任务和培养目标分为不同的等级，分别针对初学者、提高者、能手和专家。测试题目的解决方案具有较大的设计空间，允许有多种不同深度和广度的解决方案。题型是开放式的，没有所谓的"正确"或"错误"答案，而是根据特定要求，给出不同的解决方案。答案涉及范围广泛，除要求具备掌握本（职业）专业的工具性能力之外，还需要考虑到其他方面的要求，如经济性、使用价值和环保性等。在解题时，要求采用该职业所特有的方式方法进行；解题以方案规划为主，并用相应的描述形式记录下来（笔试题）。被试者不必一定要实际做出来，因为测试题所测试的重点是方案层面上的职业能力发展情况，而不是具体技能层面上的（行为表现）。与学习成果检查不同，测试题目与教学计划或课程标准无关。要求学生以符合职业要求的专业态度和方式（根据自身能力发展水平）解答试题，记录解题过程和结果，并说明理由，同时又不排除简短的解决方案。

在编写题目时，应避免出现明显的帮助和提示性的信息。有一些题目，仅从任务要求中就能基本确定解决问题的途径，这时应采用简短的描述方式，以避免提供暗示。每道测试题目都配有相应的情境描述，包括测试任务和背景情况等。背景描述应贴近现实，尽量配有图片（如照片和功能图），便于学生理解。测试题目和情境描述不给出详细的规定，而是以使用价值为导向。

被试者在给出的解决方案中，不仅要利用草图、文字描述、表格和清单等技术语言说明解决问题的方式方法，还应当向客户详细阐述其理由。

按照 KOMET 职业能力模型，将学习任务划分成三种类型，即针对初学者的小任务、针对提高者的综合性任务、针对能手的项目任务。

第一，针对能手的项目任务。针对职业发展阶段"能手"的学习任务有以下特征：应以职业教育结束时所要求的职业能力和职业资格标准为准；在职业教育结束时，一个电工应该能够制订一份合适的专业问题解决方案，并且可以结合实际情况，根据相关资料说明并论证自己的解决方案；符合KOMET 测试题目的表述要求；是一项设计开发的、整体性的、复杂的项目任务；不包含有关能力标准的提示；不对解决方案的结构做出规定；不对行动的步骤做出规定。

第二，针对提高者的综合性任务。这里，也可以用于针对"能手"同样的情境描述（复杂的项目任务），针对职业发展阶段"提高者"的学习任务有以下特征：按照完整的工作行动，将整个任务划分为数个行动阶段，可以针对各种可能出现的解答结构给出提示；每个行动阶段都有一个独立的情境描述，依次为基础的子任务，从而进一步描述完成复杂项目任务中所要求达到的目标和需要解决的问题；可以将所有的行动阶段综合起来作为一个整体处理，也可以把每一个行动阶段作为一个子任务进行处理；学生在一个完整的项目中，可以经历一个完整的学习和工作过程；即使是在一个行动阶段（如获取信息、制订计划）之内，也可以经历一个完整的行动周期；在任务表述中，应提及能力的指标和标准。

第三，针对初学者的小任务。这里，也可以用于针对"能手"同样的情境描述（复杂的项目任务）。针对职业发展阶段"初学者"的学习任务有以下特征：按照完整的工作行动，将整个任务划分为数个行动阶段，每个阶段都有具体的学习内容和学习（工作）步骤；每个行动阶段都包括一个独立的情境描述和依次为基础的具体的小任务，从而引导出完成整个任务的结构和方式方法；每一个行动阶段都可以作为一个子任务处理；既是在一个行动阶段（如获取信息、制订计划）之内，也可以经历一个完整的行动周期；在任务表述中，应提及能力的指标和标准。

6.3 过程追问、结果佐证——高等职业教育学生学业评价方法设计

在这里，过程追问和结果佐证并不是一种所谓的方法，而是作为方法设计的原则更为合适。过程追问指的是对个人或团队关于工作过程的设计和实施中的凡是能有效识别和辨析其关于工作过程的所有方法的集合。而结果佐证指的是设计与实施过程中的专业性证据及其链条的完整性，即就是用这些证据能够判断出设计和构想的存在以及丰富和完善程度。

显然，能够有效地识别和辨析其工作过程设计与构想的方法要求评价主体要深入细节、放大局部，这向过去所谓的"观察法"那种评价主客体保持距离的做法提出了挑战，传统上评价主体都是远离评价对象的，比如教师对学生试卷的评判是在学生作答以后，教师根据观察试卷作答情况依据其个人判断或评价标准来给出一个分数。对技能评价是评价主体观察操作者的行为根据行为检核单来做出，或者结合一定的口试来判断操作者对工具、设备或操作程序的掌握情况做出的。这些方法为什么是远离评价对象的？因为需要客观判断，评级主体必须保持与评价对象"内在"的距离，一旦有个人主观成分，将污染评价的分数，分数将不再是客观的东西，其信度将受到影响从而使这样的评价没有意义。传统的评价方法是建立在实证主义基础之上的，评价主体不能与评价对象进行"理解"与"交流"。这些也与传统的客观性的知识体系和给定性的操作任务是完全符合的。但是典型工作任务的课程本身是基于建构主义思想的，实践专家研讨会形式充分说明了这一点，这样的课程已经不再是完全科学意义上的课程。现实中的职业活动本身就是在价值多元和价值冲突中寻求妥协和平衡的活动，

去除价值观的课程已经不现实了。相应地，对职业能力的评价方法必须寻求新的突破。作为个人建构的工作过程需要评价主体和评价对象间的"理解"和"交流"。而且这样的理解和交流还需要在不同视角的评级主体参与中实现，所以第四代评估其理论方法论为对综合职业能力评价提供了方法的视角。

能达成人类理解意义上的交流不能被简化为 5 ~ 10 分钟的谈话或口试环节，理解需要持续性地观察、长久地观察和深入地交流。这些要求使得对综合职业能力评价与学生的学习工作生活进行融合，要重新反思和汲取过去的"师徒制"时代的某些特点。对综合职业能力的评价必须基于典型工作任务课程的实施来实现学校教师和企业指导教师对学生学习与工作的形成性评价的结合，而这样的结合作为累积性的综合职业能力评价的过程本身的有机组成。

RPL 与 BEI 分别称为"先前学习认定"（Recognition of Prior Learning, RPL）和"行为事件访谈法"（Behavioral Event Interview, BEI）。RPL 被广泛应用于澳大利亚、美国等国家职业教育非正式教育的学习结果评价中，而 BEI 是一种开放式的行为回顾式探索技术，是由美国哈佛大学心理学教授克里兰及其研究小组于 20 世纪 70 年代初期首创，通过对绩优员工和一般员工的访谈，获取与高绩效相关的素质信息的一种方法。

为什么要将这两种方法在高等职业教育学生学业评价中采用？就是因为其对工作过程这个内在建构识别与评价的针对性。既然工作过程成为综合职业能力的操作性概念，那么对工作过程的追问必然要寻求有针对性的方法。目前在澳大利亚职业教育中采用的"先前学习认定"（RPL）"和在企业人员测评领域较为推崇的"行为事件访谈法（BEI）"，不仅能有效地规避作弊，而且对于"工作过程"评价有极强的针对性。

6.3.1　RPL——先前学习认定（Recognition of Prior Learning）

"先前学习认定"（Recognition of Prior Learning, RPL）是"通过对个

人以前经非正式教育和培训获得但未认定的知识和技能进行评估，以确定个人已经达到的某种学习结果的程度"。评价人员主要采用4种方法评价"先前学习认定"的申请者：一是与申请人初次会面。评估人员和申请者讨论通过 RPL 所必需的单元、模块、科目或其中的组成部分。这种预备安排的优点在于申请者可以得到关于他们能否成功地通过 RPL 获得想要的学分、符合评估要求的证据的类型，减少申请程序的复杂性，并且减少评估人员和申请者的时间的浪费。二是挑战性测验。在高等教育部门，这样的测试包括与申请者在正规课堂和正规面试中的相同的测试。测验的优点在于评估人员将更容易地做出判断，该判断建立在由这些测试提供的目标结果的基础上。三是观察申请者在工作场所的表现。评估人员参观工作场所并观察申请者完成任务的情况，这些任务包含了达到他们所要求的学分的能力单元。这种评估证据的收集过程最为直接和真实。四是"个人文件夹"。"个人文件夹"是由申请者个人收集的证明其已有工作能力的证据，主要包括代表性的论文、杂志、文件；知识、技术或能力的证词（证词的提供者通常是与申请者一块工作的人，如主管、管理者、同事、下属等）；其他清单（如工作证据、观察者评论等）；产品作品——提供申请者生产的产品或提供服务的能力的证据等。（刘超、高益民，2009）

以"AGFCMNZOZA 食品生产活动"为例，该能力单元包括如下：

主要内容：

单元描述：

该单元包括食品生产活动的知识和技能。食品生产在这里是指来源于动物、海鲜以及植物的产品。食品生存可能涉及以下实际操作：播种、除草、锄地、喂养（鱼或动物），以及收获后的种种活动。

就业技能：

该单元包含就业技能。

操作标准（见表6-4）：

表6-4 能力单元要素及操作标准

要素	操作标准
1.明确并计划相关活动	1.1 明确食品生产活动与相关工作的关系 1.2 明确食品生产活动中个人的责任 1.3 明确产品、服务、运营、客户和安全生产等相关工作 1.4 以个人责任为基础，描绘、实践并运用适当的策略
2.恰当地使用技术技能	2.1 机械、设备和工具的运用有助于食品生产 2.2 手工操作应尽量减少对生产的破坏 2.3 产品的温度维持在适当的水平 2.4 根据制造商或工作场所的规则进行机器和设备的清洁、保养和清理 2.5 食品或植物的加工过程应符合职业安全和健康标准
3.根据需要进行收获后的处理工作	3.1 正确进行收获后的处理工作 3.2 产品定级及标签要符合工作场所规范 3.3 根据管理者的指示处理产生及收获后的废弃物
4.处理突发性应急事件	4.1 食品生产过程中此类事件的文明、卫生、专业和高效处理 4.2 在食品生产过程中的此类事件中对其他员工的及时救援 4.3 关键人员随时了解进度，并对相关问题做出明确的解释 4.4 能够辨别危险并做出报告
5.反思食品和植物加工程序	5.1 与主管审议并讨论个人的工作绩效及有助于食品生产的相关活动 5.2 提出并采用可以改善绩效并有助于生产食品的工作方式

技能和知识范围界定（见表6-5）：技能和知识的范围为整个能力单元。它包括影响食品生产的各个因素。另外包括与生产、评估、培训相关的人员等。

表6-5 技能和知识范围界定

食品生产通常参考人的消耗	家畜养殖，例如牛、羊、鸡、火鸡、蛋和乳制品；庄稼，例如小麦和谷类、豆类、油籽种子和糖类；海产品，例如鱼、乌贼、章鱼、贝类和海藻
机械、设备和工具	锄头；引擎；现场回收箱；流动物质，如鸡笼、钢笔、木筏和坦克；手工具，如扫帚、叉、锄头；鱼钩；软管和软管配件；刀；负荷转移设备，如螺丝钻、手推车及绞盘；机械，如拖拉机和收割机；篮网；绳缆；喷涂设备；车辆，例如卡车和收割机；船舶，如渔船和拖网渔船
处理方法	容器的堆叠和贮存，以减少容器或产品被损害的风险；保持容器表面清洁的搬运方法；观测集装箱的填充量；科学处理与照看产品，以降低损失的风险
适当的温度	各级确定的企业工作流程；各级确定的行业标准
清洁	除尘；确保某种水平的卫生标准；熏蒸；打扫；清洗
职业安全和健康标准	协议书，包括危险鉴定；处理生物垃圾；处理化学品；使用个人防护设备
收获后的处理方法	应用杀菌剂和杀虫剂；申请防腐剂；洗刷；干燥；观测检疫要求；去除污垢及外物；催熟或催青；存放在可控环境中；切边；洗涤和水化；上蜡，抛光

续表

分级	根据形状、大小、重量、长度、颜色、成熟度、水分含量、纹理、皮肤状况、污点与健康等分等级；辨识动植物类型；鉴别身体受损、不健康、腐朽或不成熟的产品
标签	容器数量；等级；使用说明；包装日期；生产者说明；质量保障信息；品种；重量、数量及原产地
废弃物	垃圾和破碎的零件；金属；纸质材料；植物或动物残骸；已使用的媒介物
关键人员	食品或植物领域的专家；管理者；职业安全和健康标准检查人员；授权人或机构指派员；保安人员；团队领导；其他工作人员
危险	化学制品和其他有害的物质；危险的地面；消极影响食品生产的环境危害；粉尘、噪音和害虫的暴露；极端的天气条件；不正确的人工处理方法；沙子或土壤中的微有机体；刀子等尖锐的工具和设备；不适合的照明条件；废弃物的管理和处置

证据指南：证据指南提供咨询评估，而且必须与培训包中的业绩标准、所需的技能和知识、各种声明和评估准则结合起来理解。它包括证明该能力单元所要求的关键证据。这个单元的评估必须展示一个时期以来，在一系列的背景下，以一致的标准为基础的知识和技能。其证据必须表现出个人在以下方面的工作能力和理解能力，包括：在工作过程中应用相关的伦理道德和行为守则；在工作过程中有效沟通；遵循安全的程序，与他人有效沟通；根据他人指示、程序或适用规则，与他人协作完成工作活动；遵循工作程序，鉴别危险与控制风险；规划自己的工作活动以顺利完成工作；认同并适当适应工作地的文化差异；根据工作程序，报告并纠正工作中的问题；遵循需要注意的细节完成工作，没有损坏的货物、设备或人员；使用有关的个人防护服装和设备。

此外真实、可靠、灵活、公正是《先前学习认定国家原则》对评估的要求，在确定一个评价是否符合以上四项评价原则的时候，可参考如下指标及其具体要求：

真实：评价是基于真实的工作场所和文本；被评价的证据直接与能力单元、学习结果相关；该工具所评价的学习者的能力应符合能力单元的操作要求；评估任务的设计应考虑知识、技能和态度的全面性与整体性；在评估中应考虑显示知识和技术的证据的不同来源；表述的目的、范围和限制可以更加清楚地确认证据；方法和工具的选择应适合特殊行业的评估体系可靠；确定评估的关键要素，并保障重要方面被评估到；证据的观察和记录以能力单元为基础；清楚评估提纲可以使评估员做出较一致的决定；多名评估员进行平行评估；所有评估员对被评估者的指导前后一致；工作样本被用作证据，被评估者需要提供保障证据的真实性的信息；当一组能力标准是在不同情况下被评估的，应比较其难度。

灵活：对不同的被评估者采取不同的评估方法；如果实际需要，评估双方应有所协商。

公正：被评估者应提供清楚和及时的信息；给被评估者的信息应包括：评估方法、程序、标准、何时以何手段收到反馈结果以及申诉机制；被评估者应参与确定评估的方法和时间；被评估者应清楚评估中的相关责任；评估方法的选择应照顾到所有被评估者的语言、识字和算术能力；在评估进行过程中应考虑被评估者的地理、经济和社会条件；在保持完整的评估结果的情况下，为确保公平，可对评估策略做适当调整；为被评估者提供反馈和审查评估结果的机会；对评估过程和决定的上诉机制有明确的文件规定，并在评估前让被评估者知道。

具体方法：

具体到如何评估，采用何种方法，我们以园艺设施行业 RTE3601A 安装灌溉系统能力单元的评估为例，如果学习者想要申请该能力单元的先前学习认定，那么其评估就应该参照该能力单元规定的能力标准进行。下面的例子显示了评价的主要手段，包括观察、提问以及搜集证据。

观察和提问：

① 描述一下你最近负责的灌溉安装工程水资源；各类辐射源；各种零件，过滤器，回流装置；团队和管理安排的承约。

② 讨论站点：如何设置站点；按计划测量；个人，设备和站点安全；站点垃圾 / 环境问题，如何解决；立法。

③ 描述你最近如何安装一个灌溉系统：解释计划和制造商的要求；设备及其使用；安全，包括个人防护装备；解释管道和零件的选择；有关材

料的环保问题；安装过程中问题的解决。

④ 委托和清理：按顺序启动并检查程序；按要求记录；现场遗留物的清理和安全；设备清洗和适当存储。补充证据灌溉计划；工作效率记录，设备租用，制造商的规格；工作日记；不同施工阶段工作样本的照片；专业发展会议的报告文件；目前的机械执照。

本例描述了一项评价的基本过程和采用的基本手段。可以看出，评估员以工作任务为中心，通过观察被评价者的行为以及提问了解其知识和技能的掌握情况，并要求他提供了一些证据。评价过程和手段是可信的。

在评估时，通常要求有一个模拟的工作场所或真实的工作场所，以展示工作所要求的技能和知识。该能力单元应该是整体性的评估，它涉及其他单元的工作职能。因此建议使用多种考核方法，如书面或口头提问；观察工作活动，可在工作场所或模拟工作场所进行；对产品或创造工作进行评价；一段时间内的工作日志；第三方如监督员的报告等。

6.3.2 BEI—— 行 为 事 件 访 谈 法（Behavioral Event Interview）

"行为事件访谈法"（Behavioral Event Interview，BEI）是一种开放式的行为回顾式探索技术，是由美国哈佛大学心理学教授克里兰及其研究小组于 20 世纪 70 年代初期首创，通过对绩优员工和一般员工的访谈，获取与高绩效相关的素质信息的一种方法。行为事件访谈法是一种融合关键事件法（Critical Incident Technique，CIT）与主题统觉测验（Thematic Apperception Test，TAT）的综合访谈方式。其主要的过程是请受访者回忆过去半年（或一年）他在工作上最感到有成就感（或挫折感）的关键事例，其中包括：①情境的描述；②有哪些人参与；③实际采取了哪些行为；④个人有何感觉；⑤结果如何。亦即受试者必须回忆并陈述一个完整的故事（龙立荣，2009）。

方法的前提假设有两点：第一，一个人过去的行为能预示其未来的行为——访谈者提出的问题应该让被访问者用言行实例来回答，通过了解他过去经历中的一些关键细节，来判断其能力，不要轻信他自己的评价；第二，说和做是截然不同的，即要了解被访者过去的实际表现，而不是对外在表现的看法和观念，以及对未来表现的承诺。

行为事件访谈的意义在于，通过访谈者对其职业生涯中某些关键事件的详尽描述，并对所收集的信息进行对比分析，可以较全面地、深入地了解学生的学业状况以及综合职业能力。这种方法正在越来越多地被企业面试人员所应用，但用此法进行学生学业评价目前还没有相关的信息和研究。

（1）BEI方法的优点

第一，在识别学生的综合职业能力及效度上优于其他资料收集的方法。所以在评价学生职业能力方面具有极高的价值，因为BEI关注学生在过去的事件中做出的具体行为，评价主体比较容易判断学生能力的高低，提高了评价的区分度。

第二，由于学生被要求讲述具体的事件以及自己在其中的表现，而非想象自己会怎么做，凭借作弊很难完美杜撰一件事，从而加强了面谈的真实性和客观性。

第三，BEI方法不仅描述了学生行为的结果，而且说明了产生行为的动机、个性特征、自我认知、态度等潜在方面的特征。因此，采用EBI方法解释能力与行为的驱动关系是非常有效的。

第四，BEI方法可以准确而详细地反映学生处理具体工作任务与问题的过程，告诉人们应该做什么和不应该做什么、哪些是有效的和无效的工作行为，因此对于"工作过程"的个人建构具有揭示作用。

第五，BEI方法可以提供与工作有关的具体事件的全景，特别是优秀学生提供的关于"工作过程"的描述，成为其他学生参照的职业发展路径，并总结他们在何时何地、采用什么方法获得从事目前及未来工作的关键能力。

（2）BEI方法的缺点

第一，一次有效的BEI访谈至少需要1.5～2个小时，另外仍需要几个小时的准备和分析时间。在时间和费用投入上，都是一笔不小的成本。

第二，访谈人员必须经过相关的专业培训，即如何把握访谈的节奏与时间，控制被访者的情绪，有效引导访谈内容不偏离访谈目标，调整访谈方式，对被访者进行有效反馈等，必要时还要在专家指导下才能通过访谈获得有价值的信息。从这个意义上讲，培养一名合格的BEI访谈人员需要大量的前期投入。

第三，BEI方法通常集中于具有决定性意义的关键事件以及个人综合职业能力上，所以可能会失去或偏废一些不太重要但仍与工作有关的信息与行为特征。

第四，时间、成本及必要的专家支持，使BEI方法无法大规模地进行，只能限定在小范围内展开。

（3）BEI的操作过程

第一步，准备阶段——面试提纲的设计：明确综合职业能力测评要素，科学地设计面试问题，增加面试提问的针对性，提高面试的效率和效果。一般设计的都是行为性问题。

第二步，实施阶段——BEI的展开：主要步骤：① 访谈开始阶段的自我介绍和解释，这个步骤一般不需要很长的时间，三到五分钟即可，其目的是创造融洽和谐的谈话气氛；② 了解被访谈人的工作学习经验；③ 深入挖掘被访谈者的行为事件的具体细节（STAR模式）；④ 评价；⑤ 结束语。关键点在于：① 让被访谈者讲述过去实际发生的事件，而非假定的事情或抽象的思想观点；② 事件必须与岗位核心素质有很好的相关性，可据此判断其匹配程度；③ 引导被访谈者详细而具体地讲出事件的细节，以及他当时（而非现在）的看法或行为；④ 事件必须包括"STAR"：情境（Situation）、任务（Task）、行动（Action）、结果（Result）；⑤ 避免被访谈者提供含糊空泛的资料。利用EBI中的追问，应试者将难以隐瞒过往的事实，所提供的资料具体实在。

第三步，评价阶段：面谈结束后，根据评价标准和面谈中对应试人员行为的编码、观察和记录，在评分表上进行打分。本阶段的关键点是减少主观判断对评价的影响。对应试者的评价基于其行为表现，而非个人的主观感受或直觉。基于行为事件访谈法的面试大多是半结构化的，即面试内容集中关注应试者过去的行为表现，对面试所涉及的内容、评分标准和方法、面试官组成和分数合成统计等方面进行系统的结构化设计，但面试官可根据应试者的回答和面试的实际情况对面试问题做适度的调整和改变。

（4）行为事件面试法的核心——STAR 模式

STAR 是通过一系列的"什么""怎么样""为什么"等问题关注完整的行为事件，收集应试者在代表性事件中的具体行为和心理活动的详细信息；基于应试者对以往工作事件的描述，运用素质模型来评价应试者在以往的工作中所表现出的综合职业能力，并以此推断其在今后工作中的行为表现。因此，面试官如何在面试过程中展开提问和追问便成为决定面试效果好坏的重要因素。通常在 BEI 中，提问必须围绕以下四个要素展开，称之为"STAR"。

情境（Situation）：为什么会发生？指应试者的任务背景或问题背景，当时所面临的情况。

任务（Task）：必须做什么？指应试者在特定情境中所要达到的目标或所需完成的任务。

行动（Action）：实际做了什么？怎么做？指应试者针对任务情境所采取的行动或没有采取的行动。

结果（Result）：行动的结果如何？指应试者采取的行动所带来的结果。

在 STAR 模式中，通过关于行动的描述，面试官可了解应试者的工作表现，因此行动是整个 STAR 的关键。行动可能包括以下几项内容：① 完成工作的步骤；② 如何筹备进行工作项目；③ 如何防范风险或损失；④ 工作中如何处理"人"的问题；⑤ 本来应做但没有做的事。

常见的错误 STAR 有以下几种：① 以含糊的叙述代替具体的行为：当应试者在回答时使用了"一般来说""通常"等词语时，他就可能在以含糊的叙述代替具体的行为。② 不完整的 STAR。③ 以观点代替行为：即应试者谈的是对某件事的看法、感受或是其个人信念，而非行动。当应试者的回答中出现了"我会""我认为"等词汇时，他可能就在以观点代替行为。④ 以理论代替行为：有时应试者所谈的是从书本上或是其他成功案例中借鉴来的知识，他可能尚未将这些知识付诸工作实践。

STAR 技术的应用技巧：① 面谈中提问从好的、正向的事件开始，遵循事件本身的时间顺序。一旦发现应试人员的报告中有跳跃，就提出问题请其详细介绍，因为这些时间上的"空白点"往往是应试者最不想为人所知的"软肋"，一般都是比较失败或者潦倒的经历。② 一次只描述一个情况，在应试人员详细讲完一个工作事件之前，不要让其转到别的事件上。注意探究其行为模式。探究思想上的起因和行动过程。③ 当询问意图问题后，跟进问题："您实际上做了什么？整个计划中，什么是特别重要的步骤？有哪些是您最难忘的事情？"④ 如果学生在叙述中提及"我们"，一定要问清楚"我们"指谁，目的在于了解学生在当时的情境中做了什么从而可以追问学生行动背后的思想。⑤ 如果学生不能想到任何具体事件，评价主体可以通过自己的经历举例，向其描述一个完整的事件，或让其思考和回忆以前的经历。⑥ 不揣测和诱导学生说的内容，避免探究那些会限制学生思路的领域。⑦ 如果学生在面谈中变得很情绪化，就要暂时停止发问直到他平静下来。

6.3.3　RPL 在先、BEI 在后——两次评价、互相印证

以 RPL 对教学过程中使用的学习性工作任务进行总体评价，以 BEI 用另行设计的评价任务对学生工作过程进行评价。两次评价指的是对基于典型工作任务所设计的系列具有职业成长规律的教学中使用的学习性工作任务进行的评价，对另行设计的评价任务进行单独评价的设计思想。这样有助于对"教学"的质量形成一种检视，同时对另行设计的工作任务进行单独评价也可以使两次的评价结果互相印证。

我们在这里探讨的评价和教学中的评价是不太一样的，教学中的评价主体基本上是教师和学生，所采用的方法基于具体的教学实践和问题情境也是非常灵活和随机的。本书所探讨的评价是指学校专门部门（如评价委员会）所组织的较为正式和规范意义上的评价活动。

上述两种方法的基本模式在于以下几点：

第一，学生对职业领域典型工作任务的熟悉程度，能够回答典型工作任务的引导问题。如表 6-6 所示：

表 6-6　典型工作任务分析的引导问题

分析内容	引导问题
1.工作与经营过程	（1）该任务的工作过程是怎样的
	（2）生产什么产品或提供哪些服务
	（3）怎样获得合同
	（4）顾客／客户是谁
	（5）怎样获得原材料或半成品
	（6）完成的产品在哪里被继续加工／下一道工序
	（7）怎样交付完成的合同
2.工作岗位	（1）工作岗位的名称及简单描述
	（2）环境条件（如照明、温度、辐射、通风、灰尘等）如何
	（3）有哪些肢体活动
3.工作对象	（1）工作的对象或主题是什么（如技术产品、技术过程、服务、文献整理、控制程序等）
	（2）在工作过程中的角色如何（如是设备操作还是设备维修）
4.工具	（1）完成该任务需要用到哪些工具（如机床、计算机、软件）
	（2）如何使用这些工具
5.工作方法	如何完成工作任务（查找故障、质量保证、加工、装配）
6.劳动组织方式	（1）工作是如何安排的（独立工作、组团工作、部门）
	（2）哪些级别对工作有影响
	（3）与其他职业或部门有哪些合作及界限
	（4）员工的哪些能力共同发挥作用
7.对工作的要求	（1）完成任务时必须满足企业的哪些要求
	（2）顾客有哪些要求
	（3）社会有哪些要求
	（4）要注意哪些法律、法规和质量标准
	（5）同行业默认哪些潜规则和标准
	（6）工人自己对工作提出哪些要求
8.综合性问题	（1）与其他典型工作任务有哪些联系
	（3）与企业中其他承担相同任务的工作岗位有哪些共同或不同之处
	（4）在被分析的岗位或部门是否可能进行职业培训

学生陈述并论证自己的工作过程构想与设计，这意味着不仅要抽象出工作行动的序列，更要发现工作事件的关系。

要能够展示如下关于"工作过程"的逻辑的矩阵图（见图 6-3）。

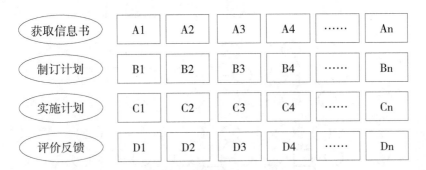

图 6-3　"工作过程"的逻辑矩阵图

工作过程结构完整性过程见图 6-4：

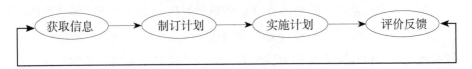

图 6-4　结构完整的工作过程

工作要素全面性见图 6-5：

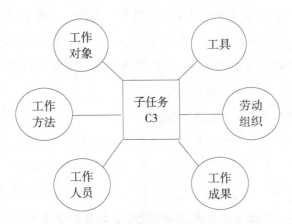

图 6-5　工作要素全面性

（工作任务、工作对象、工具、工作方法、劳动组织、工作人员与工作成果）和包含工作过程知识（见图6-6）。

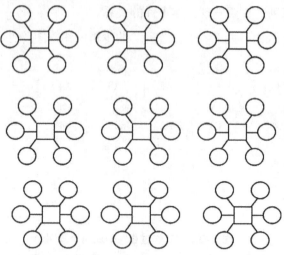

图6-6 完整"工作过程"及其要素全面性

第二，全面阐述实施过程存在的问题和解决办法。关于工作过程的设计还应当结合实施过程，设计就是为创造某种具有实际效用的新事物而进行的探究。它包括对不良情境的探索，对一个或多个问题的发现、详细说明与解决以及对导致有效变化的途径的详细说明。

第三，实施结果与和规划的对照及自我评价。实施结果不能仅仅理解为生产出了一个产品或者提供了一项服务，而是在过程中能够佐证构想的所有专业性证据，从客观性角度而言，这些证据可以被认为是技能的体现。

德国职业教育考试和英国职业教育考试都没能发现过程性的资料和大量的佐证信息对于评价的基础地位。

评价依据：典型工作任务描述。

评价主题：基于典型工作任务描述的开放性问题的解决方案。

评价内容：对工作过程的构想包括规划设计、实施调适、完整性反思。

佐证性材料：任务书、客户资料、访谈记录、原始合同文本、项目计划书、网上检索资料、实地勘验记录、会议记录、设备配置清单

对工作过程的评价需要项目和产品本身进行的评价运行记录、产品实物和产品信息、说明书予以佐证。

规划设计包括项目化教学的完整资料。

背景材料：专业行业企业调研报告、专业人才培养方案。

支撑性材料：学习情境设计、学生以往课业及形成性评价材料。

项目实施过程中师生所完成的相关材料（见表6-7）：

教师完成：《网站前台设计》项目实施情境描述、项目实施整体设计方案、单元方案、素材库、课件、平时检查记录及任务完成情况评价表、成绩记录表、教师与学生行为动作与结果分析图；与学生签订合作协议书、填写项目验收表、学生能力素质分析表等，设计项目教学前后的调查表。

学生完成：项目实施过程中接受方组织机构、完成项目报告、总结与体会、项目教学前后填写学习情况调查表、完成2~3个网站作品。

表6-7 《网站前台设计》项目实施过程中师生所完成的相关资料汇总

教师完成	《网站前台设计》项目实施情境描述
	《网站前台设计》项目实施整体设计方案
	《网站前台设计》项目实施单元方案
	《网站前台设计》项目实施素材库
	《网站前台设计》项目实施课件
	《网站前台设计》项目实施平时检查记录及任务完成情况评价表
	《网站前台设计》项目实施成绩记录表
	《网站前台设计》项目实施教师与学生行为动作与结果分析图
	《网站前台设计》项目实施合作协议书
	《网站前台设计》项目验收表
	《网站前台设计》项目学生能力素质分析表
	《网站前台设计》项目教学前后的调查表
学生完成	《网站前台设计》项目实施过程中接受方组织机构
	《网站前台设计》项目报告
	《网站前台设计》项目实施总结与体会
	《网站前台设计》2~3个网站作品

6.4 三维一体、整体评判——高等职业教育学生学业评价标准设计

工作过程的设计与构想乃至于实施，作为职业的专业化活动必须满足专业性的要求，这种专业性的要求就是关于工作要素搭配的合理性，同时作为社会环境中的职业活动必须满足国家、社会包括相关团体组织

的规定性要求。职业教育作为教育的一种类型同时要满足教育本身的要求即全面发展。这三个不同取向的要求构成了高等职业教育学生学业评价的三大价值取向，可以细化为三种不同的评价维度，而且这三种维度都是基于工作任务本身，因而我们称其为三维一体。正因为不同的取向也形成了评价标准的制定和表述很难用对错来界定，更多是不同取向的标准的调和。

整体评判的原则来源于工作过程的完整性这一要求。工作过程的逻辑结构中"明确任务、制订计划、实施计划和评价反馈"如果被分割成为独立的部分不仅部分与部分之间的作用和关系难以辨析，而且会被划入传统的只注重"实施计划"的技能性考试中，使得综合职业能力具有结构性的确实，因而采用整体性评价是必须的。

表6-8为北京电子科技职业学院计算机应用专业课题任务式学习评价报告单。

表6-8 北京电子科技职业学院计算机应用专业课题任务式学习评价报告单

课程名称	动态网页制作				
课题任务	网络考试系统之"系统管理与维护"模块的开发				
学生姓名	崔**、刘*、曹*、李*		年级		03软件
发题日期	2005年6月20日		规定上交日期		7月5日10点前
指导老师	徐**		实际上交日期		7月5日9点
通用能力评定			专业能力目标成果评定		
通用能力领域	成果	等级	成果	任务	评价
自我管理和自我发展	2	通过	（1）明确数据库安全的重要性；	4（2）	良
与他人合作共事	6	通过	（2）掌握在Web页面中连接数据库的方法，和对数据库增、删、改、查的原理和方法；	4（5）①②③	通过
交往和联系	10	通过			
安排任务和解决问题	12	良好			
科技的应用			（3）会正确报告数据库设计中存在的问题，以及程序设计、测试的结果。	4（5）④⑤	通过
设计和创新					
其他成果	（1）网页调试过程中使用的SQL语句和测试数据保存在一个单独的文档中。 （2）数据库的备份文件保存在一个单独的文件夹内。 （3）数据的调试版本，以日期为单位单独保存。				

续表

课程名称	动态网页制作
综合评语	能够在规定时间内按要求完成任务。对在网页中连接数据库和实现对数据库的增、删、改、查的操作方法比较熟悉，报告中对前台网页设计的方法描述清楚，对后台功能实现的原理描述正确，对实现方法的叙述简明扼要。软件基本达到了系统管理和维护的要求。 在完成任务的过程中通过各种手段查阅资料，并经过小组讨论，制订了切实可行的方案。但在执行过程中忽略了对数据库的及时备份，差点造成了不可挽回的损失。后经过小组同学的积极补救，终于挽回了损失，按时完成了任务。 在工作中刘 * 和崔 ** 同学表现得积极，出了问题能主动提出合理可行的建议，从小组工作记录中看出曹 * 和李 * 所做的工作较少，因此增加了对这两位同学的答辩。在答辩中，针对完成任务的关键环节"改库"和"查库"进行了提问。这两位同学的回答基本正确，对整体任务的了解还比较清楚，只是在完成过程中，表现得不够积极主动。 教师签名：徐 **
学生自评等级	通过
教师评价等级	通过

6.4.1 职业技能大赛评分标准

前述的职业技能大赛评价标准依据选手完成工作任务的情况，参照国家职业资格"高级维修电工"和"可编程序系统设计师（三级）"的知识技能要求，按照技能大赛技术裁判组制定的考核标准进行评分。评价方式采用"过程评价与结果评价相结合、工艺评价与功能评价相结合、能力评价与职业素养评价相结合"。满分为 100 分。以 3D-CAD-VR2010 全国三维数字化创新设计大赛工业与工程方向评价标准为例，现场总决赛采用自选赛题，由参赛团队现场在 12 小时内协同完成自选赛题的设计，并按要求现场提交相应设计结果。设计过程中须进行创作思路答辩。数字表现（文化创意）方向现场总决赛采用参赛团队现场作品介绍（10 分钟）和评审答辩（10 分钟）方式进行。答辩内容应包含作品创作说明书、作品展示（图片、视频、模型等）、作品技术难点与创新点自评等部分。

6.4.2　学业评价标准三维维度

　　"所谓标准，就是教师该教什么、学生该学什么的详细说明。标准把学生的预期目标具体化了，但是它并没有指定一门具体的课程、教科书或者教学方法。同一个标准，可以通过许多方法达成。然而有效的标准必须足够具体，以帮助教师明确学生要学习什么，并判断在什么时候学生达到了这一标准。上述两个目的——明确学生要学什么，以及判断学生在什么时候达到了标准——对应着两种标准，它们就是众所周知的内容标准和表现标准。内容标准具体说明'什么'，而表现标准具体说明'多好'。也就是说内容标准告诉我们学生在特定教育阶段，在特定的内容或学科领域应该知道什么以及能够做什么。表现标准取决于内容标准，它把内容标准进一步具体化，指出在某一内容标准上期望学生达到的表现水平。换句话说，它告诉我们'多好才算足够好'，它既指出了说明某一标准是否达到所需要的证据类型，又表明了可接受表现水平的质量要求（什么样的合格，什么样的优秀）。"（Lin、Gronlund，2003）

　　评价标准来自哪里？首先工作过程建构的复杂性和成熟性首先要基于工作任务本身，工作任务本身作为评价标准的一个维度即内容维度，前述"不同的能力发展阶段对应着不同的知识形态"理论也可说明这点。这一维度体现着人的职业生涯的发展性要求。第二个维度是价值维度，价值维度反映了工作建构本身满足不同社会成员的要求，比如委托方、客户、企业作为中间客户、法律环保等要求，这些要求必须同时满足或者在这些不同的价值观中寻求妥协和平衡。这一维度体现着社会性要求。完整工作过程是衡量学生综合职业能力的内容，将其作为学生学业评价的一个维度，其与其他两个维度的关系可以理解为完整工作过程在内容坐标和价值坐标上的投影，从其投影面积可以判断学生综合职业能力发展情况。这样，课业、完整工作过程与工作要求构成了学业评价的三个维度。

6.4.3　学业评价标准实证案例

建立综合职业能力模型，要体现"设计导向的职业教育思想、完整的行动模式、职业实践行动、职业成长的逻辑发展规律、职业的工作过程知识"。

能力模型是对能力的内容及其结构系统化的表述，它描述了学习者应具备的认知条件。在职业教育中，能力模型说明学习者应具备什么样的认知条件，才能在（策略上）完成职业的典型工作任务。建立能力模型要确定能力的维度，在心理测评和分析中，一般采用因素分析法分析能力的各个维度之间是否关联以及关联程度。需要对关联程度高的维度进行合并。

能力的维度，是指一个能力模型所包括的结构性的组成元素。例如，英国国家课程方案（QCA）的能力模型是二维的：①学习项目，即内容维度；②等级，即能力的等级维度。如德国国家自然科学教育标准同样也是二维能力模型，但可以解释为三维模型（见图6-7）。

①内容维度，包括能量、物质、相互作用、系统4个基本概念（元素或子维度）。②行动维度，包括专业知识、知识的获取、组合以及评价4个能力范围（元素或子维度）。③要求维度，包含复述、应用、迁移3个能力等级。

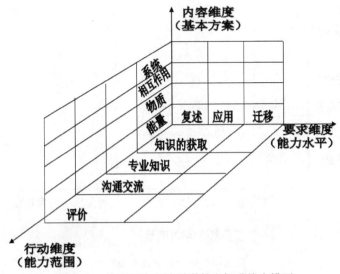

图6-7　德国国家自然科学教育标准能力模型

从物理教学论的研究的角度，舍克尔等人还推荐了第四种维度，即"情境/应用范围"。他认为能力模型的不同维度是按照能力的组成元素划分的。利用这些元素，可以得出一种能力在第 N 维空间的坐标值。也有人认为，这些经过精心选择的元素组成的多维能力空间，解释的只是一个如何应用模型的问题。

（1）综合职业能力模型

如何在特定的职业领域运用和发展通用能力模型？这里，研究基础不是按照某一个部门或者职业院校的职业资格标准和课程计划的要求，而是按照情境学习理论所确定的典型工作任务。能力诊断研究的最大挑战是，如何开发出一种适合所有职业和职业工作内容的、跨职业的、开放式的能力模型。如果能力模型适应各类职业资格考试的要求，虽然能力诊断结果与资格考试结果的一致性较高。但是这样的结果是可能得到大量彼此之间没有可比性的能力模型，人们无法对不同职业的能力诊断的结果进行比较。德国 KOMET 为职业教育开发了一种对所有职业都适用的模型。KOMET 能力模型有 3 个能力级别和 8 项能力指标，共同构成了对职业能力进行解释的框架。具体见图 6-8。

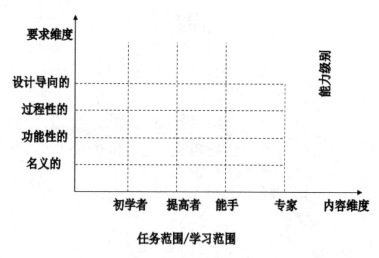

图 6-8　综合职业能力模型

（2）职业能力测评模型

KOMET 项目要对能力模型进行说服力检验。这里的关键是，通过什么样的能力模型能够反映出被试者如何运用不同能力，以及用到何种程度来制订解决方案，并最终完成开放性的职业任务。KOMET 模型采用了一种"混合分配模型"，主要是为了反映这样的特征：一个能力级别是按照测试评分点数形成的、具有一定特征的职业学校学生群体。即得到正面评价的测试评分点所占的比例，可以显示出某个子群组的解决方案的典型特征。混合分配模型可将整个被测群体分解成若干个子群组，使每个子群组都分别适用一个特定的能力模型。按照 KOMET 研究方案，判定某人是否达到某一个职业能力级别，这是一种质的判定。为了成功地建立一种科学的能力测评模型（见图 6-9），KOMET 对评分者信度进行了探讨，同时确定了 40 个评分点和 700 名被试者来保证测试评分点数量和参加试验人员的数量。此外通过修改后的"曼海姆企业培训环境测评表"和德国职业教育研究所开发的量表对"职业学校和培训企业的学习情况"以及"学校和企业合作情况"进行了调查，通过两次预测试检验了这些量表以及相应的分析测评工具的可靠性和适用性。KOMET 测评方法可以使我们清楚地了解学生职业认同感及承诺发展状况，并且将其与职业能力的各个级别和能力维度联系起来。

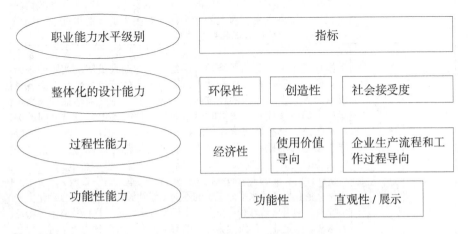

图 6-9 综合职业能力测评模型

基于典型工作任务以综合职业能力为评价目的的评价标准最先由德国职业教育研究者经过严格的实证提出了一个（电子电器职业）评价标准，非常具有代表性。德国对职业能力测评的指标体系设计了8个一级指标，这个8个一级指标分别为判断功能性能力的功能性和直观性指标；对过程性能力判断的经济性、使用价值导向、企业生产流程和工作过程导向指标；对整体化设计能力判断的环保性、创造性以及社会接受度指标（见表6-9）。

表6-9　综合职业能力评价指标含义

能力级别	能力指标	指标含义
功能性能力	直观性/展示	在计划和准备阶段，技术工人要提前设想出完成任务后的结果，将其记录下来并展示出来，使委托方（上级领导或顾客）能针对这一建议方案提出意见并做出评价。在此，形象直观地展示任务解决方案是职业工作和职业学习的一个基本形式。技术工人通过语言或文字描述，利用图纸或草图条理清晰、结构合理地向委托方展示完成工作任务后的结果，是工作交流必不可少的能力。描述是否恰当，还取决于对专门化的职业行动的表述
	功能性	功能性评价所提出的工作任务的解决方案的关键性指标。功能性指标包括工具性的专业能力、与具体情境无关的学科知识以及专业技能。解决方案要想满足任务要求，实现功能是最基本的也是决定性的
过程性能力	使用价值导向	职业行动、行动过程和工作任务始终要以顾客为导向，因为顾客的利益代表了工作成果（产品）的使用价值。在泰勒式的生产组织方式下和岗位技能培训中，都常常会忽略使用价值的重要性。使用价值这个指标也指在特定工作情境下的解决方案的使用价值的高低。一个具有较高使用价值的解决方案，除了满足用户的直接使用要求和减少使用中的故障外，还要考虑后期保养和维修的便利性。解决方案有多大的持久性、有多少扩展的可能性，同样也是评价使用价值导向指标的重要依据
	经济性	职业工作原则上还要受到经济成本的影响。将解决方案放到整个工作环境中考察它的经济性，这是一个专业人员解决实际问题能力高低的表现。在工作行动中，需要不断估算经济性并考虑各种成本因素。在对工作的经济性做出决策时，还必须考虑到未来可能产生的后续成本。决策时最重要的是权衡支出与收益之间的关系。此外，具有经济责任感的行动，还体现在对宏观国民经济发展予以足够的重视，因为并不是所有决策都可以在为企业带来经济效益的同时，也对宏观国民经济的全局有积极的影响
	企业生产流程和工作过程导向	本指标针对企业的上下级结构（企业内部的垂直组织管理）以及生产流程（企业生产的水平分工）的不同工作领域，特别是在自动化生产系统内、网络化管理和跨企业的生产过程中，这一指标具有十分特殊的意义。以企业生产流程为导向的解决方案会考虑到上下游过程之间的衔接，还考虑到跨越每个人的工作领域的部门间的合作

续表

能力级别	能力指标	指标含义
整体化的设计能力	社会接受度	社会接受度主要指人性化的工作设计与组织、健康保护以及其他超越工作本身的社会因素（例如委托方、客户和社会的不同利益）；同时也考虑劳动安全、事故防范以及解决方案对社会环境造成的影响等
	环保性	环保性对于几乎所有工作过程和生产流程都是一个重要的指标。它不仅是指一般的环保意识，而且针对生产过程和生产结果提出特定的要求。同时还要考虑解决方案多大程度上使用了对环境无害的材料，以及完成工作计划多大程度上符合环保要求。解决方案中还要考虑节约能源和废物回收与再利用
	创造性	创造性是评价一个解决方案的一个重要指标。创造性来自特定情境下为完成任务预留的高度的设计空间。不同的职业"创造性"这一指标的解释与评判是不同的。在含有设计特征的工业职业中，创造性是专业能力的重要组成部分，而其他职业对创造性的重视程度各不相同。解决方案的创造性也体现在对问题的解决方案提出质疑，解决方案在满足创造性要求的同时要有助于目标的实现

　　每一个一级指标又设计了若干个二级指标，并对这 8 个一级指标是否各自构成独立的维度进行了实证研究，具体指标体系见表 6-10。

表 6-10　综合职业能力评价标准

		要求			
		完全符合	基本符合	基本不符合	完全不符合
1. 直观性 / 展示					
（1）	对委托方来说，解决方案的表述是否容易理解？				
（2）	对专业人员来说，是否恰当地描述了解决方案？				
（3）	是否直观形象地说明了任务的解决方案（如图表 / 图画）？				
（4）	解决方案的层次结构是否分明？描述解决方案的条理是否清晰？				
（5）	解决方案是否与专业规范或技术标准相符合（从理论、实践、制图、数学和语言）？				
2. 功能性					
（6）	解决方案是否满足了功能性要求？				
（7）	是否到了"技术先进水平"？				
（8）	解决方案是否可以实施？				
（9）	是否（从职业活动角度）说明了理由？				
（10）	表述的解决方案是否正确？				
3. 使用价值导向					
（11）	解决方案是否提供方便的保养和维修？				
（12）	解决方案是否考虑到了功能扩展的可能性？				
（13）	解决方案中是否考虑到如何避免干扰并且说明了理由？				

续表

		要求			
		完全符合	基本符合	基本不符合	完全不符合
（14）	对于使用者来说，解决方案是否方便，易于使用？				
（15）	对于委托方（客户）来说，解决方案（如设备）是否具有使用价值？				
4. 经济性					
（16）	实施解决方案的成本是否较低？				
（17）	时间与人员配置是否满足实施方案的要求？				
（18）	是否考虑到企业投入与收益之间的关系并说明理由？				
（19）	是否考虑到后续成本并说明理由？				
5. 工作过程导向和企业流程（经营过程）导向					
（20）	解决方案是否适应企业的生产流程和组织架构？（包括自己企业和客户）？				
（21）	解决方案是否以工作过程知识为基础（而不仅仅是书本知识）？				
（22）	是否考虑到上游和下游的生产流程并说明理由？				
（23）	解决方案是否反映出与职业典型的工作过程相关的能力？				
（24）	解决方案中是否考虑到超出本职业工作范围的内容？				
6. 社会接受度					
（25）	解决方案在多大程度上考虑到人性化的工作设计和组织设计方面的可能性？				
（26）	是否考虑到健康保护方面的内容并说明理由？				
（27）	是否考虑到人体工程学方面的内容并说明理由？				
（28）	是否注意到工作安全和事故防范方面的规定与准则？				
（29）	解决方案在多大程度上考虑到对社会造成的影响？				
7. 环保性					
（30）	是否考虑到环境保护方面的相关规定并说明理由？				
（31）	解决方案中是否考虑到所用材料是否符合环境可持续发展的要求？				
（32）	解决方案在多大程度上考虑到环境友好的工作设计？				
（33）	是否考虑到废物的回收和再利用并说明理由？				
（34）	是否考虑到节能和能量效率的控制？				
8. 创造性					
（35）	解决方案是否包含特别的和有意思的想法？				
（36）	是否形成一个既有新意同时又有意义的解决方案？				
（37）	解决方案是否具有创新性？				
（38）	解决方案是否显示出对问题的敏感性？				
（39）	解决方案中，是否充分利用了任务所提供的设计（创新）空间？				

6.5 分层构成、主体多元——高等职业教育学生学业评价主体构成

分层构成是指依据职业成长规律和基于典型工作任务所设计的针对不同职业阶段的学习性工作任务所涉及的评价主体与学习者的距离和影响是不同的。最基层的评价主体是学习者本人，这也符合行动导向学习模式所提倡的自主学习，个体自我评价不仅是必要的，而且是必须的。但个体自我评价的视角必须超越单一的职业岗位，须从更为广阔的工作体系的关联性来评价。学生需要在作为顾客、专业人士、相关的其他社会人士的主体不同的竞争性冲突性视角中全面阐述论证自己的构想，这也是主体多元的本质。在此基础上较为上位的评价主体是教师，教师在教学中的角色也要相应转变为具有多主体视角的指导者、促进竞争性方案的矛盾冲突制造者、学生在真实职业行动中的校企沟通者。从过去的出卷人、阅卷人、客观无偏的观察者、裁判者转变为这些不同主体间的沟通人和联络人，以及对学生参与这样的协商的能力培训者。最上位的评价主体则从完整工作过程的设计与实施来看，凡是涉及其中的不同部门、不同岗位的人员都可以成为评价主体，甚至是不同的产业链条和行业，比如研发、生产、制造和销售等。基于典型工作任务的完整工作过程要覆盖尽可能全的企业流程，勾连尽可能多的社会组织和企业部门，如前所述的高等职业教育学生学业评价三大评价维度是由不同的需求产生的，评价主体的产生应当代表这些不同需求的团体利益。

以往多主体的构成限于评价制度和评价成本往往比较困难，尤其是最为上位的评价主体要成为高等职业教育学生学业评价的当然主体面临着很多现实性的问题。现实的解决方案除了制度化的改革措施将这些组织和人员真正纳入评价主体之外，以实践专家作为评价主体是一个办法。实践专家是指具有丰富工作经验的一线工作人员，如优秀技术工人和技师，可以是班组长、工段长、车间主任和基层部门负责人。他们工作的领域与所接受职业教育专业对口，具有高级工及以上职业资格，和足够的重要工作经

验，并在工作中不断地学习，或者以其他方式继续发展自己的能力，具有较高的职业能力，达到本专业的技术先进水平。他们的工作任务有一定的自主性、决策权和独立性，是综合性和整体化的。这些人是具有丰富工作经验的一线工作人员，如优秀技术工人和技师，可以是班组长、工段长、车间主任和基层部门负责人，可以有极少数高级技师、工程师或部门技术主管；有约 10 年或 10 年以上工作经验；接受过与所开发课程教育层次一致的职业教育（如中职或高职），从事工作与所学专业对口，并且经常参加专业进修；所服务的企业工作组织灵活，所在工作岗位属于技术先进之列，承担整体化和综合性的工作任务，完成任务的方式有较大的设计空间；所服务的企业包括不同所有制（国有、民营、合资和外资企业等）、规模（大、中、小型企业）和发展阶段（知名企业和一般企业）。

实践专家作为职业教育典型工作任务的课程改革的主体，在课程开发阶段发挥了关键的作用，这些人的职业成长经历和丰富的工作经验使得他们更接近古代学徒制中的"师傅"，真正具有多元的主体视角。

当前对学生学业进行评价的主体构成一般为"个体自我评价、小组评价、教师评价和企业专业人士评价"，主体介入的顺序一般为"课程项目任务结束后，个人或小组提交报告书，包括每个学生在项目完成过程中的自我评价（分析和总结自己的收获和不足）、小组对每个成员在完成项目任务过程表现的评价"。这也体现出作为学业评价的主体构成是多元的，与当前评价领域倡导评价主体多元是不悖的，但是多元并不意味着来源途径越多越好，而是评价主体的代表性，从这一点来讲，作为评价主体本身需要具备不仅仅是某个狭隘团体利益的视角，更要具有全面或者换位思考的评价习惯。

"有些专业将教师组也纳入评价主体，以会计专业为例，校内教师考核组评价是教师团队给学生的评价，教师根据学生在完成项目任务过程中的表现、完成项目工作任务最终成果的质量，考核评价学生该专项会计职业能力，集体讨论后评定学生该课程项目成绩。最后，由企业会计专业人士评价或社会考评部门评价，主要针对学生须在企业完成项目任务和最终成果的质量评价。综合三方考核评价主体的评价评定成绩。"（黄晓榕，2010）必须指出，德国跨职业的职业能力模型和职业能力测评模型中指标体系不是建立在职业学校的课程效度上，而是建立在职业效度上，要在教学实施中得到运用，还需要对其较为抽象的指标体系内容根据具体专业（职业描述）和课程内容进一步细化和演绎。而这样的细化和演绎对教师共同体合作（所有专业课教师、企业兼职教师）提出了更高的要求，尤其对于综合实训和毕业设计的评价方案需要和专业课程体系的设计过程一样经过反复酝酿，具体课程的学习评价方案由专业课教师牵头会同专业教师共同体仔细推敲。首先是学生学业评价方案的设计能力，这已经是当代教师所必须具备的专业能力之一。决定方案设计能力的首要因素就是教师对于当前基于工作过程的典型职业工作任务课程改革的课程二次开发和设计能力，由职业能力测评模型来反观教师的二次课程开发（学习性工作任务设计）。教师需要树立这样的理念，学习性工作任务不仅是教学实施的主题，而且是学业评价的内容，对学习性工作任务设计和评价标准指标的细化和演绎不是来自书本，不是臆想的或者编造的，必须基于真实的职业典型工作任务，而是必须深入企业调研，不仅要分析有哪些职业能力要求，而且要对照职业能力模型和测评模型，清晰地提炼出具体职业的能力特征和水平表征。对学习性任务的设计与学生学业评价设计要结合考虑，最好能合二为一。对这样的学习性任务的设计数目必须大于在教学过程中真正实施的，这样才能不仅为学业形成性评价而且为终结性评价留有空间。所有的测试题目在相应的能力水平等级上要保证一致，内容要涵盖企业工作过程或经营过程的完整的问题解决方案，所有这一切必须在教学实施前进行设计。决定教师评价设计能力的第二个因素就是测量与评价的专业知识，这是检验方案设计质量的工具性基础。

其次是评价方案的实施能力，对于职业教育而言，这样的能力丝毫不亚于方案的设计能力。一般来讲，这样的学业评价实施的次数取决于学习性工作任务设计的数量和整个课程方案中有关具体课程和综合实训以及毕业设计的规定，评价方案实施的前提是职业院校考试制度的改革，尤其是校企合作、工学结合的评价制度建立。企业参与对于基于职业能力的学生学业评价方案实施效果和认可极为重要，这也是职业教育学生学业评价功能发挥的体现。形成性评价可以将学校的知识＋技能考试和各类技能大赛以及资格考试作为评价信息的一个来源，另外具体课程实施的形成性评价有必要结合具体项目或产品的生产或制作乃至服务进行，要求对"咨询—计划—决策—实施—检查—评价"每一个环节的实施过程和效果提供来源多样证据充分的材料。例如各种备选方案、要求说明、时间和工作计划、与客户商谈材料、选定的方案、责任清单、技术文献、安装和装配图纸、优化改善的相关资料等。并且学习过程中专任教师、兼职教师、学生自我评价、小组评价信息以及项目实施过程中的来自企业、客户中的评价信息作为学业评价结果的重要参考信息，并作为学业评价信息的有机组成部分以档案袋形式进行管理。综合实训以及毕业设计对这样的过程要求应该更高。对于具体课程的终结性评价限于生产和制作成本则可以采用省略实践性任务的高水平的认知能力评价，对学生的职业态度情感方面的评价可以参考相应的职业承诺量表。无疑德国模式不仅提供了一个可资借鉴的操作指南，而且是职业教育学生学业评价范式转换的基石。

7 高等职业教育学生学业评价研究结论及展望

高等职业教育自新中国成立后从 20 世纪 80 年代至今快速发展，已经在高等教育占据了半壁江山。这种快速发展不仅体现在独立设置的高等职业技术院校数量、规模的快速增长，也体现在了以国家示范性高职院校和国家骨干高职院校建设项目所体现的对办学质量和内涵的重视程度日益提高上。高等职业教育作为高等教育的一种类型，三十多年的探索也在持续追问着这种类型到底是什么，其培养的目的和实现的方式到底是什么，本研究也就是在这样的背景下进行的。在绪论中我们探讨了高等职业教育学生学业评价的概念，认为高等职业教育学生学业评价是基于职业领域的典型工作任务所设计的学习性工作任务，以这样的任务为学习和评价载体，对学生的综合职业能力进行诊断和价值判断的过程。综合职业能力是传统能力本位之后产业界和学术界新的提法，本质上讲，综合职业能力如同教育教学领域许多的概念一样都是个人的心智或者认知，其形成、获得及表达都具有个人知识的建构性、内隐性和故事性。它不是一种简单的客观事实，和传统的技能以及技能化取向的能力是不同的。技能化取向的学生学业评价是为了裁定"做对了吗，做对了多少"，综合职业能力取向的学业评价实质上要判断"真做了吗，做真了吗"。两种不同取向的学生学业评价其评级体系框架虽然区别不是很大，但是内涵有着根本性的差异。

传统的纸笔考试形式和内容对于诊断、评价综合职业能力及工作过程知识具有无法克服的困难。改革考试评价体系首先就要对纸笔考试的形式和内容进行革新，在以综合职业能力为本位的职业教育领域，对综合职业的评价需要多种评价形式，更需要革新评价的内容。国家百所示范性高职院校和当前正在建设的百所骨干高职院校的课程改革中，基于各种各样工作任务的课程内容将考试评价的形式进行了很多改革尝试，比如纸笔考试的结果在最终的评价结果中只占一定的比例，拓展表现性评价应用的领域等，这无疑是课程改革的巨大进步。但是反过来思考，传统上以大量的客观化、标准化试题为主要题型的纸笔考试，因其去职业工作背景而无法"重构"现实的工作过程，无法对人的综合职业能力和隐性的工作过程知识加以测评，客观化试题的大量采用是职业教育考试的失误。专业课程体系的改革如果无法实现考试的改革，那么，这样的考试只能让职业教育的课程改革被迫回归到学科体系化的老路上去。

如果不是大量地采用这样的简单、客观化题型的纸笔考试，那么纸笔考试对于综合职业能力本位的职业教育究竟还有没有意义和价值呢？纸笔形式的考试作为一种测评手段，它的有效性取决于评价的目的和手段的适切性。学校职业教育评价的目的是什么？这自然与学校职业教育的目的应当是一致的，学校职业教育的目的是培养人的综合职业能力，将人的职业能力发展和社会功利性需求统一。这意味着学校考试评价的目的是诊断学生的综合职业能力，促进综合职业能力的发展和提高。综合职业能力因其综合性、整体不可分割性，工作过程知识因其内隐性使其与传统的仅从知识结构、技能结构方面来认识与评价完全不同。综合职业能力和工作过程知识的体现只能在人的行动过程中，而这一行动过程要建立在对工作规划的基础上。对工作过程的阐述、实施、论证和自我评价中既能体现人的综合职业能力也能测评人的"工作过程知识"，对它的评价更多地要依据作为"实践专家共同体"的评价主体的主观判断和感觉。这和技能资格考试完全不同，资格考试是可以借助工具较为精确地加以评价的，比如对一个加工件的精度、光洁度等的测量可以判断人的职业技能。

以综合职业能力导向的高职教育学生学业评价必须超越仅从一般知识和技能考试的狭隘视角。

纸笔形式的考试如果能够实现对人的综合职业能力和对工作过程知识的测评，须将基于真实情景描述的职业工作任务的开放性试题引入高职教育学生评价领域，这样的开放性试题应当是职业教育领域纸笔考试形式与内容改革的方向。德国的"职业能力 KOMT 测评方案"就是以纸笔形式的开放性试题对职业能力和工作过程知识进行测评的成功案例，其测评方案具有相当的评分者信度和职业效度，对于当前的高职教育学生学业评价改革非常有借鉴意义。

对开放性试题的设计以"项目"或"合同"为主要形式，结合真实具体的职业工作情境形成具体的考试题目，比如"太阳能发电设施""干燥车间"等。这些试题蕴含的内容来自职业领域的典型工作任务，而"项目"和"合同"又是学习性工作任务的具体形式，这和当前基于典型工作任务的高职教育课程改革完全吻合。职业效度与课程效度、课程与评价、教学与评价的真正结合无疑能极大提高课程的质量，破除课程深入推进的评价瓶颈问题。

工作任务是职业教育领域非常重要的概念。工作任务不仅构成了职业教育的课程与教学内容，而且也作为不同层次不同难度的测评内容的来源。作为评价设计的工作任务和职业教育课程与教学的工作任务是不完全一样的。首先，典型的工作任务序列可以界定一个职业，可以构成一个专业的课程框架体系，用于教学的学习性工作任务是典型工作任务教学化处理的结果，即综合平衡了很多的现实的因素后形成的。而作为评价的工作任务可以与教学采用的学习性工作任务一致作为形成性评价的内容，也可以直接来自典型工作任务而与学习性工作任务不同，专门设计用于终结性评价。

方案是职业教育教学与评价中的另一个重要概念。方案是对"项目"和"合同"所体现的工作任务不断进行规划和设计的结果，在任务完成的整个工作过程中不同的阶段需要进行不同的规划和设计，其规划与设计的结果会有不同的专业性的证据予以体现，如图表、文本、电路图、会谈记录。同时还需要团队合作和跨部门、跨领域合作，这样的合作结果和形式也需要不同的专业性的证据予以体现，比如时间计划、分工计划、申请、邀请函、审批表、合同书等。工作任务的复杂性越高，试题的开放程度也就越高，这样基于真实职业工作过程和流程的评价试题和传统的纸笔测验以及封闭性的技能考试差别非常大，不仅如此，还需要学生对方案进行论证。"按照现代教育理论，学生只有有机会论证并评价解题方案和解题方案的多种可能性，才能发展职业能力，理解自己的职业行为并对自己的行为负责。按照这一观点，论证解题方案也是职业能力水平的一个重要体现，前提是该解决方案可以自圆其说，而且评分者也能理解该方案。实践证明，如果在测评中要求被试者不仅要描述每个试题的解决方案，而且还要论证该方案，那么可以提高测评结果的信度。当评分者无法理解被试者为何要这样解决问题，或者了解哪些标准在解题过程中发挥了重要决定作用时，需要有适当的手段、在合适的范围对答案进行思考。要求被试者详细地论证问题解决方案，被试者的注意力也就转移到了答案中所包含的'解释行动的知识'方面，使工作过程知识的测量成为可能。"

7.1 研究结论

7.1.1 高等职业教育学生学业评价要保持相对的独立性

通过对德国、英国等职业教育最为发达的国家职业教育学生学业评价的案例研究和制度分析不难得出这个结论，那就是严格的外部评价是提高职业教育学生学业水平的基础。而外部评价是独立于学校的，它的运作和实施是由专门的组织和机构来执行的。这和当前在高职院校设立国家职业技能鉴定所等机构的理念是一致的。但我们在此强调以综合职业能力为培养目的的学校学生学业评价的独立性，这种相对的独立性也体现了作为"教育"本身的价值追求，这在高等职业教育学生学业评价的理论基础部分已经进行了阐述。

这种独立性体现在以下几个方面：

（1）专门的组织机构

基于职业领域典型工作任务的课程改革将教学空间从学校拓展到了工作场所，这样的工作场所既有真实的企业岗位，又有虚拟的实验实训车间；既有校外的实习基地，又有校内的"校中厂"。面对职业变动的频繁以及职业类型的多样性，传统的教务处显然很难统筹教学与评价这样本来就极其复杂的事务。在高职学院设立专门的考试与评价委员会，专门负责传统的"期末考试"和"毕业考试"乃至毕业设计和课程设计、实习评价等。政府、行业、企业参与的校企合作理事会已经是当前国家骨干高职院校体制机制创新的一条基本经验。在这样的组织框架下，考试与评价委员会的评价主体构成要依据典型工作任务所涉及的部门、组织和人员来统筹考虑。

（2）独立做出判断

独立做出判断是当今评价组织倡导的原则之一。能不能独立做出判断也是评价质量的一个标志。独立地做出判断同时也要求负责地做出判断。

（3）和教学的张力关系

这主要体现在学校评价组织的评价重在"终结性""总结性"，对教学评价的"形成性""过程性"是一种检视，其次教学中以"学习性工作任务"为学习和评价载体，而学业评价不能以教学中已经使用的"学习性工作任务"为载体或题目，必须另行设计，而且是开放性的任务。两者都依据职业领域的某个典型工作任务，但任务情境不同。经由"先前学习认定"和"关键实践访谈法"对教学进行检视。

（4）工作经验证书

考试与评价委员会有权颁发"工作经验证书"。这种以综合职业能力评价为目的、基于典型工作任务所设计的具有开放性的学习与评价性工作任务为载体，以完整工作过程为评价对象，以对工作的设计、规划和实施的环节要素全面性和技能性证据完备性为依据所形成的评价结论，对个人综合职业能力进行了写实性的记录。这种记录对于企业用人起到了过去学历证书和成绩单所无法起到的作用，将这整套的资料和评价结论作为"工作经验"，为其颁发"工作经验证书"或"职业能力证书"，作为其毕业的条件之一。

7.1.2 高等职业教育学生学业评价制度体系需要重构

历史研究表明，评价制度的设立和执行对于有效的学业评价非常重要。实际上，从学徒制到现代高等职业教育，从不同国家职业教育考试制度都可以看出，设立制度是非常重要的。我国和其他国家则走了条不同的道路，除了古代学徒制外，自晚清到现在，职业教育考试与评价制度的沿袭特征非常突出，缺乏根据职业教育特点来设计针对性的制度，而且制度的设立很难进入评价的内里，即评价主体、评价方法、评价内容、评价标准。当前的高等职业教育学生学业评价制度体系迫切需要重构，重构的依据就是以综合职业能力为目标，以职业领域的典型工作任务为专业课程体系，彻底超越过去的能力本位观念，在宏观、中观和微观三个层面基于政行企校四方联动的机制来设立高等职业教育学生学业评价制度体系。

7.1.3 高等职业教育学生学业评价模式需要改革

传统的学业考试就是知识+技能考试，知识以纸笔形式考试，技能以"实操"形式考试。这种考试模式根据我们的调查仍然是许多高职院校的基本模式，作为以典型工作任务为基础的开放性测试题目，势必要突破这种传统的模式。以考核综合职业能力为目的的学业考试以"对话"为基本的模式，采用 RPL 和 BEI 这样的方法是对过去"观察法、角色扮演法"等多种方法的进一步融合发展，同时基于丰富的证据材料（包含纸笔形式测验内容和传统技能考试内容，但这只是一小部分）来进行评价，才能获取比传统考试模式更丰富、更有质量的信息，来判断"真做了吗，做真了吗"。

7.2 未来展望

　　课程改革与学生学业评价是高等职业教育领域的热点和难点问题，随着社会的发展和职业本身复杂快速的变动而成为一个需要持续探索的领域。高等职业教育课程改革作为人的职业生涯可持续发展内在需要与职业本身专业性要求不断趋于合理化、高水平化，因而这样的改革应当是职业教育内生的需要。

　　典型工作任务来源于实践专家研讨会的专家个人与专家群体的对职业生涯发展中的重大事件以及具有挑战性的工作任务的概括与归纳，而非某个具体岗位的常规性工作任务的总结。专家在反思与表述典型工作任务时，无疑要基于个人的工作经历和工作经验，虽然其工作经历和工作经验不能脱离个人的工作岗位，显然，典型工作任务的完成过程要超越具体的工作岗位，也就是说某个具体的岗位仅仅是完成这一任务的一个功能单位。从这个意义上说，典型工作任务会涉及企业或组织的生产或工作流程，会涉及不同的岗位或岗位群的协同。因此，基于典型工作任务的课程开发的主导思想就是通过跨岗位、跨领域的工作实践来培养学生职业生涯可持续发展的潜力。

　　表7-1为当代企业对于技术型员工的能力要求及内涵阐释。

表7-1　当代企业对于技术型员工的能力要求及内涵阐释

要求	内涵阐释
经历变革	员工必须在时间上和空间上更加灵活，分担自己行动影响企业业务流程的责任，在不断变化的技术关联中进行自我组织和管理
面向工作和经营过程的自我定位与调整	员工必须加深理解相互关联的工作过程和置身其中的经营过程，并对此承担更多的责任，更新认识、提高意愿持续地促进专业工作能力的发展。经营过程本身成为企业组织文化中日益突出的组成部分。在企业里对高度专业化技能的要求日益减少，对专业工人的专业理论性要求也逐步让位于跨专业的理解和管理能力
以顾客为导向和完整的订单处理过程	员工要对整个生产链条负责，即：以生产和经营过程为导向来开展各自的工作。与这一工作要求密不可分的是员工形成以顾客为导向的职业意识。即使是生产性企业的专业工人也必须把自己的工作行动理解为向顾客提供服务，要把企业内其他业务领域看作是自己的顾客，要像对待外部顾客那样为内部顾客提供服务 完整行动的基本模式，即计划、实施、监测、评价，不仅是企业完成订单的大致流程结构，而且要贯穿执行订单的每一个步骤之中。只有这样行动，专业工人才可能成为既精明强干又能够设身处地为顾客着想的会话伙伴

续表

要求	内涵阐释
合作和交流	除了专业能力之外，无论从整体工作过程和经营过程来看，还是从完成具体的订单来看，员工需要具备特殊能力才能与顾客或合作伙伴进行有效的交流，比如进行专业会话、小组内协作、展示汇报或主持协商等。特别是在新兴的服务行业中，每个员工自己的工作过程与伙伴的工作过程紧密地整合在一起，随时组合、灵活组合小组的工作已经司空见惯
复杂系统中的行动能力	不仅在企业的社会－经济领域，而且在技术－工艺系统中，灵活性都在不断增加。低层次上的等级划分让位于小组工作等灵活的组织形式专业知识很快过时，知识领域不断跨越界限，形成新的专业。积累大量的专业知识并不能确保形成行动能力。更加需要的是根据情境收集和整合相应知识的能力，为此，各种各样的信息源提供了保障。这种能力就是：发现信息、比较信息、评价和判断信息
对质量全面负责	质量早已不再只是表示终端产品所具有的、符合愿望要求的特点，而更多的是表示过程所应该具备的属性，所有参与过程的主体对该属性指标都能够产生影响。在复杂的、不断变化的系统中，质量责任并不局限于遵守参考值，而更多的是表示一个持续改进的过程。在很多企业中，TQM（全面质量管理）及其相应的认证体系（如 ISO9000 系列）早已成为基本标准

高等职业教育到底能不能培养出这样的人？高等职业院校学生学业评价需要怎样的变革来实现对这样人才的培养？这些问题或许是高等职业教育永远需要面对并不断思考的问题，基于本研究，个人认为未来的高等职业教育还应该在以下方面进行探索。

7.2.1 实训基地、职教集团——推行区域性的"国家考试"

在职业教育发展的历史上，在民国政府时期以及新中国成立后都曾经尝试过"国家考试"，后因条件不具备而无法推行。的确，社会经济技术发展的不均衡性、行业产业的区域性特征，加之职业本身的多样性、复杂性使得推行国家统一考试是不大可能的，但区域性的"国家考试"却是可能的。世纪之交，从上海率先在全国建立第一个面向全社会开展职业培训、技能鉴定的实训基地开始，经过近 10 年的发展，在全国已建成以城市为中心的实训基地 30 多个，以院校为基础的开放型职业教育实训基地 1000多个。实训基地"在功能定位通过实训项目的推广，发挥支柱产业导向和紧缺人才导向作用；其次通过设置高中端技术和装备，成为各县市和周边地区职业院校类学生的高技能人才实习基地，同时成为社会各类职业培训机构和企业培训部门培养高技能人才的实训基地；最后是置换功能，通过企业实践专家研讨会开发基于典型工作任务的课程体系与院校实训课程置换和企业技术研发置换，强化学校和企业在培养和使用之间的有效衔接"（闫宁，2011）。当前职业教育尤其是高等职业教育集团化办学的出现，随着集团内参与院校的课程、教学计划和标准的统一，参与集团的行业企业介入课程开发和实施的程度加深，"按照典型工作任务的课程分析框架，其工作内容所包含的工作对象、工作方法和手段、工具、工作要求等综合考虑实验实训条件及其配置为工学做一体化课程的校内实训硬件条件建设提供了依据"（闫宁、徐彦平，2012）。这些都为这样的"国家考试"提供了可能。

7.2.2 功能达成、社会过程——提高评价任务的"典型性"

基于典型工作任务设计的评价任务和学习性工作任务的理念和方法设计是趋同的，那就是针对完整的工作过程，实现"项目"或"产品"所具有的功能性目标达成，同时实现人的丰富、充实和有效的社会化过程。典型工作任务会随着职业内涵的快速变化而变化，与传统的结构相比，工作场所的这些新的目标和任务更加复杂，其体现在以下几个方面：覆盖更丰富的内容；嵌入了大量不同透明度的变量；这些变量形成了一个网络，而且；随着时间推移不断变化（也是非线性的）；是多末端的（针对任务和问题的决策的主要作用和副作用）。

这些与企业和个人相关的增长的复杂性呼唤新形式的雇员培训：个性发展已经成为龙头具有的一个主要目标。关于职业教育和培训的研究必须应对这些挑战：必须让年轻人做好准备能够积极地和有意识地完成工作场所中的任务；但是教育业必须发展和稳定他们的人格。

这就意味着我们需要在以下几个方面开发学生：在交叠的复杂动态结构中的一种思考方式；对经济、技术和社会背景的广泛的、理性和观念上的理解；认知能力、譬如解决问题、推理和学习的能力——并随着动机、情感、元认知以及继续生存所必需的自我力量；社会能力，例如合作和交流的能力。（阿赫腾哈根，2011）

典型工作任务不仅是高等职业教育课程内容的来源，而且是学生学业评价任务设计的来源和基础。典型工作任务的"质量"直接决定了课程内容的"职业效度"，也决定了评价任务的"内容效度"，所以典型工作任务的"典型性"不仅促使职业教育的课程开发的过程和环节的校企合作，而且促使学生学业评价题目和内容的不断优化和升级。这是职业教育学生学业评价永恒的探讨话题。

7.2.3　合理分摊学业评价成本

"心理学百余年的发展史告诉我们，对一个过程的评价，如果脱离过程本身，是不可能真实地反映该过程状况的；对一个事件的评价，如果脱离事件本身，也是不可能做出对该事件的公正评价的。由此可见，教学评价的对象只能是教学事件，而不是细分出来的'对象一''对象二'……"（张立昌、郝文武，2009）"在所有的可以选择的词汇中，'事件'是最能够深刻体现教学活动在场特征的。何谓'事件'？通俗的表达便是'事情中的人、时间、地点、起因、过程与结果'。一个事件必然包含了事件的行为人、行为时间与地点、行为的起因、过程与结果等要素。只针对事实结果进行评价的评价，只是变相地夸大了事件的结果。这种夸大的直接后果就是牺牲了事件的其他元素。"（张立昌、郝文武，2009）

职业教育因其鲜明的职业针对性和实践环境的真实性要求，学业评价的成本巨大，而以综合职业能力为目标的高等职业教育学生学业评价转向了"工作过程"，这种完整工作过程导向的学业评价将更多的部门、环节、工种和组织纳入到了评价过程中。不仅如此，完整工作过程中的每一个环节的大量的"技能性产品"信息和证据也使得结果成为一种过程性存在，这使得这样的评价成本更加高昂。而综合职业能力为目的的巨大成本如何承担，又如何转化为巨大的人力资源优势是未来探索的方向。

7.2.4 职业发展、价值认同——充分发挥学业评价功能

以学业评价促进学生的职业发展，实现学生个人、企业和社会对其学业的价值认同是学业评价的基本功能。但这样的基本功能目前来看还远未实现。从古代学徒考试所发挥的身份改变，阶层内的地位跃迁的功能，到晚清时期的奖励出身、赏以职衔，经由民国政府时期的资格铨定、分发工作，新中国成立后中等专业学校和专科学校学生通过相应的考试考查，毕业后由国家分配工作，我们不难看出，职业准入是职业教育学生学业评价的基本功能，包括现在职业技能鉴定社会化和企业人才评价都要将评价的结果与对人的使用、待遇挂钩。那么高等职业教育学生学业评价究竟要发挥什么样的功能呢？这些年，学业评价的理念从对学习的评价转变为为学习的评价，学生的发展性是评价的一个原则。在这样的原则下，评价能不能体现出促进学生的发展，评价结果能不能体现出广泛的社会认同，进而在现实可以看得见的实实在在的一些指标上反映出来，比如就业率、一次签约单位数量、就业岗位分布、首任岗位薪金等指标，但仅仅这些还是远远不够的。

职业教育学生学习的内容是工作。学习过程与工作过程是统一的。学习的内容来自一个职业的典型工作任务。工作本身不仅让抽象的概念具体化，让理论与实践进行结合，而且通过对工作实现技术观、发展观的转变。技术本身不再是外在于人的工具、设备，也不是方法与手段，而是人与工具、设备以及方法和手段的结合，去解决问题的活动本身成为技术。学生的发展不再仅仅是满足企业当下的功利性与功能性具体岗位需要，也不是空泛意义的知识积累与素质提高上的个人需要，而是以其综合职业能力的发挥参与，推进企业发展战略的实施并实现其个人职业生涯的发展，将社会需要和个人需要在更高的层次进行结合，这是整个职业教育学业评价的真正价值所在。评价功能的发挥其实是高等职业教育自我完善的重要机制，是高等职业教育学生培养质量的表达，这些都是未来要继续探索的。

当前职业教育课程教学改革已经触发了学业评价改革的某种迹象，对

学生学业的评价正在逐步从"选择－反应"的封闭形式缓慢过渡到"建构－反应"的开放式，表现性评价正越来越多地出现在职业教育学生学业评价方案中。但是由于职业能力建模和职业能力测评模型研究的滞后，职业教育领域学生学业评价方案设计更多借鉴的是普通教育领域相关研究成果。方案设计的职业针对性和内容有效性以及指标体系的综合考量都需要较大地提升。

无论如何，职业教育学生学业评价必须从书本知识＋操作技能的简单模式彻底转变为基于职业能力的学生学业评价中来，才能有效地促进职业教育课程与教学改革，进而真正体现职业教育学生学业评价存在的独立价值。这种转变需要科学的理论以及具体操作工具的支持。无疑，德国跨职业的职业能力模型和职业能力测评模型为我们完成这一转变奠定了基础。

实施这样的评价会面对许多的实际问题。我们应该看到，作为职业教育学生学业评价依然面临着"行政驱动评价""经验评价为主""评价技术缺失"和"评价交流阻隔"这几大问题。只有从根本上解决这些问题，校企合作的学生学业评价过程和结果才能对学生的发展有价值，社会、企业才有可能认可这种评价的意义，学业评价才真正有可能发挥作用。职业教育学生学业评价的范式转换，注定是缓慢、长期的过程，而且是困难、复杂、矛盾重重的过程，这样的范式转换绝不是一蹴而就的事情。

德国跨职业的职业能力及其测评模型及其方案提出后，在2008年组织德国不来梅州和黑森州的9所职业学校700名"能源与楼宇和运行技术"方向的电工专业学生参加了一次职业能力测评，这是世界上首次采用严格的实证研究方法对职业院校学生的职业能力、职业能力发展以及职业承诺等进行大规模标准化测评（这里的标准化测评与职业技能鉴定标准化考试有本质的不同）。2009年在中国组织北京市7所职业院校的831名机电类专业学生参与了测评。"测评结果显示，仅仅有极少的学生能够达到这一要求。参加能力测评的被试者中只有不到5%能达到第三级的能力水平；约10%达到中等能力水平（过程性能力）；45%达到一级能力水平（功能性能力）。不仅如此，测评结果还发现，大部分被试者的能力并没有获得提高，甚至在一年级还有下降的现象。将二年级和三年级的学生进行比较后发现，学生的基本上都存在能力发展停滞的问题。"（劳耐尔、赵志群、吉利，2010）

这样的结果不得不令人深思，2006年教育部、财政部联合出台《教育部 财政部关于实施国家示范性高等职业院校建设计划，加快高等职业教育改革与发展的意见》的14号文件，在独立设置的高职院校开始了示范校建设工程，开展了学习德国职业教育的理念和方法，推动基于工作过程的工学结合课程改革。三年的建设期，从高职高专网上通过验收的国家示范性高职学院建设成果栏目和高职高专国家精品课程的有关成果资料以及新近出版的一些著作来看，课程与教学改革成果颇为丰富，然而对学生进行的能力测评结果却耐人寻味。我们的课程改革、教学实施以及学生培养的质量距离社会要求和标准依然还很远。

参考文献

著作:

［1］北京图书馆.民国时期总书目（1911—1949）：教育、体育分册［M］.
北京：书目文献出版社，1995.

［2］圣吉.变革之舞——学习性组织持续发展面临的挑战［M］.上海：
东方出版社，2001.

［3］圣吉.第五项修炼［M］.上海：上海三联书店，1998.

［4］圣吉.第五项修炼·实践篇——创建学习性组织的战略和方法［M］.
上海：东方出版社，2002.

［5］布卢姆，恩格尔哈特，希尔弗斯特，等.教育目标分类学提纲——认
知领域［M］//瞿葆奎.教育学文集.北京：人民教育出版社，1989.

［6］陈李翔.能力·资格·课程［M］.北京：中国劳动社会保障出版社，
2008.

［7］陈涛.高等职业院校核心竞争力研究［M］.湖南：湖南大学出版社，
2008.

［8］陈晓端.有效教学理念与实践［M］.西安：陕西师范大学出版社，
2007.

［9］陈英杰.中国高等职业教育发展史研究［M］.郑州：中州古籍出版社，

2007.

[10] 陈永芳. 职业技术教育专业教学论 [M]. 北京：清华大学出版社，
　　 2007.

[11] 池本洋一. 评价与测量 [M] // 瞿葆奎. 教育学文集. 北京：人民教
　　 育出版社，1989.

[12] 戴兰平. 高等职业院校建设与特色管理 [M]. 湖南：湖南大学出版社，
　　 2008.

[13] 戴士弘，毕蓉. 高职教改课程教学设计案例集 [M]. 北京：清华大
　　 学出版社，2007.

[14] 戴士弘. 职业教育课程教学改革 [M]. 北京：清华大学出版社，
　　 2007.

[15] 党明德，何成. 中国家庭教育 [M]. 山东：山东教育出版社，2005.

[16] 邓泽明，韩国春. 职业教育实训设计 [M]. 北京：中国铁道出版社，
　　 2008.

[17] 邓泽民，赵沛. 职业教育教学设计 [M]. 北京：中国铁道出版社，
　　 2006.

[18] 方俐洛，凌文轻. 劳动心理学 [M]. 北京：团结出版社，1988.

[19] 高林，鲍洁. 高等职业教育专业课程体系改革与创新——职业竞争
　　 力导向的"工作过程 – 支撑平台系统化课程"模式与典型方案 [M].
　　 北京：人民邮电出版社，2009.

[20] 高奇. 职业教育概论 [M]. 天津：天津职业技术师范学院职业技术
　　 教育研究室，1984.

[21] 顾英伟. 绩效考评 [M]. 北京：电子工业出版社，2006.

[22] 格拉斯. 职业教育学与劳动教育学（上、下卷）[M]. 天津：劳动
　　 人事部培训就业局天津职业技术师范学院，1985.

[23] 何兆华. 教育评估学 [M]，西安：陕西人民出版社，2002.

[24] 侯文光. 教育评价概论 [M]. 河北：河北教育出版社，1996.

[25] 黄育云，熊高仲，张继华. 职业技术教育在中国 [M]. 北京：电子

科技大学出版社，2004.

［26］姜大源.当代德国职业教育主流教学思想研究［M］.北京：清华大学出版社，2007.

［27］姜大源.职业教育学研究新论［M］.北京：教育科学出版社，2007.

［28］克拉斯沃尔，布卢姆，梅夏.教育目标分类学提纲——情感领域［M］//瞿葆奎.教育学文集.北京：人民教育出版社，1989.

［29］匡瑛.比较高等职业教育：发展与变革［M］.上海：上海教育出版社，2006.

［30］劳动部职业技能鉴定中心，湖北省职业技能鉴定指导中心.职业技能鉴定理论与技术基础［M］.北京：经济管理出版社，1995.

［31］劳动部职业技能开发司，劳动部职业技能鉴定中心.国家职业技能鉴定教程［M］.北京：中国物资出版社，1997.

［32］劳动和社会保障部教材办公室.技能训练教学设计与实施［M］.北京：中国劳动社会保障出版社，2007.

［33］利恩.测量史上的主要发展阶段［M］//瞿葆奎.教育学文集.北京：人民教育出版社，1989.

［34］李海宗.高等职业教育概论［M］.北京：科学出版社，2009.

［35］李胜强，何伟.生产现场365［M］.北京：海天出版社，2004.

［36］梁绿琦.高等职业教育研究资料选拔［C］.北京：北京理工大学出版社，2010.

［37］梁明义，王本强，马越.职业教育实用知识手册［M］.兰州：兰州大学出版社，2008.

［38］廖平胜.考试是一门科学［M］.上海：华中师范大学出版社，2003.

［39］刘德恩.职业教育心理学［M］.上海：华东师范大学出版社，2001.

［40］刘海，于志晶，陈衍.回眸——中国职业教育历史报告［M］.长春：东北师范大学出版社，2007.

［41］刘丽文.生产与运作管理［M］.北京：清华大学出版社，1998.

［42］龙立荣.人员测评的理论与技术［M］.武汉：武汉大学出版社，

2009.

［43］马树超，郭扬.高等职业教育：跨越·转型·提升［M］.北京：高等教育出版社，2008.

［44］马树超，郭扬.中国高等职业教育——历史的抉择［M］.北京：高等教育出版社，2009.

［45］马维娜.局外生存——相遇在学校场域［M］.北京：北京师范大学出版社，2003.

［46］马早明.亚洲四小龙职业技术教育研究［M］.福建：福建教育出版社，1998.

［47］米靖.中国职业教育史研究［M］.上海：上海教育出版社，2009.

［48］欧盟 Asia-Link 项目"关于课程开发的课程设计"课题组.职业教育与培训学习领域课程开发手册［M］.北京：高等教育出版社，2007.

［49］曲彦斌.行会史［M］.上海：上海文艺出版社，1999.

［50］全国高职高专校长联席会议.2000-2010 年高等职业教育改革与发展报告［M］.北京：高等教育出版社，2010.

［51］全国注册资产评估师考试辅导教材编写组.机电设备评估基础［M］.北京：中国财政经济出版社，2003.

［52］帕尔默.教育究竟是什么？［M］.北京：北京大学出版社，2008.

［53］人力资源和社会保障部高技能培训联合委员会.推进校企合作工作指导手册［M］.北京：中国劳动社会保障出版社，2008.

［54］人力资源和社会保障部职业能力建设司职业技能鉴定中心.企业技能人才评价工作技术指导手册［M］.北京：中国劳动社会保障出版社，2011.

［55］任平.晚清民国时期职业教育课程史论［M］.广州：暨南大学出版社，2009.

［56］日本世界教育史研究会.六国技术教育史［M］.北京：教育科学出版社，1984.

［57］施良方. 课程理论——课程的基础、原理与问题［M］. 北京：教育科学出版社，1996.

［58］石中英. 知识转型与教育改革［M］. 北京：教育科学出版社，2001.

［59］石伟平. 比较职业技术教育［M］. 上海：华东师范大学出版社，2001.

［60］石伟平. 时代特征与职业教育创新［M］. 上海：上海教育出版社，2006.

［61］石伟平，徐国庆. 职业教育课程开发技术［M］. 上海：上海教育出版社，2006.

［62］史文生. 职业教育技能竞赛研究［M］. 开封：河南大学出版社，2010.

［63］松井顺一. 丰田可视化管理方式［M］. 上海：东方出版社，2007.

［64］三浦宏文. 五金手册［M］. 北京：北京科学工业出版社，2006.

［65］泰勒. 方案评价原则［M］∥瞿葆奎. 教育学文集. 北京：人民教育出版社，1989.

［66］泰勒. 怎样评价学习经验的效用［M］∥瞿葆奎. 教育学文集. 北京：人民教育出版社，1989.

［67］滕大春. 美国教育史［M］. 北京：人民教育出版社，1994.

［68］田建荣. 科举教育的传统与变迁［M］. 北京：教育科学出版社，2009.

［69］田自秉. 中国工艺美术史［M］. 上海：东方出版中心，1985.

［70］土井正志智. 技术学科教育法［M］. 上海：华东师范大学教育科学研究所，1983.

［71］王世襄. 清代匠作则例录编［M］. 北京：中国书店，2008.

［72］汪刘生，施兰芳. 职业教育学［M］. 上海：立信会计出版社，1998.

［73］梶田叡一. 教育评价［M］，吉林：吉林教育出版社，1988.

［74］吴雪萍. 国际职业技术教育研究［M］. 浙江：浙江大学出版社，2004.

［75］肖化移．审视高等职业教育的质量与标准［M］．上海：华东师范大学出版社，2006.

［76］谢青，汤德用．中国考试制度史［M］．合肥：黄山书社，1995：601.

［77］辛普森．教育目标分类学提纲——动作技能领域［M］∥瞿葆奎．教育学文集．北京：人民教育出版社，1989.

［78］徐国庆．实践导向职业教育课程研究：技术学范式［M］．上海：上海教育出版社，2005.

［79］徐国庆．职业教育课程论［M］．上海：华东师范大学出版社，2008.

［80］徐国庆．职业教育原理［M］．上海：上海教育出版社，2007.

［81］徐建融．美术人类学［M］．哈尔滨：黑龙江美术出版社，1994.

［82］闫寒冰．信息化教学评价——量规实用工具［M］．北京：教育科学出版社，2003.

［83］杨庆峰．技术现象学初探［M］．上海：上海三联书店，2005.

［84］杨文明．高职项目教学理论与行动研究［M］．北京：科学出版社，2008.

［85］杨学为，朱仇美，张海鹏．中国考试制度史资料选编［M］，合肥：黄山书社，1992.

［86］杨永华，张进．企业质量管理及实施ISO9000标准及实务［M］．北京：海天出版社，1999.

［87］瞿海魂．发达国家职业技术教育历史演进［M］．上海：上海教育出版社，2008.

［88］张家祥，钱景舫．职业技术教育学［M］．上海：华东师范大学出版社，2001.

［89］张立昌，郝文武．教学哲学［M］．北京：中国社会科学出版社，2009.

［90］张雨强，冯翠典．开放题编制的理论与技术研究［M］．上海：华东师范大学出版社，2009.

［91］赵志群．职业教育工学结合一体化课程开发指南［M］．北京：清华大学出版社，2009．

［92］中国人民大学工业经济系工业企业管理教研室．中国工业企业管理学简明教程［M］．北京：中国人民大学出版社，1987．

［93］中华人民共和国教育部高等教育司，全国高职高专校长联席会．点击核心——高等职业教育专业设置于课程开发导引［M］．北京：高等教育出版社，2004．

［94］中华人民共和国教育部高等教育司，中国高教学会产学研合作教育分会．必由之路——高等职业教育产学研结合操作指南［M］．北京：高等教育出版社，2004．

［95］钟启泉．现代课程论（新版）［M］．上海：上海教育出版社，2003．

［96］周建松、陈正江．高职职业教育示范建设理论与实践［M］．杭州：浙江大学出版社，2011．

［97］周静波．高职新学制中的专业课教学研究［M］湖南：湖南大学出版社，2008．

［98］周渠．中外职业技术教育比较［M］．北京：人民教育出版社，1991．

［99］周仁钺，徐恺．世界500强员工能力素质模型［M］．广东：广东省出版集团，广东经济出版社，2007．

［100］周亚新，龚尚猛．工作分析的理论、方法及运用［M］．上海：上海财经大学出版社，2007．

［101］祖父江孝男．文化人类学事典［M］．西安：陕西人民出版社，1992．

［102］Krogoll T, Meister V, 德国联邦职业教育研究所，等．借助学习任务进行职业教育：学习任务设计指导手册［M］．刘邦祥，译．北京：机械工业出版社，2010．

［103］阿赫腾哈根．真实和复杂的教与学环境：职业教育教育学过程［M］．北京：外语教学与研究出版社，2011．

［104］劳耐尔，赵志群，吉利．职业能力与职业能力测评 KOMET 理论基

础与方案［M］.北京：清华大学出版社，2010.

［105］戴克斯特拉，西尔，肖特，等.教学设计的国际观（第2册）：解决教学设计问题［M］.任友群，郑太年，译.北京：教育科学出版社，2007.

［106］杜威.杜威教育名篇［M］.赵祥麟，王承绪，译.北京：教育科学出版社，2006.

［107］西伦.制度是如何演化的——德国、英国、美国和日本的技能政治经济学［M］.王星，译.上海：上海人民出版社，2010.

［108］希克曼.杜威的实用主义技术［M］.韩连庆，译.北京：北京大学出版社，2010.

［109］坦尼森，肖特，西尔，等.教学设计的国际观（第1册）：理论•研究•模型［M］.任友群，裴新宁，译.北京：教育科学出版社，2005.

［110］沙门.人力资源二次开发［M］.长春：时代文艺出版社，2003.

［111］Guba E G，Lincoln Y S.第四代评估［M］.秦霖，蒋燕玲，等译.北京：中国人民大学出版社，2008.

［112］Walvoord B E，Anderson V J.等级评分——学习和评价的有效工具［M］.北京：中国轻工业出版社，2004.

［113］布卢姆.教育评价［M］.上海：华东师范大出版社，1987.

［114］Bellanca J，Chapman C，Swartz E.多元智能与多元评价——运用评价促进学生发展［M］.北京：中国轻工业出版社，2004.

［115］Linn R L，Gronlund N E.教学中的测验与评价［M］.国家基础教育课程改革"促进教师发展与学生成长的评价研究"项目组，译.北京：中国轻工业出版社，2003.

［116］Paris S G，Ayres L R.培养反思力——通过学习档案和真实性评价学会反思［M］.北京：中国轻工业出版社，2001.

硕博士论文：

［1］邓绯.无纸化考试系统研究与设计［D］.成都：西南交通大学，

2005.

[2] 董贵岩. 基于于 AutOCAD 平台的机械制图考试软件的开发 [D]. 苏州：苏州大学，2006.

[3] 鄂甜. 德国职业教育考试新模式研究 [D]. 天津：天津大学，2008.

[4] 冯琳娜. 德国职业教育质量保障机制研究 [D]. 西安：陕西师范大学，2010.

[5] 郭伟萍. 英国职业资格证书制度的研究 [D]. 天津：天津大学，2005.

[6] 黄曹华. 高等职业教育与职业资格证书制度衔接研究 [D]. 杭州：浙江师范大学，2006.

[7] 侯自芳. 我国职业资格制度人才评价体系研究 [D]. 长沙：国防科学技术大学，2006.

[8] 胡向东. 民国时期中国考试制度的转型与重构 [D]. 武汉：华中师范大学，2006.

[9] 晋银峰. 我国企业培训模式研究 [D]. 开封：河南大学，2002.

[10] 孔东. 企业招聘人员素质及其开发研究 [D]. 上海：华东师范大学，2007.

[11] 冷玉霞. 职业学校实施职业资格证书制度的研究 [D]. 天津：天津大学，2003.

[12] 李立新. 学习者多元智能评价量表研究 [D]. 上海：华东师范大学，2006.

[13] 李萍. 从能力本位到素质本位——中等职业教育人才培养模式探析 [D]. 武汉：华中师范大学，2004.

[14] 梁华权. 企业员工培训绩效评估研究 [D]. 兰州：兰州大学，2007.

[15] 廖承琳. 明国时期职业教育制度化研究 [D]. 成都：西南师范大学，2003.

[16] 刘志军. 发展性课程评价研究 [D]. 上海：华东师范大学，2002.

[17] 乔迅翔. 宋代营造技术基础研究 [D]. 南京：东南大学，2005.

[18]秦峰.澳大利亚TAEF及其对当代中国高等职业技术教育的启示［D］.
南京：南京师范大学，2006.

[19]彭胜峰.企业培训效果评估系统设计与应用——以柯克帕克里克模型为视角［D］.西安：西北大学，2007.

[20]沈滢.现代技术评价理论与方法研究［D］.长春：吉林大学，2007.

[21]孙玫璐.职业教育制度分析［D］.上海：华东师范大学，2008.

[22]孙熠华.英国职业资格证书制度研究［D］.大连：辽宁师范大学，2008.

[23]孙永芳.高等职业教育实践性学习探究［D］.上海：华东师范大学，2007.

[24]唐黎洲.工匠的智慧——剑川沙溪传统民居营造中大木匠意研究初步［D］.昆明：昆明理工大学，2006.

[25]唐自力.网上在线命题、出题及试题库系统［D］.成都：电子科技大学，2007.

[26]田大洲.我国职业资格证书制度研究［D］.北京：首都经济贸易大学，2004.

[27]田建荣.中国考试思想史研究［D］.厦门：厦门大学，2001.

[28]汪凌.学业的成功与失败：学业评估的视角［D］.上海：华东师范大学，2007

[29]吴玉伦.清末实业教育制度研究［D］.武汉：华中师范大学，2006.

[30]谢传兵.职业教育课程方案评价研究［D］.上海：华东师范大学，2007.

[31]邢媛.德国双元制职业教育中企业参与培训模式对我国职业教育的启示［D］.东北师范大学，2005.

[32]熊苹.走进现代学徒制——英国、澳大利亚现代学徒制研究［D］.长春：华东师范大学，2004.

[33]严君.基于职业能力模型的职业资格制度建设研究［D］.杭州：浙江大学，2005.

［34］严璇.欧盟职业资格证书一体化发展研究［D］.上海：华东师范大学，
　　　2007.

［35］叶肇芳.中等职业学校教学模式改革研究［D］.上海：华东师范大学，
　　　2002.

［36］于婷.新职业主义影响下的英国职业教育及其对我国的借鉴意义［D］.
　　　北京：中央民族大学，2007.

［37］张波.我国企业员工培训体系的研究［D］.天津：天津大学，2005.

［38］张成玉.职业知识的嬗变与意义追寻［D］.上海：华东师范大学，
　　　2006.

［39］张翠琴.德国应用科技大学（FH）研究［D］.成都：西南大学，
　　　2008.

［40］张晋.高等职业教育实践教学体系构建研究［D］.上海：华东师范大学，
　　　2008.

［41］张向众.学校转型时期的教育评价功能变革研究［D］.上海：华东
　　　师范大学，2007.

［42］郑睿奕.雕花逸事———一项有关东阳木雕的艺术人类学研究［D］.
　　　北京：中央民族大学，2007.

［43］朱莉.多元智能评价方法研究［D］.长春：东北师范大学，2005.

［44］朱瑞娟.企业培训效果评估方法研究［D］.长沙：湖南大学，2004.

［45］祝伟.澳大利亚新学徒制研究［D］.上海：华中师范大学，2008.

［46］俎媛媛.真实性学生评价研究［D］.上海：华东师范大学，2007.

期刊论文：

［1］白永红.职业院校考试方法改革研究［J］.巴音郭楞职业技术学院学报，
　　　2008，26（2）：48-49.

［2］陈福军.能力本位观念下高职教育考试模式改革的思考［J］.职教论坛，
　　　2005（22）.

［3］陈晓端.论素质教育教学评价的特点［J］.现代中小学教育,2001（11）:
　　52-53.

［4］陈晓云.论高校考试制度创新［J］.福州大学学报（哲学社会科学版）,
　　2001（s1）: 93-95.

［5］陈英南.21世纪以来我国高职教育考试改革综述［J］.职教论坛,
　　2005（29）: 4-5.

［6］丁朝芳.高职专业课程考核存在的问题与改革思路［J］.中国科教创
　　新导刊,2008（23）: 38-38.

［7］杜丽臻.高等职业教育考试改革的研究与实践［J］.中国职业技术教育,
　　2008.

［8］樊本富,李军.福建船政学堂考试制度初探［J］.青岛农业大学学报（社
　　会科学版）,2007,19（1）: 69-71.

［9］范伊萍.题库考试的利与弊［J］.中国职业技术教育,1999（12）:
　　53.

［10］郭先禄.中职数控专业的教学与职业技能鉴定的结合［J］.文教资料,
　　2006（23）: 152-153.

［11］黄惠.高等学校考试的弊端和对策研究［J］.南京工程学院学报（社
　　会科学版）,2005,5（4）: 42-45.

［12］黄日强.德国双元制初始职业教育的考试制度［J］.外国教育研究,
　　1992（2）: 43-45.

［13］黄日强,赵函.能力本位:澳大利亚TAFE学院职教的重要特征［J］.
　　职教论坛,2008（23）: 57-60.

［14］黄晓榕.基于通用会计职业能力与专项会计职业能力的考核评价［J］.
　　财会通讯,2010（28）: 40-41.

［15］黄艳芳.高职教育职业指导课程考核研究［J］.南宁职业技术学院学报,
　　2007,12（2）: 21-24.

［16］金朝跃.高职教育课程考核模式改革的认识与思考［J］.浙江交通
　　职业技术学院学报,2004,5（2）: 47-50.

［17］靖向党，张鸣放.高职高专教育考试模式改革的研究与实践［J］.
长春工程学院学报（社会科学版），2004，5（1）：52-55.

［18］靖向党，张鸣放.高职高专教育考试研究［J］.长春工程学院学报（社
会科学版），2007，8（1）：5-9.

［19］孔令声，柴越尊.高职教育考试模式改革探讨［J］.北方经贸，2007（12）：
160-161.

［20］赖益强，沈志奇.职业教育中试卷分析的过程及效果研究［J］.湖
北广播电视大学学报，2008，28（1）：20-21.

［21］李春暖.试论高等职业教育院校考试改革［J］.漳州职业技术学院学报，
2001（1）：62-64.

［22］李俊.考试制度研究［J］.北京联合大学学报（人文社会科学版），
2004，2（2）：86-91.

［23］刘超.作为终身学习评价体系的澳大利亚资格框架［J］.比较教育研究，
2009（3）：30-34.

［24］刘艳春.以行为导向法开发考题的现实意义［J］.中国培训，2001（8）：
38-39.

［25］刘晓.高职生学业成绩评价体系的病态与诊疗——基于对天津市五
所高等职业院校的调查研究［J］.职业技术教育，2007，28（4）：
44-46.

［26］鲁凤娟，苗立军，邹磊，等.高职绿色食品专业课程考试考核方法
改革的探索［J］.科技信息：学术版，2008（21）：620+622.

［27］吕义，佟会文，佟绍成.构建多元化考试模式的研究与实践［J］.
辽宁工程技术大学学报（社会科学版），2007，9（6）：667-669.

［28］马树超.为技能大赛立言——史文生《职业教育技能竞赛研究》出
版［J］.职业技术教育，2010，31（30）：73-75.

［29］毛波军.论职业技能鉴定与职业教育的接轨［J］.中国职业技术教育，
2005（24）：44-46.

［30］潘志华.谈中国古代的技术标准［J］.齐鲁学刊，2003（6）：140-

144.

[31] 庞世俊，姜广坤，王庆江．"能力本位"教育理念对职业教育的理论意义与实践启示［J］．中国大学教学，2010（10）．

[32] 秦宗槐．高职院校毕业生"技能资格证书"状况调查与分析［J］．中国大学生就业，2005（12）：54-56.

[33] 邵力，相志利，焦仁普．关于职业技术院校学生职业能力的评价［J］．廊坊师范学院学报（自然科学版），2002，2（2）：5-7.

[34] 宋春燕．理性主义观影响下的英国职业教育课程模式探析——以英国BTEC课程模式为例［J］．高等职业教育（天津职业大学学报），2009，18（6）：42-44.

[35] 谈仲华．实操试题的设计与考试实施中的利弊［J］．中国培训，2001（4）：54-55.

[36] 田建荣，马莹．高校学业考试现状与高校教学质量保障的基本途径分析［J］．高等教育研究，2009（3）：37-41.

[37] 田建荣．学业成绩考试：高校教学过程的重要环节［J］．厦门大学学报（哲学社会科学版），2002（2）．

[38] 田建荣．中国考试思想发展：特点、规律及启示［J］．教育研究，2004（4）：78-85.

[39] 王福君．高职院校实践教学环节考核方式创新研究［J］．鞍山师范学院学报，2007，9（3）：85-87.

[40] 王刚，王晓梅．浅析考试的本质、类型与改革［J］．高等理科教育，1999（4）．

[41] 王海霞．科学技术的本质、价值基准及其人文价值目标［J］．科技创业月刊，2005，18（10）：135-136.

[42] 王辉，李保昌．英国BTEC教育模式中实践性课业的设计与评价［J］．河南农业，2009（22）：7-8.

[43] 王军华．校企合作中高职院校考试制度的改革研究［J］．太原城市职业技术学院学报，2008（5）：46-47.

［44］汪泉.从系统论出发 探讨高职教育考试优化［J］.河南农业,2007（2）:
48-49.

［45］汪晓莺.德国职业教育考试模式的变革与发展［J］.广西教育,
2006（7B）:19-19.

［46］魏明孔.唐代工匠与农民家庭规模比较［J］.西北师大学报（社会
科学版）,2004,41（1）.

［47］肖峰.论技术实在［J］.哲学研究,2004（3）:72-79.

［48］解同信.谈高职基本技能的训练及考核［J］.中国职业技术教育,
1999（3）:46-47.

［49］徐国庆.能力本位评价若干问题研究［J］.宁波职业技术学院学报,
2004,8（2）.

［50］徐睿.改进高等职业教育考试方法提高学生实战能力［J］.职业,
2008（24）:61-61.

［51］闫宁.我国近代实业学堂学生学业考试与反思［J］.宁夏大学学报（人
文社会科学版）,2012,34（1）:98-103.

［52］闫宁,徐彦平.西部地区职业教育实训基地建设的理论与实践［J］.
职教论坛,2011（36）.

［53］叶宁,张莉娟.宁夏高职院校学生学习质量评价的现状分析［J］.
延安职业技术学院学报,2010,24（5）:49-50.

［54］袁海燕.浅谈行为引导型教学法在《电工技能》课的应用［J］.职
教论坛,2005（23）:35-36.

［55］张翠英,首珩.试论以能力为本位的高职学生质量评价［J］.教育
与职业,2009（9）:43-44.

［56］张铃,傅畅梅.从技术的本质到技术的价值［J］.辽宁大学学报（哲
学社会科学版）,2005,33（2）:11-14.

［57］赵志群.对工学结合课程的认识（二）［J］.职教论坛,2008（4）:1-1.

［58］赵志群.再谈职业能力与能力研究［J］.职教论坛,2010（24）:1-1.

［59］朱雄才.职业技能鉴定的信度和效度研究——以某学院学生参加中

级推销员鉴定考试为例［J］.教育发展研究，2006（24）.

英文部分：

［1］Clark L H，Starr I S.Secondary School Teaching Methods［M］.New York：The Macmillan Company，1967：349-380.

［2］Association for Supervision and Curriculun Development.Challenges and Achievements of American Education［M］.New York：Xerox TM Ventura Publisher，1993：53.

［3］Association for Supervision and Curriculun Development.Toward the Thinking Curriculum： Current Cognitive Research［M］.New York：Xerox TM Ventura Publisher，1989：129.

［4］Cavanaugh S H.Connecting Education and Practice［M］//Curry L，Wergin J F.Educating Professionals.New York：Jossey-Bass Publisher，1993：107.

［5］Mitcham C.Philosophy of Technology［M］//Durbin P T.A Guide to the Culture of Science，Technology，and Medicine.London：Collier Macmillan Publishers，1980：306.

［6］Lenk H.Advances in the Philosophy of Technology：New Structural Characteristics of Technologies［J］.Society for Philosophy & Technology.1998：1.

［7］Fletcher S.Competency-Based Assessment Techniques［M］.London：kongan Page，1992：21.

［8］Winter R，Maisch M.Professional Competence and Higher Education：the ASSET Programme.London：The Falmer Press，1996：56.

［9］Wolf A.Competence-Based Assessment［M］.London：Open University Press，1995：1.

［10］Harris R.Competence-Based Education and Training：Between a Rock and a Whirlpool［M］.London：Open University Press，1995：160.

［11］U.S.Congress，Office of Technology Assessment.Testing and Assessment in Vocational Education［R］.Washington：OTA-BP-SET-123（DC：U.S.Government Printing Office），1994：2-15.

［12］Wolf A.Competence-based assessment［M］.London：Open University Press，1995.

［13］AQF Advisoy Board.RPL，National Principles［EB/OL］.［2007-11-08］. http：//www.apf.edu.au/rplnatprin.htm.